学習力を育てる日本語指導

日本の未来を担う外国人児童・生徒のために

田中 薫

はじめに

　外国人児童生徒に必要な初歩の日本語指導について様々な研究がなされています。しかし、今日現場で問題となっているのは、日本生活が長い外国人児童生徒の学力です。一定の指導を受けても学力が上がらない子どもたちに対する指導のどこに問題があり、どう改善すべきか、子どもの日本語力はどのように調べるのが妥当か、などが問われています。また、短時間で効率良く学習効果を上げることが求められる、派遣指導者たちの悩みも深刻です。本書はこれらの疑問に経験則から答えるものです。

　本書では、日常会話中心の日本語指導から脱却し、短期間の日本語指導で教科学習につなげるために必要なことは何かを示しました。つまり、日本語指導と教科がどのような視点でつながるのか、学習力を向上させるためのポイントは何か、また、より有効な教科への導入方法は日本語での学習力を育てることだということを具体的に示しています。

　たとえば、日本の生活が長い外国人児童生徒や帰国児童生徒で、問題行動が多い場合、その子どもの文章理解力・語彙力は、狭い興味の範囲に限られます。長い文では主語と述語が一致しないなど、日本語の構造が理解できていないために、自分自身の言葉で納得のいく表現ができず、他者の理解にも十分には及ばないのです。これらの子どもはいずれも、ゆっくりとしたペースで日本語を習得してきたため、まず、大量の語彙を一気に覚えるという経験をすることで、集中力を付け、できるという自信を持たせることから改善を図る必要があります。

　また、その子どもたちは聴く力が不十分なため、問題行動が頻出・拡大、さらに習慣化しやすくなります。そこで、指導に日本語指導が必要であるか否かについて、子どもの言動や簡単な日本語診断で見分ける方法や、やり直しの日本語指導の手立て、やり直しを作らないための指導の手立てなどを示しました。つまり、そうした子どもの持つ課題の解決方法が日本語での学習力を高めることにあることを示唆するものです。

　学習力を高めるという観点から、①学力を高める学習力の育成方法、②基礎日本語力・学力の診断方法、③学習力を高める指導計画、④日本語指導の具体例、⑤教科との接点と、日本語で指導する教科学習、⑥在籍校・担任・教科担任の援助、といった内容を踏まえて構成しています。

　本書は、講演聴講者、実践研究集団「関西地区日本語指導者研究会」の会員の切実な声にそのつど共に考え、答えてきた内容をまとめたものです。筆者は大阪市内で、帰国した子どもの教育センター校と外国人生徒が多数在籍する中学校で20余年、日本語教育実践と学習法指導、日本語力診断、教育相談に携わってきました。その経験を文章化する責任を果たすとともに、皆様の解決の一助となることを祈念して執筆したものです。

2014年12月
田中　薫

目　次

はじめに　3
お読みいただきたい方々へ、本書の主な内容　8
本書で使用する、子どもについての用語　8
本書で扱う診断の種類とその意義　9

第1部　日本語指導者のために

第❶章　日本語指導の現状への考え方　13

第1節　日本語指導が果たす役割 　14
- 1-1-1　日本語指導が必要な生徒の実態　14
- 1-1-2　望ましい支援態勢　16
- 1-1-3　援助と学習成績の関係　19

第2節　日本語での授業に臨む子どもたち 　20
- 1-2-1　初めて経験する日本の授業　20
- 1-2-2　授業がわかるまで　23
- 1-2-3　教科学習のための日本語　25

第3節　学力に及ぼす影響 　27
- 1-3-1　学力の背景　27
- 1-3-2　編入学年が及ぼす影響　28
- 1-3-3　帰国・来日での、国語と日本語の指導重点の差　30

第4節　学習力を高める指導とは 　31
- 1-4-1　学ぶ道が切り拓ける日本語指導　31
- 1-4-2　学習力につなげる指導姿勢　33

第❷章　診断から学習力を高める指導計画まで　41

第1節　基礎日本語力・学力簡易診断法 　42
- 2-1-1　やり直しの日本語指導に必要な基礎の捉え方　42
- 2-1-2　日本語基礎レベル診断カードとは　44
- 2-1-3　診断カードの見方・手順と留意事項　46
- 2-1-4　日本語基礎レベル診断カード　48
- 2-1-5　回答記録用紙　49
- 2-1-6　作文の効果的な利用法　50
- 2-1-7　100字詰め作文用紙　51
- 2-1-8　日本語能力判定基準表　52
- 2-1-9　「教室風景」カード　54

第2節　再挑戦のための日本語指導の重点 55
- 2-2-1　簡易基礎診断から見える基礎学力　　　　　　　　　　　　　55
- 2-2-2　基礎学力と日本語力の関係　　　　　　　　　　　　　　　　56
- 2-2-3　日本語構造の困難点と基礎学力　　　　　　　　　　　　　　59

第3節　基本のカリキュラムの立て方 61
- 2-3-1　中学校・小学校高学年の標準的な指導期間と学習参加の関係　　61
- 2-3-2　小学校低学年の指導期間と学習参加の関係　　　　　　　　　62
- 2-3-3　日本語レベルの特徴と、年齢毎のレベル終了期の幅　　　　　63
- 2-3-4　日本語レベルごとの教科指導につなげる視点　　　　　　　　64
- 2-3-5　効果的な指導への不可欠な計画　　　　　　　　　　　　　　66
- 2-3-6　子どもに知らせるカリキュラム　　　　　　　　　　　　　　67
- 2-3-7　指導者自身の力量に合わせた計画　　　　　　　　　　　　　68

第4節　学力差による学習導入のカリキュラム 70
- 2-4-1　母国での高学力生徒［日本語指導期間と学習参加への意欲喚起］　70
- 2-4-2　母国での普通学力生徒［授業に参加させるための予備努力］　71
- 2-4-3　基礎学力の補充が必要な生徒［授業に近づくための指導］　　72
- 2-4-4　来日後1年以上日本で生活し学習参加ができない生徒と高学年児童
  ［やり直しの日本語と学習導入の方法］　　　　　　　　　　　73
- 2-4-5　障害のある子ども　　　　　　　　　　　　　　　　　　　　74

第❸章　日本語指導の実際　　　　　　　　　　　　　　　　　75

第1節　かな文字・発音・聴音の指導 76
- 3-1-1　かなの記憶と表記　　　　　　　　　　　　　　　　　　　　76
- 3-1-2　単音での母音の発音と聴音　　　　　　　　　　　　　　　　78
- 3-1-3　単音での子音の発音　　　　　　　　　　　　　　　　　　　79
- 3-1-4　連音の表記と発音　　　　　　　　　　　　　　　　　　　　82

第2節　漢字の指導 83
- 3-2-1　漢字指導の開始の時期と方法　　　　　　　　　　　　　　　83
- 3-2-2　日本語開始初期には漢字の基本と意味を指導　　　　　　　　84
- 3-2-3　やり直しの漢字指導の開始点［漢字のチェック］　　　　　　86
- 3-2-4　意味がつかめる漢字が増えたら熟語を一気に増やす　　　　　89
- 3-2-5　漢字の特性から教科の弱点を強化　　　　　　　　　　　　　90
- 3-2-6　漢字圏の子どもの漢字指導　　　　　　　　　　　　　　　　100

第3節　習得しにくい文型の指導 101
- 3-3-1　初期の文型習得と会話上の困難点　　　　　　　　　　　　　101
- 3-3-2　教科学習にも影響する学習中期の困難点　　　　　　　　　　102
- 3-3-3　自他動詞の指導法　　　　　　　　　　　　　　　　　　　　104
- 3-3-4　読解に影響する理解を短文練習で補う　　　　　　　　　　　106

第4節	読む力を伸ばす指導	107
3-4-1	初期の読み	107
3-4-2	辞書の指導のチェック	109
3-4-3	つなぎの言葉	111
3-4-4	長文が読める子どもへの変革	114

第5節	書く力を伸ばす指導	116
3-5-1	初歩の日本語で書くときに	116
3-5-2	作文指導の考え方［どんな段階でも書ける・書ける量を増やす工夫と添削］	118
3-5-3	吹き出しの利用で、気持ちや理由を表現する力を養う	119
3-5-4	言語の特徴への興味の喚起［文の構成理解を早める］	120
3-5-5	思いっきり書く作文が人を変える	126

第❹章　教科と日本語　129

第1節	算数・数学とのつながり	130
4-1-1	算数がわかることと日本語がわかること［加減乗除と日本語］	130
4-1-2	多様性への対処が必要な四則計算	132
4-1-3	日本語文型と計算を、概念形成の方法として一緒に教えるもの	133
4-1-4	日本語での抽象能力を高める、算数・数学との接点	134
4-1-5	基礎となる抽象的な言葉は体験を通して学ばせる	134
4-1-6	文型から学習幅を拡げて、基準を教える［感覚を鍛えて学習経験を補う］	136
4-1-7	数学でも書く・読む力をつける［習慣がつくまで繰り返す］	137
4-1-8	基礎学力の補充が必要な中学生の数学の指導	139

第2節	理科学習のために	146
4-2-1	理科への導入	146
4-2-2	日本語学習で、理科の学習理解に近づける	148
4-2-3	自他動詞の学習で、実験を言葉で理解	149

第3節	言語の整理のために	152
4-3-1	基礎英語の補充が必要な生徒の英語と日本語	152
4-3-2	英語・母語の力を借りて学力を高め、日本語力を伸ばす	154
4-3-3	文型の比較学習	157
4-3-4	指導効果	159

第2部　在籍校での援助体制のために

第❺章　在籍校体制における配慮　163

第1節	編入と指導体制	164
5-1-1	編入学年の決定	164
5-1-2	編入時の学力測定方法	167

| | 5-1-3 | 授業への導入のための学校体制を整える | 169 |
| | 5-1-4 | 学習指導上の一般的な留意事項 | 170 |

第2節　在籍校でのテストを受ける準備 172
	5-2-1	テストへの導入［日本語力に応じた導入］	172
	5-2-2	設問語彙の理解と解答方法［必要な言語に慣れる］	174
	5-2-3	配慮事項の決定［日本語力を知らせ、子どもも先生も共通の理解で］	176

第3節　通訳・対訳による援助 178
	5-3-1	初期の通訳	178
	5-3-2	問題解決のための通訳	179
	5-3-3	日本語習得レベルに合わせた通訳の留意事項	180
	5-3-4	学力に合わせた通訳による授業の援助	181
	5-3-5	対訳集の利用	182

第❻章　学級担任・教科担任による援助　　183

第1節　担任ができる、日本語学習必要性への「気づきのチェックリスト」......184
	6-1-1	気づきのチェックリストとは	184
	6-1-2	気づきのチェックリストご利用に当たって	185
	6-1-3	気づきのチェックリスト調査用紙	186
	6-1-4	分析用紙	188
	6-1-5	分析手順と留意事項	189
	6-1-6	分析例	190

第2節　学級指導のチェック 191
| | 6-2-1 | 級友も一緒に教える日本語指導手順とは | 191 |
| | 6-2-2 | 応答と会話環境のチェックリストとは | 191 |

第3節　教科指導者に知っていてほしいこと 194
	6-3-1	国語	194
	6-3-2	社会	197
	6-3-3	算数・数学	201
	6-3-4	理科	203
	6-3-5	音楽	205
	6-3-6	美術	206
	6-3-7	保健体育	207
	6-3-8	技術・家庭科	208
	6-3-9	英語	209

第4節　各立場への提言 212

あとがき　216
文献一覧　217

お読みいただきたい方々へ、本書の主な内容

学習力を育てる日本語指導の構造図

学力を高める学習力の育成	指導への考え方 学習計画 指導法・心得 日本語力の診断	日本語指導に関わる方へ	♥ 日本語指導教員 ♥ 日本語教室担当者 ♥ 日本語指導講師 ♥ 派遣日本語指導員 ♥ ボランティア指導員	基礎が分かり
	日本語指導との関係	国語指導に関わる方へ	◆ 小学校学級担任 ◆ 国語科指導教員	教科の平均点を上げ
	日本語指導との関係 日本語指導で数学	算数・数学指導に関わる方へ	◆ 小学校学級担任 ◆ 数学科指導教員	
	学力の背景 教科の指導法 日本語との関係	教科の指導に関わる方へ	◆ 教科担任 ◆ 学級担任 ◆ 日本語指導者 ★ 学習援助者 ★ 通訳	
学習力を育てる環境	学級指導の要点 学習者指導の留意事項	学級の指導に関わる方へ	◆ 学級担任 ★ 通訳 ♠ ボランティア指導員	日本語で支えられる
	日本語力への知識 レベルごとの指導留意	本人や保護者の相談に関わる方へ	◆ 学級担任 ♠ 国際交流協会職員 ★ 通訳	
	編入学年の決定 日本語力の診断 基礎学力の診断	編入に関わる方へ	◆ 学校管理職 ♣ 教育委員会指導主事 ♣ 行政関係者 ★ 通訳	

本書で使用する、子どもについての用語

本書で指導対象とする子どもについて、次のように言葉を使っています。
- **日本人児童生徒**…両親共に日本人で、日本生まれ日本育ちの子どもを示します。
- **外国人児童生徒**…本書では、本人の国籍を問わず、両親のいずれかが外国人の子どもを示します。

また、学習背景の違いによる分類をしています。
- **来日児童生徒**…外国で生活し日本語を全く知らないか、ほとんど知らずに日本に来た子ども
- **日本生活が長い外国人児童生徒**…長年に亘り生活の拠点を日本に置いている外国人の子ども
- **帰国児童生徒**…2年以上の海外生活から帰国した日本人の保護者に伴う子ども
- **日本生まれの外国人生徒**…両親のいずれかが外国人で、日本生まれ、日本育ちの子ども
- **非漢字圏児童生徒**…漢字表記を学習せず(中国・台湾以外から)来日した子ども

なお、2つの学習背景を持つ子どもの場合、双方の観点で読み進めてください。

本書で扱う診断の種類とその意義

　近年、担当している子どもの日本語力がどの程度か、正確に知りたいという声が多く聞かれるようになりました。これは、日本語学習者への関心の高まりと捉えられます。一方日本語指導の制度が、学校生活を豊かに過ごせる子どもに育て上げるところまで進歩してこなかったために、何に問題があるのか見極めがつかなくなり、その結果生じている声だとも言えます。

　しかし、子どもの日本語力を何かの基準でランク付け、そのことによって子どもを評価することにならないようにしたいものです。診断は、子どものためのより良い指導と周りの理解を得ることが目的でなくてはなりません。そのためには、診断後の手当てのめどがあるところで行われるべきです。もし、診断によって、子どもがもっと日本語を学習したいと意識化ができても、それを補う指導体制がなければ子どもは混乱してしまうことになります。

　また、長い時間を要す診断では日本語指導の開始を遅らせてしまいます。ここで提示するものは、いずれも日本語指導と面談の経験から生まれた診断方法で、できるだけ簡単に最小限の判定基準を織り込み、日本語指導の必要性の程度を図れるように工夫してあります。

　いずれも経験から生みだしたものであり、指導の参考にしていただきたいのですが、万能でないことも事実です。お使いになりながら、大いに改善していただければ幸いです。

　下記はその概要です。

表 0.1

判断者	目的	診断内容	調査方法	実施時期	主な対象
日本語指導者	日本語スタートレベルの判断 指導計画の作成	日本語再指導の開始レベル	第❷章第1節（pp. 44〜54）基礎日本語力・学力簡易診断「教室風景」カード ※1.	転入時・担任や本人が問題を感じ取ったとき	長期在日で会話が少し可能な子ども
担任	学級指導方針の改善	交流状況	第❻章第2節（pp. 191〜193）チェックリスト	初期指導時	学級での指導 学級の環境
	日本語修復の必要性判断	日本語診断の必要性の判断	第❻章第1節（pp. 184〜191）日本語学習必要性への「気づきのチェックリスト」	転入時 問題を感じ取ったとき	長期在日で会話が可能な子ども
日本語指導者 担任	日本語学習の速度の向上	かなの指導開始点	第❸章第1節（p. 76）かな文字・発音・聴音のチェック	文字の問題を感じたとき	初期の日本語学習児童生徒
		漢字の指導開始点	第❸章第2節（p. 87）漢字チェック1	漢字が読み書きに問題があるとき	
		辞書指導の開始点	第❸章第4節（p. 110）辞書のチェック（漢字の画と筆順チェック表）	説明できにくい言葉を教えたいとき	
	教科学習への意欲喚起	漢字の特質への興味喚起	第❸章第2節（pp. 90〜97）漢字力診断カード　学習対応（算数・社会・理科）	教科書が読めないとき 漢字の弱点を克服したいとき	
学校 日本語指導者	指導体制の検討	言語学習量・学力の問題点	第❺章第1節（pp. 164〜168）編入時の学力測定法	編入・転入時	日本語が話せない・少ししか話せない子ども
参考	※1. 平成16・17年度　文部科学省委嘱事業　神戸大学発達科学部附属住吉校国際教育センター「補習授業校のための日本語力判断基準表及び診断カード（日本語基礎レベル診断カード「教室風景」）				

教育年齢期間の全てのレベルの指導の到達度評価や、学習成果を測る日本語力テストは本書で取り扱っていません。

第1部
日本語指導者のために

第1章
日本語指導の現状への考え方

第1節　日本語指導が果たす役割 ——— 14
1-1-1　日本語指導が必要な生徒の実態
1-1-2　望ましい支援態勢
1-1-3　援助と学習成績の関係

第2節　日本語での授業に臨む子どもたち ——— 20
1-2-1　初めて経験する日本の授業
1-2-2　授業がわかるまで
1-2-3　教科学習のための日本語

第3節　学力に及ぼす影響 ——— 27
1-3-1　学力の背景
1-3-2　編入学年が及ぼす影響
1-3-3　帰国・来日での、国語と日本語の指導重点の差

第4節　学習力を高める指導とは ——— 31
1-4-1　学ぶ道が切り拓ける日本語指導
1-4-2　学習力につなげる指導姿勢

第1節 | 日本語指導が果たす役割

1-1-1 日本語指導が必要な生徒の実態

　教職員の間では「日本語指導は日本語が通じない生徒に必要なもの」という考えがこれまで一般的でした。そのため、日常会話に支障がなくても、日本語指導が必要な生徒が存在することに、深い理解は得られていなかったし、その指導法もあまり研究されていません。

　下記は外国にルーツを持つ子どもの多い中学校での出来事です。

4月		日本語指導担当で赴任。外国にルーツを持つ子どもが多いと聞いたのに、日本語学習者はたった2人⁉ この学校で何をするの？
5月		急に人数が増えるんだな。図書も何にもなしで準備はOK？本当に3級合格してるの？それなのになぜ授業が全然わからないの？
6月		えっ、形容詞は10個しか知らないの？わぁ！基礎からやり直しだね。
7月		「私にも日本語教えて!」って、日本に来て何年？日本に来て6年、「ひ・ふ・み」を知らなかったの？「そんな便利な数え方誰にも習わなかったもの。」

　日本に入国して間もない子どもで通訳がないと話が通じない間は、子どもが在籍する学校の先生は日本語指導の必要性を強く感じます。
　それは、全く日本語を解さない子どもが、日本語学習を始める頃、言語がわかっていないと説明どころか指示も通じないからです。したがって、言語が生活や学習を支える基盤であるという思いになります。つまり、言語の上に生活や学習が成り立つという上下三層構造で考えられがちなのです[図1.1]。
　この期には、担任も通訳や日本語指導者に頼ることが多いです。

図1.1　日本語開始期の一般的な構造理解

　しかし、しばらくして会話が成立するようになれば、先生方は問題を感じなくなり、日本語指導の必要性も感じなくなります。
　結局、学校のほとんどの先生は児童生徒に会話が成立するか否かで、日本語指導の必要度を決めているということに等しいのです[図1.2]。

しかし、会話が成立していて、先生が問題なしと判断していても、子どもの側では困っている場合があります。学習がうまくいかず困っているというケースでは、こうした子どもの訴えには、先生は励ますだけで対処する傾向にあります。

逆に、子ども自身に困っているという意識がなく、会話もスムーズなのに、学校生活ではトラブルが多い子どもは、日本語学習に問題があるのではなく、

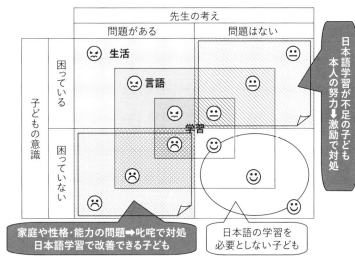

図1.2　先生の考えと子どもの意識

家庭や本人の資質に問題があると判断されやすいです。こうした子どもへの対応は叱るだけにとどまり、本当の問題解決が図られていないのが現状です。

図1.3　長期滞在生徒への誤った構造理解

これは、日本の生活に慣れてくると、生活の上に言語が、その上に学習が成り立つという、日本語開始期とは違った上下三層構造で考えられるようになってしまうためです[図1.3]。

日本語習得が不十分なために、友達との会話のずれ、集団の中での行動のとり方などが理解できずに、トラブルが拡大します。学習が理解できずに宿題が思うに任せなくても、それをごまかして過ごすことに慣れてしまいます。そのため、長期に日本に滞在する生徒の場合、生活に乱れがあるから言語がしっかりしていないとか、学力が上がらないと誤解されます。

下記はそのような生活面での注意を受け続けていた生徒との会話(9～10月)と、教職員の理解を取り付け日本語指導ができるようになるまで苦闘した(11～12月)日本語指導者のつぶやきです。

9月	母と姉が消しゴムを買いました。…「母って何?」 「えっ、母、知らないの？　あなたの言葉で言うと「おかん」。おかんとあねきが消しゴム買ったの。」「そう言ってくれたらわかるよ。」 う～ん、数学より問題は日本語じゃない！日本語力テストやってみる？
10月	「図書室の本をよく読んでいるじゃない。ここって、どういう意味?」 「う～ん、好きに解釈して読んでいるのね。」 「数学もだけど、日本語も勉強いるね。」
11月	日ごろの行いが悪いのは性格だって？ 特別扱いする価値がないって！説教する時間で日本語を教えたら、理解力もついて落ち着くのも早いじゃない。
12月	親は外国籍、日本生まれ・日本国籍なら、なぜ駄目なの？ 生徒が立ち直るチャンスをなぜ止めるの？ 「指導対象範囲を広げるな」って?縄張りじゃあるまいし。

周囲の理解が得にくかったのは、過去に日本語学習のやり直しを経験した生徒がいなかったこと、日本語指導が必要か否かの判定資料がなかったこと、どのような指導ができるか研究がなされていないことに起因しています。結果として、目に見える問題点については性格や家庭の問題として「叱咤」、子どもの困っている部分については頑張ろうと「激励」で処理され、叱咤激励が繰り返されることが問題解決への大方の対処方法となっているわけです。

　日本語学習が必要な児童生徒は日本に入国して間もない子どもばかりではありません。日本語学習の不足から、学習や生活に支障をきたし、本来の力を発揮できていない児童生徒はしっかりした系統的な日本語指導を受けた子どもよりはるかに多いです。特に低年齢で会話ができる程度に日本語学習した子どもたちも、抽象能力を養うことができずに日本語学習が終わっていたり、保護者と日本語で話さないために、子どもの会話の域を出ない日本語で止まっていたりすることが多いです。日本生まれの子どもでも、保護者の日本語が不自由な場合、同じような問題を抱える子どもが増えています。

1-1-2　望ましい支援態勢

(1) 支援態勢への考え方

　もし、言語・学習・生活の3つの関係を次のように捉えると考え方が変わります。

　本来、言語と学習、言語と生活の関係は上下構造ではなく内・外の関係で成り立っているのではないでしょうか。つまり、言語は生活と学習に影響を及ぼすだけでなく、生活と学習から言語を習得するものだからです[図1.4]。

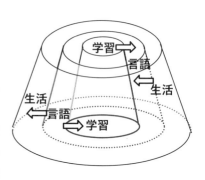

図1.4　望ましい構造理解

　周囲の皆がそう考えてさえいれば、初期の日本語学習者は、友だちとの関係の中で言葉を深めることができるでしょうし、先生や友達の少しの助けがあれば、教科の授業の中でも必要な言葉を習得できると容易に考えられます。

図1.5　態勢作りの話し合い

ただ、自然には良い環境は作れません。そのためには、子どもの人間関係の形成が必要です。外国にルーツを持つ子どもの言葉が通じないときに、どう友達になれるか、どうすれば日本語で早く会話ができるようになるか、図1.5のように本音を出させながら、相手の立場に立ったより良い接し方を、子どもたちに考えさせることも大事です［第❻章第4節参照］。

日本語学習初期の間、聞く・話す力は生活と言語をつなぐ友達と学校の環境によって養われます。そこに、理解と愛情があれば、問題行動・孤立・いじめ・不登校といった困難はほとんど起きず、定期的な日本語指導にも劣らず日本語に親しむ動機となります。

実際、日本語指導をしていても、友達が早くたくさんできた子どものほうが聞く力も話す力も早期に身につきます。しかし、残念なことに、耳と口で日本語が習得できてしまい、楽しいおしゃべりの学校生活が身につくと、遊びが学習への興味を上回ってしまう子どもが多いのも事実です。

だからこそ、学習への興味と意欲を持続させ、言語と学習の相互の関係が機能的に働くようにするために、編入時から自力で学習できる自信がつくまで、日本語指導者による一貫した援助が必要なのです［図1.6］。

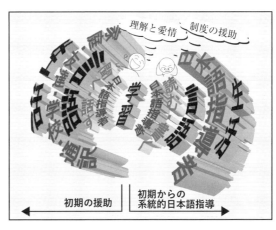

図1.6　目指す子どもの日本語指導環境構造

(2) 学習力形成の障害となっていた考え方からの脱却

これまで、国内の支援の現状が、初期の聞く・話す指導で終わってしまい、系統的な日本語指導が受けられていない子どもたちが多かったのにはいくつか原因があります。

近年まで、「教科指導はクラスの担任や教科担任に任すべきだ」とか、「中学校では日本語指導者に教科指導はできない」という見方がありました。また、「学習ができるようになるのは、日本語ができるようになってからだ」という誤解も多かったです。

さらに「読み書きの指導は、聞く話す指導よりも時間がかかるにもかかわらず、日本語指導に十分な時間が取れない」制度でした。それに、小・中学校で日本語指導の専門教諭が少なかったり、転勤等で続かなかったり、日本語指導と学習をつなぐものが何かについて研究不足でした。そのため、教科への導入が研究できる人材も育ちにくかったのです。

一方、学習者はといえば、低学年の子どもの場合、友達がたくさんでき、楽しく学校生活ができるようになると、日本語学習の必要性を見失ってしまいます。また、ハードな学習経験が乏しい高学年の子どもは、ある程度先生の話がわかると、どれだけわかっているかを自ら測れず、日本語学習以前の勉強方法で学力が上がらないと、自分の能力としてその力に限界を感じてしまい、日本語がわからないからだという意識が薄れます。

そうした事情に加えて、これまでは、ほとんど学習は日本語指導の経験のない担任や教科指導者、また学習指導ボランティアにゆだねられていました。そのため、在日が長期になると、学力は伸びず、結果として学力不振に陥る子どもが増え、さらには日本語の理解が不十分なために、本来の子どもの資質や能力を発揮できないことにも気づかれませんでした。担任・教科

担任・学習ボランティアの援助で学力アップにつながらないのは、子どもが自分の日本語力に合った説明でないと理解できないということと、日本語力の不十分な時点での自分にあった学習方法を身につけていないということに原因があります。つまり、学力に至る日本語での学習力を身につけさせる手段も不足しているということに他なりません。

日本語指導の役割は、初期から自力で学習できるまで、言語の基本をしっかりさせることです。それは、長文を聞き取る、読む、書くという力を最大限に伸ばすこと、学習力を養うために、系統的な日本語指導で日本語の構造を理解させ、応用する力を習得させることにあります。つまり、生活と言語、学習と言語の双方をつなぐ指導が必要であるだけでなく、日本語による自己学習力を身につけさせる役割を負っていると言えます。

(3) 日本語指導が担うべき範囲

本来、思考力、分析力、構築力、創造力等さまざまな学力は、学習や生活を通して身につくものですが、日本語指導の役割は、そうしたさまざまな学力形成の基になる、聞く・話す・読む・書く能力を身につけさせることを目指すものと考えられてきました。

しかし、その考え方は、学力が教科の学習の中で培われるべきものであって、日本語指導の役割ではないということにすり替えられかねません。学習できる子どもに育てる日本語指導ができなければ、その日本語は十分には役に立ちません。学習のためには、日本語指導者は教科の内容に精通し、必要な協力を教科指導者に助言し依頼できることが望まれます。一方、教科指導者は子どもの日本語習得の状況をつぶさに把握し、適切な指導を集団指導の中でも取り入れる努力が必要です［図 1.7］。

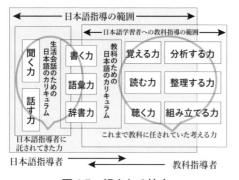

図 1.7　望まれる協力

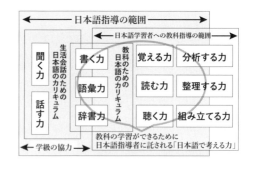

図 1.8　実際の日本語指導者の役割

日本語学習がどのように進むかについて理解が及ばない学級担任や教科指導者にとって、協力は日本語指導者と綿密な連携ができて初めて可能となります。そのためにも、日本語指導者が教科に近づく努力をしなければ、子どもの学習力を形成することは不可能です。

そこで、図 1.8 のように子どもたちへの日本語指導には、日本語で考える力をつけるために、覚える力、教科書を読みこなす力、授業を聴き取る力に加え、聞いたことを整理する力や組み立てる力を養うことが要求されます。そのためには、日本語の何を基本として指導するかを再考しなければなりません。また、教科で使われる言葉の特徴や使われ方を適時に取り入れた指導をすることが望まれます。生活会話も学級の協力を得て速める必要があります。

1-1-3　援助と学習成績の関係

　図1.9は日本人と外国人生徒の比が3:1の、中学1年生50名の定期テストの結果です。学年全体の平均を0点とし、平均からの素点の点差（偏差値ではない）を表したグラフです。

　日本語指導は左端の1学期中間テスト結果以降に行いました。この生徒達は担任・保護者・本人の意向を受けて、やり直しの日本語学習を始めた生徒たちです。いずれも小学校時に編入し、日本在住2年以上です。全体平均点以下で日本語を学習しなかった生徒（日本語非学習生徒）には、日本人も外国人も含まれますが、新規来日生徒を含まない結果です。

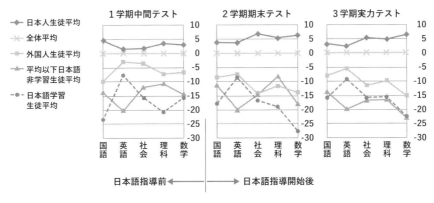

図1.9　中学1年生の定期テスト成績

　1学期の日本人と外国人生徒を比較すると、平均点を挟んで上下で線対称になっています。日本人生徒の平均は常に全体平均を上回っており、外国人生徒のほとんどが平均に満たない状態です。また、日本人の平均点が高い教科ほど、外国人生徒の平均点数は低いです。それは国語と理科により著しく現れ、日本語学習生徒は平均との開きが20点以上ありました。

　日本語学習生徒は、指導を開始すると国語力が徐々に上がりだします。一方で日本語指導開始後教科指導にまで力が及ばず、2学期に入ると複雑になる数学が一気に下がるのが、日本語学習生徒の特徴です。理科も第二分野（生物）から第一分野（物理・化学）に変わると理解しにくくなります。これは、平均値以下の日本語非学習生徒と比べるとその違いが顕著です。

　そこでこの学年では、数学が平均値から20点以上の隔たりがある生徒に対し、冬休みに数学の補充授業を行いました。このとき、学年担当教員が全員で補助に当たり、日本語指導の方法で数学を指導しました［第❹章第1節143～144ページ参照］。数日だけの補習で、冬休みの宿題に手をつけられなかった生徒が、安心して宿題ができる状態に達しました［第❹章第2節4-2-3参照］。また、理科については、日本語授業の補充授業で文章の読み取り方を指導し、教科書を読み直す指導を行いました。その結果、3学期の実力テストでは、理数共に5点以上平均は向上し、平均値以下の日本語非学習生徒と肩を並べるまでに至りました。

　このことから、日本での生活が長い外国人児童生徒を日本語指導なしに放置すれば、国語だけでなく理数に大きな影響を及ぼす一方、理数の指導は子どもがわかる日本語で指導することによって、学習力向上への効果が期待できることがわかります。

第2節 日本語での授業に臨む子どもたち

1-2-1　初めて経験する日本の授業

　来日・帰国したばかりで日本語がわからない生徒が、編入してすぐに授業に臨むと、まず、最初の一時間の授業だけでも相当くたびれます。初めて日本の学校を経験するという緊張感や、諸外国の授業形態との違いだけではありません。日本語がわかる帰国生徒でも、聞き慣れない日本語がまるで機関銃で打ち込まれるように感じられたり、不快なノイズが四六時中付きまとうように感じられたりするそうです。まして日本語がわからない子どもにとっては、日本語の砂嵐に巻き込まれたようなものです。しかし、指導する側は日本で育った生徒と違うとはわかっていても、つい授業への導入を焦りがちになります。まずは日本語に慣れさせることに重点を置きたいものです。

　一般に音楽、体育、技術・家庭(理科の実験)等の実技教科では、すべてとは言えないまでも、言語の媒介を主としない部分で比較的容易に溶け込める場合が多いです。しかし、「授業がわかっている」という誤解をしてはいけません。授業で身体を動かし、その雰囲気を楽しめるという意味で、それも指導者や周りの生徒の温かい身振り手振りの援助があってのことです。もし、未経験であったり苦手であったり、援助がなく恥ずかしい思いに出会うことになれば、溶け込めるどころか、苦しさや孤立感を経験することになります。周囲の生徒が楽しそうに学習していればしているほど、孤立感を深める結果になります。

　在留国での既習内容が日本の学習内容と類似していて、その学力も高かった生徒の中には、日本語がわからなくても、数学や英語は日本の授業に馴染んでしまう生徒も見受けられます。漢字圏生徒の中には歴史の授業でも、同様な傾向が見られることもあります。とりわけ、ものごとを肯定的に捉える積極的な生徒がカルチャーショックからも早く立ち直り、それが可能になります。しかし、普通なかなかそうはいきません。次頁の例A.のような場合もあります。

　既習内容の学習への遭遇は、日本語がわからないということを忘れさせます。

　そのため、知っているつもりで日本の授業に臨み、不本意な結果を招き嘆く場面が生じます。ましてや、未習事項が理解できないことへのショックは、在留国でその教科の学力が高かった生徒にとっては、日本語がわからないためなのか、自分の学力がどうなのか、割りきれないジレンマにつながります。したがって授業の全容を把握できないということを念頭に、高い学力の生徒であっても最初はその時間内にぜひともわからせたい要点を1・2点に絞ることで、授業に慣れさせることが肝要です。

> A.
>
> 　南米から来日し、中1編入後3ヵ月の頃、数学の計算の小テストが実施されました。日本語の向上はかなりのスピードで、天体や南米の地理を話すときは目を輝かせ、関連する母国語を使って、他の国から来た生徒に必死に教えようとする生徒でした。母国で理科よりも得意だったという数学の授業で、日本で初めて経験した小テストです。
> 「先生、テスト0点。」
> 　舌を出して茶目っ気たっぷりに言った後、悲愴な面持ちが漂い始めました。
> 「先生、数学はいつも100点。初めて0点。数学の言葉教えて!」
> 　数学の記号の読み等指導を加えて数ヵ月たった日、
> 「冬服はいらない。だから買わない。学校も友達も大好き。日本も好きだけど、日本の家は嫌い。だから国へ帰る。」と、言いだしました。
> 　長年離れて暮らしていた家族との家庭事情にも、複雑な思いを馳せながら、せっかく日本語がわかってきたのにと、妙に寂しい気持ちになっていろいろ話す私に、もう一つの言葉がぽつんと投げ捨てられました。
> 「国に帰ってお医者さんになる。」

　これは、日本語指導を担当になって、日本語0からスタートする初めての生徒でした。教科との関係にほとんど配慮できていない間に、急に小テストが実施されてしまいました。当時、日本語指導で手いっぱいで、教科にまで自信を持たせる十分な指導ができていませんでした。

　また、この生徒の場合、日本語だけでなく、母国と日本の学習水準の差を知ったことも大きなショックでした。その差を取り戻すのに十分な力を持っていたにもかかわらず、来日後の疲れが出始めた時期に、家庭内でも満たされない思いが募り、日本での将来への限界を悟ることになってしまったのです。

　さて、指導が難しいと言われる、国語、社会、理科や、英語の未習者についてはどうでしょうか。これらの教科については、在留国やその国内の各地域によって学習内容・学習方法が違うことも、戸惑いを起こす原因であり、日本語の理解力とも深く関わるために、特に導入時期や導入方法を考慮し、子どもの困惑が長期に渡らないよう十分な配慮が必要です。

　そこで、子どもの編入時には時間をかけて、帰国・来日前の学習状況を可能な限り詳細に把握しておくことが必要です。同時に、体力や日本語力、学力等、多方面から考慮し、授業への参加を急がず、必要に応じては、授業内での参加内容や参加授業数自体の制限をし、取り出し授業を試みたり、補習による教科への導入を図ったりする必要もあります。いずれにしろ、指導者、生徒の双方の過度の負担増にならないよう配慮が必要で、適切な時期に効果的な実施方法で授業への導入を図らなければなりません。また、いつ、どこで、だれが、何を、どのように指導するか、現実に即した方法で指導が生きるように計画したいものです。

　特に、母国や在留国で学習していない教科・領域や、母国・在留国での教育経験の乏しい生徒については、授業がわかるようになるというだけではなく、その生徒にとってその教科やその領域の学習が意義のあるものであるかどうかが、学習意欲を導く大きな鍵になります。導入初期には、国内の生徒が理解できるのと同じようにわかりたいという意識が学習への興味とし

て働きます。

しかし、例B. C.のように、生徒は母国・在留国で得た思考基盤の上に立って学習の価値判断をしていることが多く、生徒本人にとっての必要度が学習意欲を支えます。したがって、なぜそれを教えるのかどこまで教えるのか、個々の生徒のニーズに照らした指導が必要です。

B.

スペイン語圏の中学3年生でした。我が子に日本語指導を希望する保護者の依頼で、支援者の方から質問がありました。

「彼は高校へも行かないから日本語を勉強したくないと言っていて、親は高校へ行かせたいと言っているんですけど、どう説得したらいいかしら。」

「なぜ、高校へ行かないと?」私の質問に、

「お父さんもお母さんも日本語は話せないし、学校にも行っていない。でも、日本で暮らしている。だから自分もすぐに働くといっているんですけれど。」

「中卒と高卒と大卒の初任給の違いを額で示して、生活年限を掛け、生涯賃金が変わってくる現実を知らせてあげて。」

それからまもなく、日本語指導を受けることに同意し、半年後進学しました。

C.

フィリピンから来日し、編入後1年3ヵ月たった生徒でした。すでに日本語教室への通級を終了し、2ヵ月を経過していました。その生徒が教室に姿を見せて、2年になって習い始めた社会科について見事な大阪弁でこう言いました。

「日本の歴史全然分からへん(ない)。3点やった。どうして勉強するの?」

「ええっ、日本語教室を終わる前に、勉強方法話したでしょ。あの時、大丈夫って言っていたよね。」

「勉強方法は分かるねんけどな、どうして勉強せなあかんか分かれへんねん。漢字多いやろ。読むのん嫌なんやねん。私と平安時代関係ないやろ。フィリピンでは古いこと大事ちごたで。今の政治とか、これからどうなるとか、新しいことのほうが大事やったで。…副大統領の英語がむちゃくちゃやったとき、めちゃ恥ずかしかったわ。しやから、英語や国語はちゃんとやらなあかんけどな。日本にいてんねんから。」

> 「勉強方法は分かるんだけどね、どうして勉強しなければならないか分からないの。漢字多いでしょ。読むのが嫌なのよ。私と平安時代は関係ないでしょ。フィリピンでは古いこと大事違ったよ。今の政治とか、これからどうなるとか、新しいことの方が大事だったよ。…副大統領の英語がむちゃくちゃだったとき、めちゃ恥ずかしかったわ。だから、英語や国語はちゃんとしなければいけないけどね。日本にいるのだから。」

「で、その新しいことを決めるときは、何を基にするの。日本人の国語も歴史が作ったんだけどね。……。」

「ん〜ん。そやな(そうだ)。」

1-2-2 授業がわかるまで

⑴ 日本語学習開始生徒の一般的傾向

　ごく普通の生徒は、週3回5～6時間の日本語の学習を開始後3～6ヵ月目頃から「わかりたい」という教科への関心を示し始めます。辞書が少し使えるようになり、その予習の効果が理解できると、ほとんどの生徒は「理科と社会がわからない」と言い始めます。このとき、国語がわからなくても、そちらのほうは諦めているのか、社会や理科、ときには英語が生徒の苛立ちの対象になるようです。

　また、1年から1年半の間に、母国での学力の60%程度に到達する生徒が多いです。ここから先は丁寧に予習を続けるか否かで、伸びる生徒と落ち込む生徒の運命の別れ道が待っているのです。日本語学習開始時点から2年たった頃、学習習慣のついている生徒は、予習より復習に十分な時間がかけられるようになっていきます。

⑵ 教科学習に早く馴染む生徒

　私の指導歴において、教科学習に最も早く馴染んだ生徒は、中国の都心でかなりハードな学習経験を持った生徒でした。来日後すぐに辞書が引けるようになり、1ヵ月後の中間テストで、英語・数学は80点を超え5教科の平均も50点を超えました。ひらがなを覚えた日から、注意深く先生の声を聞き取り、聞き取った言葉は教科書と見比べて、自らも漢字に読みがなを打つようにしていました。友達の協力で教科書の漢字に読みがなを打つようになって、7ヵ月後の定期テストには平均80点に達しました。こんな生徒でも予習方法を指導したすぐ後は、授業の進みが早くて辞書引きがとても追いつかないと嘆きました。

> D.
> 　長文の読解指導もほとんど完了し、日本語授業も終わりに近いある日、彼女は
> 「先生、国語で最高点とったよ。」息を弾ませて日本語教室に駆け込みました。
> 「えええっ、ほんと、すごいね。」
> 　その後、彼女はぼろぼろと涙を流して、息を詰まらせました。
> 「ずっとずっと、何日も辞書引きばっかり。死ぬほど大変だったんだから。」
> 「だから、最高点だったのよね。」

　また、教科学習にかなり早く馴染んだ中国とフィリピンの生徒2名は、3ヵ月から辞書で予習を始めました。5ヵ月目に理科と社会の学習法を問い始め、6ヵ月で「大丈夫、自分で学習していけるよ」と言明していました。そのとき、いずれも彼らの会話はまだたどたどしい日本語でしたが、実際、定期テストの結果は平均40点を超え8ヵ月目には50点を超えました。「日本語も大丈夫」と言えたのは、1人は8ヵ月目、1人は1年も間近になってからのことでした。

⑶ 教科学習になかなか馴染めない生徒

　教科学習が不振で、日本語に問題が残っている生徒が、日本語学習のやり直しをするケース

や、帰国・来日後すぐに入級しても、学習にはなかなか馴染めない生徒もいます。学習の不振についての理由は多岐にわたるため、第❶章第3節「学力に及ぼす影響」の記述を参考にしてください。

　これは教科学習になかなか馴染めなかった生徒の1例です。この生徒は、日本の学校に編入するときに、小学校の4年生がとんでしまっていました。絶妙なイントネーションの会話で感情表現ができる日本語を習得できていたものの、中学校へ入って日本語を教えはじめてみると、ひらがな、カタカナの表記から語順等、基礎から日本語指導が必要でした。特に、読み書きへの導入に2年間のブランクがあった結果、すでに間違って定着した日本語が学習意欲を疎外し、教科に興味を持つまでさらに1年を待たなければなりませんでした。つまり、学習力をつけるためにまず1年間が必要だったということです。

　既に見事な会話力で理解力も上がってきても、失われていた教科関連語彙、また、記憶を必要とする漢字の熟語量がなかなか伸びず、教科書の漢字にいつまでも読みがなが必要でした。

> E.
>
> 「何で覚えられんのかな。俺頭悪いんかな。」
> 「覚えられない、と思っている間はだめよ。弱い方の自分が勝っているから。絶対覚えられるって信じないと。じゃあ、10分で覚えられると信じてやってみよう。」
> 　10分後、また10分後と進めて、
> 「すごい。やっぱり覚えられたじゃない。今まで自信がなかっただけよ。」

　こんな会話を繰り返し、励ましながら、1年半を経過してかなりの長文を読みこなせるようになっても、社会科の歴史等はなかなか記憶できませんでした。しかし、教科書で何度も同じ言葉が利用される理科の生物分野などは自然に覚えられるようになりました。2年目にようやく、定期テストで30点平均に到達しました。

⑷　専門学校で集中して学ぶ日本語の成果

　日本語が心配で、民間の語学学校等の日本語専門の教育機関で1日4時間以上3～4ヵ月間の日本語学習をしてきた生徒も何人かいます。この場合、短時間での学習項目が多すぎて、生活会話の実際経験や、教科学習に慣れることで自然に得られる聴解や筆記量が不足しています。そのため、日本語は十分に定着していないケースが一般的です。

　また、母国でも学習経験が豊富で、教科学習に早く馴染めるはずの生徒でも、その日本語学習期間に、母国での教科への学習姿勢が維持できず、教科学習への抵抗が大きくなることが多いです。民間の語学学校で一定期間、日本語を身につけてから中学校で日本語学習を開始した生徒の多くは、全体の理解よりも、わかりやすい文型の暗記を主体として学習定着を図る傾向にあります。さらに、学校から一度離れた機関で大人と学ぶ経験から、学校に馴染みにくくなってしまう生徒もいます。そのため一時混乱を起こす者や、焦りを持つ者など、学習方法への導入は前者よりも数ヵ月遅れる傾向がありました。

　したがって平均的な学力生徒の場合、日本語と教科は並行しながら、それぞれの時期に何を

最も優先させるか、学習順位を明確にして進めることが必要と言えます。たとえば、教科の授業を補習や取り出し授業で行う場合も、予習方法の指導を軸にし、予習の効果が一般生徒と共に受ける授業の理解につながるよう配慮することが、早期教科理解に導きやすいのです。

1-2-3　教科学習のための日本語

　中学校の教科の学習が理解できる日本語力と、日常会話が理解できる日本語力とは明らかに違ったものです。だから、目の前のしっかりした来日生徒が上手に日本語を話していたとしても、すぐに、勉強にも問題はないなどと考えることはできません。

　まず、子どもの日常会話はセンテンスが短いという特徴があります。友達からの話しかけに相槌を打つことが中心になり、長文の聞き取り・読みとり練習をしていなかったり、筋道を立てて話す習慣が付いていない来日生徒は、長文の理解力が低くて当然とも言えます。

　特に非漢字圏生徒にとっては、和語が中心になって組み立てられている日常会話の日本語の世界と、漢語が多量に導入された教科学習の日本語の世界は2つの別な言語世界と考えられるほど開きが大きいものです。

　また、漢字圏生徒にとっても、見て意味の理解できる漢語はつい日本語の読みをおろそかにしてしまうため、聞くことが中心の授業理解には、すんなりと入っていけない場合も多いです。

　さらに、日本語で授業を理解するためには、学習に必要な表現の習得が必要です。「実験から〜の結果が得られる。〜と〜が〜の時〜と言える。」といった言い回しや、歴史や文化に関わる言葉など、教科独自で使われる言葉もあります。加えて、先生の話し方は初級の日本語とは随分程遠い長さです。「〜したらその後に〜して、〜します。」と言われても何をするのか聞き取れずに終わります。それに、授業で聞いた言葉でテスト問題は書かれていません。設問用語の意味と答え方は特殊です。たとえば授業では、「〜のところを言ってみて、10字以内でね。」と言っていることが、テストでは「該当するところを〜字以内で抜き出しなさい。」と、変わってしまいます。

　そこで、来日生徒にとっては、日本語で授業を聞く力に加え、テストの問題を読むための予習が不可欠です。つまり、辞書を引き、今から習う場面で使われる言葉に慣れ親しんでおくことができるか否かが学習理解のポイントとなります。しかし、そういう予習ばかりしていられない忙しい生徒にとっては、例 F. G. のようなこともあります。

> F.
>
> 　これは、中国から来日して5ヵ月の生徒との日本語教室での会話です。母国で習わなかった関数の授業が終わり、苦しい辞書調べの予習からようやく解放されたと思った矢先のことです。
> 「今日の数学は中国で勉強したとこ。」
> 「あらそう、よかったね。ほっとしたでしょう。」
> 「違うの。授業始まるときはぁ、嬉しかったけど、中国で勉強したから知っているでしょ。けどできなかった。悔しい。」

「どうして。授業の進み方はそんなに速かったの。」
「ううん。頭の周りをン〜ン飛ぶ蝿、勉強できない、先生わかる。」
「蝿がいたの。暑いからね。かわいそうに。」
「違うよう。先生が私のノート見た。そして、たくさん言うでしょう。頭の周り、ン〜ンの蝿がいっぱい。中国でできたことみんな忘れた。」
「ああ、そう。先生が蝿ですか。」
「そう。えっ違うでしょう。中国で勉強したでしょ。知ってるでしょう。だから予習しなかった。先生の説明違ったでしょ。日本語が分からなかった。」
「日本語が蝿だったの。じゃあ、日本語の勉強やめようか。」
「ええっ、先生悪い。予習しなかった。だからぁ。」
「だからぁ。しんどくっても予習。予習。」

G.

英語圏生徒です。Some と any と many の使い分けを学習している英語の授業でのことです。彼女にとっては実に簡単な英語で、その辺りの「たくさん・少し・ちょっと」等の日本語も十分わかっているので辞書など引きませんでした。で、練習問題の英訳を答える順番が来ました。

「何人か生徒がいますか…はい、数人います。」

自分に当たった設問に

"How many students are there? ……There are some."

英語を間違うはずがない彼女が間違えたのです。英語では尊敬を勝ち得ている彼女に1拍置いて爆笑が戻ってきました。Some と any と many の区別はしっかりイメージされていたのに、

「ええっうそぉ！『何人』と『何人か』は違うのぉ。」

不運にも、"Are there any...?"の和訳が当たらず、英訳が当たってしまったのです。

そして、誰も彼女がその日本語を知らないとは思っても見なかったので、しっかり笑われてしまいました。

「日本語って、ずるいな先生。答えに、はい、が付いているのおかしい思ったの。説明の時、先生は『数人の』て言ってたよ。絶対ずるいわ。」

第3節 学力に及ぼす影響

1-3-1 学力の背景

(1) 力の背景として考える視点

教科学習が不振で日本語に問題が残っている生徒が、再度日本語学習を開始するケースや、帰国・来日後すぐに日本語学習を開始しても、学習にはなかなか馴染めない児童生徒の場合、その原因を知っておくと指導に生かしやすいです。

学習の不振は、日本語に起因する場合も多いですが、過去の学習環境、現在の学習環境、などのような要因が考えられます。また、その原因の多くは、本人の学習への素質よりも過去の環境等に由来している場合が多いのです。以下はその例のいくつかです。

(2) 学習になかなか馴染めない子どもの例

母国での学習経験の影響

① 両親とは離れて暮らした年月が長く、親戚や友人宅で遠慮して暮らしていたために、聴解力はあるが、発話や筆記面で母語が十分向上していない。そのため、自らの思考を組み立てていく力に乏しい。
② 母国で本を読んだり、文を書いた経験が極めて少なく、文字に慣れていないため、来日後も文字の必要性を感じなかったり、違和感が強い。
③ 学習経験がなく、学習への関心の低さや学習習慣のなさが原因で、勉強に興味が持てない。こうした生徒は集中力や持続力が形成できるまでに、まず時間がかかる。
④ 中学に編入したが、母国の小学校を4・5年生までしか修了しておらず、数年間を飛ばして学齢相当に編入したため、関係把握力や抽象的な思考力が身に付いていない。
⑤ 母国で留年や不登校あるいは転校を繰り返した、学習不適応の経験を持つ生徒が、その原因やその経験のコンプレックスから解放されていない。
⑥ 母国での学習内容との差が大きく、日本の教科学習で扱われている基礎学力の不足で理解できない。

日本語習得過程の問題の影響

⑦ 日本の生活に馴染めず、望郷の想いを強め、日本での生活に否定的になってしまった。
⑧ 編入後、学習に興味のある友達が得られず、遊びを通して理解者を得たため、好ましくない価値観や不適切な日本語を習得し、勉強への興味を失った。
⑨ 来日後、日本語指導を受けず、長期間遊びの中で、友達や周囲の人々から自然に日本語を習得し、勉強の習慣を失ったため、取り掛かるのが億劫になってしまった。

⑩ 読解に必要な熟語等の語彙力、語順の理解が定着していない間に学習導入を急がされたために混乱を生じて嫌になった。
⑪ 勉強意欲はあったが、適切な助言が得られず自力で努力し、日本の学習方法に適した学習手順がわからず、どれも中途半端になってしまった。
⑫ 編入した学級で、からかわれたり、いじめを受けたりした経験で、興奮しやすく、情緒の安定が図れなくなってしまった。
⑬ 非漢字圏生徒で、漢字の読みや意味のつかみ方への苦手意識が強く、勉強が嫌になった。
⑭ 鉛筆の持ち方が悪いために書くことに馴染めず学習意欲を失っていた。
⑮ 発音が思うに任せず、友達から聞き取りにくさを指摘され、話さなくなった。聞き取りも間違いが多かったため、会話が減り、学習への意欲を失った。
⑯ 家族全員日本語が不自由で、日本語学習の機会もなかったため、発音が理解できず、言葉を覚えられなかった。そのため、友達ができず自閉的な傾向が強まった。

> **来日当初からの家庭環境**

⑰ 保護者が働くことで不在になりがちで、母語で話す機会が乏しく、また、日本人との生活感覚が合わず、友達が得にくかったため日本語も思うように学習できなかった。
⑱ 母親の妊娠・出産・乳児の育児期間に、十分愛情が得られず情緒の安定を失った。
⑲ 保護者が日本に慣れない間に病気や怪我で入院。不安が増大し、学習への意欲を失った。
⑳ 先に来日した母親が、子どもが日本の生活に慣れることを急いだため、躾が厳しく、感情を表に出せなくなってしまった。

1-3-2　編入学年が及ぼす影響

　来日する年齢によって学べる内容にレディネスが存在します。低学年では論理よりも感覚で学び取る部分が多く、抽象的な思考も未発達なため、日本語習得も高学年ほど複雑な内容を理解することは難しいです。そのため、長期間少量の日本語で周囲との会話や授業に臨み、結果として問題が拡大しやすいと考えられます。編入した学年で身につかなかったその問題傾向が、編入時の学年では現れず、高学年の年齢になって他者との開きの大きい問題として浮かび上がることが多いのです。
　表内の●印（高学年になってから顕著になる問題点）は、その学年では日本語での指導は限界があり、母語で補充するか、ある程度の日本語力や経験をつんだ後に回復したい課題だと考えていただきたいのです。●印（注意が必要な学年）は後日の災いを避けるために、編入学年で重視しておくことが必要だと考えます。

表1.1 編入学年によって持続・拡大する問題点(◎←○←△　影響が強い編入学年)

（●注意が必要な学年　●高学年になってから顕著になる問題点）

□ 特に学習に大きな影響力があること

		1年	2年	3年	4年	5年	6年
①	日本語習得期間に理解できなかった基礎学習が学習困難を招く。	○	◎	◎	◎	○	△
	ⓐ 主語・述語の関係(文の構築力を育てる学習)	●	●	●	●		
	ⓑ 2桁以上の引き算・掛け算・割り算、小数・分数・単位・理科の実験等(抽象能力を育てる学習)		●	●	●		
	ⓒ 漢語(熟語)学習語彙、重文・複文(読解力・考察力を育てる学習)				●	●	●
	ⓓ 基礎的な学習用語				●	●	●
②	学習習慣の喪失を招く。	○	○	○	○	○	○
	ⓐ プリントの整理・保存の習慣	●	●	●	●	●	●
	ⓑ 目と耳と手の連動の喪失（板書を写す習慣）（その場で聞いて判断できない）	●	●	●	●	●	●
	ⓒ 集中力の減退(学習参加ができず課題への興味を失い続ける)	●	●	●	●	●	●
	ⓓ 依頼心の増加(集団の中で聞き取る集中力の欠如)（みんなと同じ宿題をしなくてよい）					●	●
	ⓔ 聴解力に頼る表面的な語彙理解（国語辞書の利用ができず、理解が浅くなる）		●	●	●	●	●
③	基礎学力の早期補充の欠如が学習困難につながる。	◎	◎	◎	◎	○	○
	ⓐ 何から手を付けていいかわからなくなり、学習手順を喪失	●	●	●	●	●	●
	ⓑ 基礎のないところに積み重ねるので、効果が乏しく記憶力が減退	●	●	●	●		
④	母語での思考力が伸びない。	◎	◎	◎	◎	○	△
	ⓐ 辞書を引く力がないと母語の向上は日常会話の域を出なくなる（情報収集や適正な判断力の低下）				●	●	●
	ⓑ 日本語の向上と共に母語での会話量が減少し、親子の対話が困難になる(文化・価値観の形成が曖昧になる)（家庭内の習慣と学校でのギャップが起き、アイデンティティーの揺らぎで精神的な負担が増幅）			●	●	●	●
	ⓒ 母語保持・母語での学習の積み重ねがなくなり、日本語も不十分だと考える意欲と力をなくす	●	●	●	●	●	●
⑤	親が学習の面倒を見られない。	◎	◎	◎	◎	○	△
	ⓐ 学習計画の立て方、学習時間の確保	●	●				
	ⓑ 問題集・参考書の買い方がわからない					●	●
	ⓒ 日本語による親子の対話の不足（学校での出来事等、日本語での復唱が欠如し、他者の判断を仰いで日本語で考察を深める力が伸びにくい）	●	●	●	●		
⑥	日本語指導の必要性への気づきを失う。	△	◎	◎	◎	○	○
	ⓐ 返事中心の会話が見逃されやすい	●	●	●	●	●	●
	ⓑ 会話がスムーズだと学習語彙・複雑な構文・正確な聞き取り等、不十分なことがわかりにくい				●	●	●
	ⓒ 抽象能力や思考の構築力が未完成な年齢なので複雑な第2言語に理解が深まりにくい	●	●	●	●	●	
	ⓓ 日本語が基礎段階で止まっているために、読書などの、より日本語を理解し興味を広げる学習に深まらない	●	●	●	●	●	

1-3-3　帰国・来日での、国語と日本語の指導重点の差

　日本語習得が国内か外国であったか、保護者が日本語話者か否かによっていろいろなことが違っています。そのため、学習者に全て同じ方法で指導できるわけではなく、日本語学習の背景によって生じる問題点を考慮した指導が望まれます。図と表に、その大きな特徴をまとめてみました。図

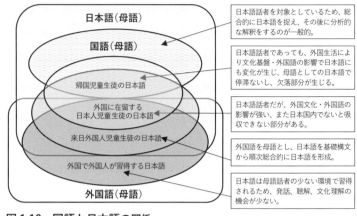

図1.10　国語と日本語の関係

1.10は丸囲みの四角で日本語と外国語を表しています。その環境で日本語を国語として学ぶ立場と、日本語を外国語との関係の中で学ぶ立場との位置関係を示しています。

　表1.2は初・中級の日本語学習者以外にも、日本語の基礎が不十分で修正や修復が必要な子どももいることを示しています。解決すべき問題点が違うため、その配慮について説明しました。

表1.2　国語と日本語での指導重点の差

	初級・中級の日本語学習者	国としての学習者（日本語の修正・修復学習が必要な子ども）		その他の日本語学習必要者
		中級の日本語学習者	帰国児童生徒	
学習背景	来日児童生徒 日本語を話せない帰国生	日本生活が長い外国人児童生徒	帰国児童生徒	保護者が外国人で日本生まれ日本育ちの児童生徒
母語	母語が外国語である	母語が日本語または外国語である （在留年数や家庭教育などによって異なる）		母語が日本語 （家庭での会話量や言語・学習習得環境によって異なる）
日本語習得の背景		日本文化への理解がない思考		日本語で文化を吸収
	①日本の理解をしようという積極的な意思の育成が必要 ②日本の会話や文化への理解の促進を促す指導が必要 ③会話の日本語と学習語彙を並行して学習を進め、学習停滞が起きないようにすることが必要	①日本の子どもと馴染めない場合、発話効果の学習が必要 ②基礎日本語が定着していない場合、学習のやり直しが必要	①論理的思考や比較によって、日本文化の理解の深まりを助けることが必要 ②日本人であるため、日本の事がわからない場合、理解への補助が必要 ③在留国の方が優れていると思っている場合、思考への揺さ振りが必要	次の場合、基本的な日本語に立ち戻ることが必要 ①思考力が形成されていないため、話に内容がなかったり、子どもの会話の領域を出なかったりする ②主語と述語が一致しないため、言っている事がよくわからない
		母語から影響を受ける日本語習得		
	①発音の違いによる聴解力の向上阻害をなくす努力が必要 ②母語への依存が生じるので、直訳の良否を学習語彙や・文型毎に必要に応じた判断が必要 ③文字・語彙習得の速度を速め、日本語学習への興味を持続する必要	①単語を中心とした聞き取りによる聴解力の欠如がある場合、日本語の構造を理解し、聞き取り練習をすることが必要 ②発音・文の構造の違いによる混乱がある場合、母語との比較学習が必要 ③日本語の特徴への無頓着な使用に気づかない場合、誤使用部分の集中練習が必要		
		日常会話集団から受ける言語環境		
		①好ましい言葉とそうでない言葉の区別を明確にすることが必要 ②疑問に思う考え方や、気づいたことを積極的に解き明かす姿勢の育成が必要 ③単文から複文・重文への導入が必要		
指導法	①日本語を、文法や会話の基本単位に分解し新たに組み立てて指導 ②日本的な言語の使い方には納得できる説明が必要	①日本語としての基本的事項の習得度を洗い出し、必要事項の補強が必要 ②母語との比較能力の有無、違いを感性で理解できているか否かの判断の基に指導 ③言語に対する柔軟性の育成が必要		国語を日本語として見直すことの面白さを知らせる

第4節 学習力を高める指導とは

1-4-1 学ぶ道が切り拓ける日本語指導

(1) 会話中心指導と学習対応指導との、指導特徴の比較

　子どもの日本語教育は大人の日本語テキストの焼き直しから始まりました。用いられる語彙や会話場面は学校生活により近づけられ、子どもが親しみやすいテキストが作られるようになってきました。近年、ようやく日本語学習と教科の学習の関係に目が向けられるようになり、会話語彙と学習語彙の違いが論じられるようになりました。とはいえ、教科で使う語彙と文型に視点が移り、授業に参加できる手立てとして橋渡しの指導が考え始められたものの、まだ、学習力を養う基本の日本語指導のあり方や方法には至っていません。

　学習力はまず学習する意識を高めることが必要です。そのための指導とは何かを示してみたいと思います。

① 会話中心の日本語指導

- ●「聞く・話す」が中心の指導
  →読む力と書く力の不足
  →抽象能力の育成が課題
- ●日本に慣れることを目指し、限られた単語量で文型を繰り返し練習するため、馴染みやすく会話に慣れる楽しさが中心。やさしい授業
  →文の構造理解の欠如
  →基礎学力向上に限界
  →漢字の習得量が少ない
  →予復習の不便さが続く
- ●大人のように１母語を通して言葉の組み立てに理解が及ばない
  →長文の聞き取り習得に時間がかかる

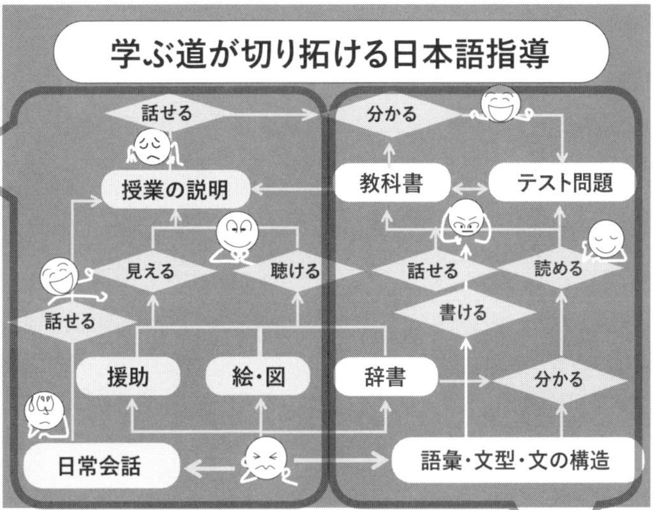

図1.11　2種の日本語指導比較

② 学習対応の日本語指導

- ●文の構造を理解して、読み書きの能力を速めるために、自主的な作文を奨励し、早期から辞書を使えることを重視
  →使える漢字語彙量も急速に増やすため、一時、厳しさを乗り越えることを要求する授業になる
- ●学習成果が速く出るため、学ぶべきものを克服する楽しさが中心
  →やる気を育てる学習姿勢の育成が先

(2) 学力を高める学習力を定着させる構造

　学力を高めるためには、子どもの学習する姿勢を養わねばなりません。そのためには指導者自身が学習意欲を喚起する指導法を身につける努力をすべきでしょう。また、学習する日本語や教科にも、学習へ導ける外せない視点があります。ポイントを捉えた指導法は子どもを変化させ、子どもの変化は学力の高まりとなって、指導者は子どもから学ぶことで力量をさらに高めることにつながります。図1.12 はその要素となるものを図示したものです。

教科の基本・視点として必要なこと
　主語・述語を捉える力が全ての教科、また授業を聴く力の原点であり、長文や複雑な文でこそ必要である。
　辞書や教科書の索引、対訳等を活用し、自力で語彙量が増やせることが教科書を読み取ることにつながる。
　また、長い文を読むこと、書くことが苦にならないことが、積極的に学習できる基本となる。

学習者に求めること
　学力は語彙量で大きく変わる。覚える力をつけることが求められる。
　自分の考えや客観的な事実を整理する力・組み立てる力をつけるように課題を提供し続けることが大切。
　そのためにまず、学習を楽しむ姿勢を身につけ、学習を厭わず、内容を自分のものにさせなければならない。

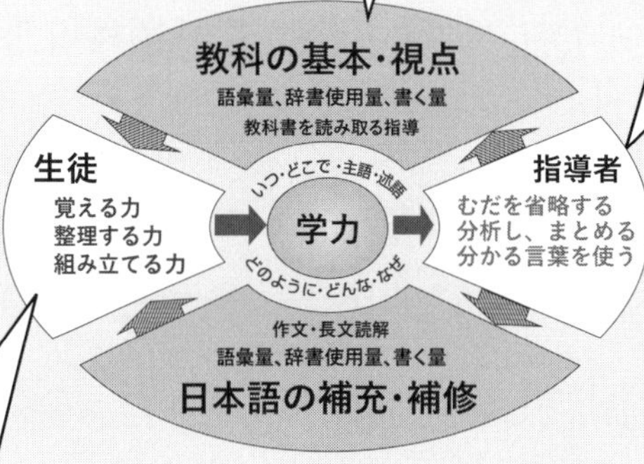

指導者に求められること
　説明が長ければ長いほど理解に時間がかかる。
　日本語の中にある教える要素をしっかり分析することで、本当に必要な言葉で、できるだけわかりやすく説明する工夫を心がけることが必要である。
　1つが理解できると、その上に次々理解できることが積み重ねられる。
　文の構造をしっかりつかませられれば、学習者の覚える力や整理したり組み立てたりする力が形成されやすい。
　板書やプリントも後で復習しやすい形にまとめる工夫がいる。

日本語の補充・補修に必要なこと
　語彙量をいかに増やせるか。辞書を負担なく引けるようにさせられるか。書く量をどれだけ増やせるかを課題とすること。
　作文・長文読解を楽しめる子どもに育てるために、どのように・どんな・なぜという修飾用法が使えるようになることが望まれる。

図1.12　学力を高める要素

1-4-2　学習力につなげる指導姿勢

⑴　学習力につなげる5つの法則

　中学生・小学校高学年の子どもが自然に学習しようという気持ちを持てるようになるために、日本語指導者が大事にすべきこと、それが5つの法則です。

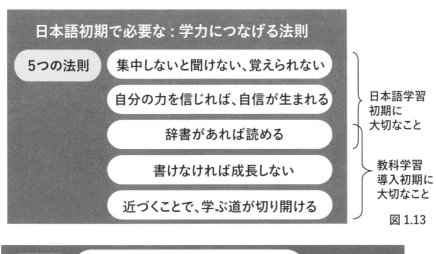

図 1.13

| 法則1 | 集中しないと聞けない、覚えられない |

　学習ができる子どもを育てるには、まず、集中できるようにすることです。

> なぜ「お筆」「お箸」「お家」「お靴」なのか？

　幼い子どもに「お」を付けて発せられる言葉の多くは、短い言葉で、しかも最初の音が聞き取りにくい子音「h、k、s」の言葉や、短い2音が共に聞き取りにくい物の名前の頭によく付けられます。集中していない子どもは最初の音を聞き逃しやすいです。筆は「ふで」の「ふ」を聞き逃せば「で」しか聞こえず言葉として意味を成しません。接頭語の「お」を付けることで、言葉に集中させながら、言葉を柔らかく聴きやすい響きに変える効果を持っています。
　このことと同様に、母語と発音の仕方が違う外国語は慣れるまで聞き取りにくいものです。日本語を学ぶ子どもも、しっかり集中力を高める必要があります。

> 先生の話はなぜ長い？

　とかく学校の先生の話は長いです。教室で1つの説明をし、指示を出したとしましょう。40人の子どもはわかったような表情を見せません。先生は角度を替え、新たな説明を試み、指示を徹底しようとします。さらに念を押して指示が完結し、さあ、作業に入ろうとすると、ある子どもが、今説明したばかりのことを問い正す、という光景がよくあります。
　子どもは先生が何回も繰り返すことを知っているから、どうせもう一度言うとどこかで油断して聞いています。

伝わっていないとわかると言葉が増えるのは日本語指導者も同じです。しかし、集中力を高めるには、説明はできるだけ言葉を省いて、最小限の必要なことを的確に、何度も繰り返さずに話すよう心がける必要があります。

> なぜ集中できない？

集中できる環境で学習させることで学習力は増します。その後に初めて、どんな場所でも集中できる子どもになれます。そこで集中できない場面がどんなものか考えてください。

◆ 皆と違うことをしなければならない集団の中では落ち着けません。
◆ 同じ学習でレベルがそろっていない集団の中ではイラつきや焦りが生じます。
◆ 繰り返して話してもらえる場は、油断が生じます。
◆ 机上の整理ができていないと気が散りやすいです。

法則2　自分の力を信じれば、自信が生まれる

やればできるという自信が生まれ、日本語学習の速度を上げる努力ができれば、日本語での学習力を高める脳を活性化する最大の効率化となります。自信を持たせるために集中力を高め、短時間で覚える量を増やす効果的な指導法を紹介します。

図1.14で示す形容詞語彙は、ひらがなの清音・濁音を覚えた直後に指導に使っている教材です。この教材を使う理由と指導法を参考にして、自信を持たせる工夫を考えてください。

図1.14　形容詞語彙

> 形容詞語彙の学習が初期の日本語学習に適している理由

① ひらがなの清音・濁音を読み書きできれば、形容詞の語彙はほとんどが無理なく覚えられます。

② 辞書形は全て「い」で終わり、3～5字の短い言葉でできているので、集中力を高めて覚える力を付けやすいです。
③ 具体的な意味説明がしやすく、漢字指導にも入りやすいです。
④ 形容詞を使うと、「お母さんはやさしい？」「○○国の学校は大きい？」など学校での友達との会話が成立しやすいです。
⑤ 用言（述語になる言葉、動詞・形容詞・形容動詞）の中では活用が比較的簡単で、文でのつなぎへの移行も全ての基本となります。

指導方法

① 反意語の形容詞を対にして50語を一覧にして用います。
② 1A・1Bを指示棒で交互に示しながら「ながい、みじかい」「ながい、みじかい」と早い口調でリズムよく繰り返します。子どもに一緒に何度も繰り返させて、2A・2Bの「おおきい、ちいさい」に移ります。同様に「おおきい、ちいさい」を繰り返し、突如1A・1Bに指示棒を戻します。

　　ここでは、ほとんどの子どもは「おおきい、ちいさい」を忘れています。しかし、再度1A・1Bから同様の繰り返しをすると、子どもは覚えるという意識に変わり、1A・1Bから5A・5Bまでを5～20分で覚えることができます。
③ 1A・1Bから5A・5Bまでをランダムに指示棒で示し覚えたことを確認します。10個の単語を数分で覚えたことを、まず、しっかり賞賛します。褒められると、覚えられるという自信が生まれます。
④ 覚えたことを書けるかどうか書き取りを行います。

1時間で覚えられる量は中学生で30～40語、小学校高学年で20～30語程度です。低学年には、一度に50語を見せるのは感心できませんが、いくつかの形容詞を言える子どもには、いくつ知っているか試しに使って意欲喚起に役立てることができます。漢字の指導方法については第❸章第2節3-2-1「集中力をつける漢字指導」を参照してください。

法則3　辞書があれば読める

わからない言葉を人に尋ねるばかりでは依頼心が増します。わからない言葉を放置する癖がつくと、学習する気持ちは落ちていきます。辞書を使う習慣は自分で学習する姿勢を養うのに大いに役立ちます。言葉がわかれば、積極的に知ろうという気持ちに変わるからです。

辞書引きの習慣化は、言葉での自立の第1歩

① 学級の児童生徒の協力があれば最高。
　　母語対応辞書が速く引けるようになるには、日ごろから辞書を引く習慣を養うことが必要です。そのために、教科書の呼びがな（ルビ）打ちなど級友に手伝ってもらえば、習慣化しやすくなります。第❺章第1節5-1-4「学習指導上の一般的な留意事項」を参照してください。

②　漢和辞典・国語辞典を引く習慣を付けさせ、授業中も利用させます。

　日本語が不十分な場合には、和英辞典・日葡辞典等、母語に頼らざるを得ませんが、1～2年以内のできるだけ早いうちに漢和辞典・国語辞典も利用させることが日本語の特徴を理解させるのに役立ちます。なお、辞書の利用経験のない生徒には、辞書の使い方を指導する必要があります。電子辞書も活用させてください。

　また、小学生年齢で来日した生徒で、母語の辞書内容が理解できない生徒や、日本語が対応する適切な辞書がない国の生徒には、ひらがなのルビつきの語彙辞典や絵辞典の利用も考えていただきたいです。また、授業で使った言葉を記録しながら、子どものための語彙集を作成していくと、辞書の代わりになり、辞書に親しみやすくします。

※ 参考　ひらがなのルビつきの語彙辞典

（『下村式　小学国語学習辞典』偕成社、『くもんの学習　小学国語辞典』くもん出版）、絵辞典（『三省堂こどもことば絵じてん』『三省堂ことばつかいかた絵じてん』三省堂、『くもんのことば絵じてん』くもん出版）などがあります。

辞書引きの指導法

速く引けるようになると辞書引きが億劫になりません。
①　「あかさたなはまやらわ」の順を覚えさせます。
②　名詞や副詞など活用のない言葉で引き方を教えます。
③　辞書の特徴を知らせます（縦書き辞書は右から左へ。横書き辞書は左から右へ進むことや、見出しの並べ方、語彙が多いときの選び方、など）。

図1.15　辞書指導

④　両手で持って、見出しで探す言葉が得られるページを探し当ててから開きます。
⑤　時間を計って、20秒程度で引けるまで慣れさせます。
⑥　動詞の常体をできるだけ早い時期に指導します。

法則4　書けなければ成長しない

　会話ができても、授業を聞いてわかっているかどうかは定かではありません。しかし、書くことで理解度は確認できます。

最初に確認のいる、書けない理由

　学習に興味が持てない子どもは、そのほとんどが書くのが遅いです。また、書くことを嫌がることが多いです。

来日後数ヵ月、あるいは1年以上経っていれば、ひらがなやカタカナは書けて当然と思いがちですが、全てのかなを覚えきらずに月日が経過し、うろ覚えのかなを書くので、すらすら書けないケースが見られます。そのため、文を書くのが苦手になってしまっていると、かなが思うように書けないことを人には気づかれたくなくて、文を書くのを嫌うようになってしまいます。

　単音の聞き書きだけでなく、拗音・長音・促音・撥音の組み合わせや、文を聞き取ってさっと書けるようにしておくことが、聞きまちがいを減らし、積極的に苦なしに書く第一歩となります。

早期に長い文を書く力の育成

　長い文が言えて書けることは、学習力を高める基盤を固める要素のひとつです。先に述べた形容詞の語彙学習を終えたら、すぐに文をつなぐ方法が学習できます。図1.16の形容詞のたし算で、1文の接続助詞と2文の接続詞の扱いを比べながら、順接、逆接、添加等のつなぎ方を学習すると、簡単で動詞や形容動詞の文のつなぎに応用しやすくなります。

　また、早期から、板書を写したり、自分でわかるノート(図1.17)のとり方を工夫させることも大切です。作文・日記でも文章力を付けさせられます。日記には感想を加え、心の交流を通して指導したいものです。

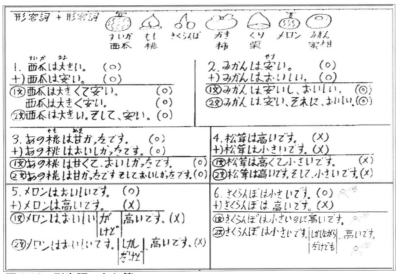

図1.16　形容詞のたし算
　　　　（T君の日本語の授業ノート）

図1.17　形容詞のたし算・応用
　　　　（T君の宿題のノート）
　　　《宿題の課題》
　　　どんな動物ですか。
　　　動物を考えます。
　　　形容詞を使って詳しく言います。

| 法則5 | 近づくことで、学ぶ道が切り開ける |

　級友が友好的で、友だちができれば、自然と日常会話力は伸びます。

　担任が毎日少しずつでも話しかければ、聞こうとする力が伸びます。

　座席が前方にあれば、授業中の指導者の言動に注意深くなります。話の要点が少しずつ理解できれば、学習に興味が持てます［第❺章第1節参照］。

　教科の指導者が優しければ、質問しようという気持ちが生まれます。個人的な質問ができるようになれば、どれぐらいの日本語がわかるか、理解してもらえます。つまり、わかる言葉で教えてもらえるチャンスが生まれるわけです。丁寧に教えてもらった経験は、指導者と指導を受けた教科への親しみに変わります。親しみのある教科は勉強しようという気にさせられます。

　つまり、日本語指導者は、日本語を学ぶ子どもが級友・担任・教科指導者と話す機会を作り出す努力をするだけで、子どもの学習力向上につなげることができるのです。

⑵　指導初心者のための一般的な心得

　日本語指導場面で、子どもが机の前でじっと座っていないという話を聞くことが多いです。また、楽しい興味を引く授業を考えることと、無秩序な授業とを混同するケースもよく目にします。ボランティアであれ、派遣者であれ、日本語指導に関わる人は、子どもの前では指導者としての心得を持っていてほしいのです。そこで、初心者が陥りやすい欠点を指摘しておきたいと思います。

①　教室・机上を整理すること

　教材の整理は指導者の頭の整理に欠かせません。教室や机上の整頓は気持ちの持ち方を変えるためにも必要です。初心者の指導では散らかった机上や教室がよく見られます。学習者は散らかった机上では周りの余計なことに気を散らしたり、手遊びで集中力をなくしたりします。子どもにも、学習準備と後片付けをしっかりと躾けることが大切です。

②　子どもに媚びない。必要なときにはタイミングを逃さず注意すること

　子どもに楽しく学習してもらうために、叱らず、あやしたり甘やかしたりする場面を目にすることがあります。眉をしかめるような言動にも、注意しないでおくと、良識を失わせます。せっかく指導している会話も、善悪の区別のない日常使用に流れかねません。

　特に日本語の指導開始後、間もない頃には、子どもは違う環境で意に沿わないことが増えていきます。その結果、日本語で話せないので攻撃や自己弁護が多くなること、習慣の違いから理解できずに意地になることがあることにも配慮したいです。ただし、注意するときは、子どもにわかりやすい表現で、なぜいけないか理由がわかる方法で示し、子どもが納得した表情になるまできちんと注意することが望まれます。

　また、指導に従わないからと常に注意していると、怒られ慣れて注意を聞き流す癖がつき、指導者を軽んじるようになります。許せないことは何と何かを心に留め置き、必要があるとき以外は怒らず、必要なときにこそ叱ることを心がけたいものです。

③ 遊びに逃げたり、楽な逃げを打ったりする子どもに迎合しないこと

　子どもの心に添うことは気持ちを安定させる上では重要なことです。一方、子どもは無意識のうちにも、難しいことを避け、自分の興味に指導者を引き込もうとすることがあります。授業から外れそうになったとき、逃げを打つ子どもにいつも付き合っていると、授業が成立しなくなります。しかし、子どもを無理やり戻そうとするのではなく、子どもの興味に合わせた違う角度から授業に引き戻すなど工夫が必要です。

④ 子どもの表情や動きを見て、知っている言葉で話すこと

　初心者は教える内容だけを考えていて、子どもを見ていないことが多いです。板書しながら子どもに背を向けて話をする時も、子どもが見えていません。子どもが授業そのものに興味をもっているとか、集中しているといった姿を見る時間が増えるよう、子どもの表情にいつも敏感であってほしいです。直説法（日本語だけを使って日本語を教える方法）で指導する時も、子どもに教えた言葉、子どもにわかる言葉を頭に入れて話しかけるようにしたいです。

⑤ 子どもに合った授業のリズムをつかむこと

　説明にはわかりやすい言葉とその速さがあり、練習で繰り返すときは覚えやすい速さがあります。初心者の指導は、わかりやすくと思うあまり、練習時の繰り返しでもゆっくりしすぎることが多いです。また、指導者は往々にして自分のリズムだけで授業を進めがちです。指導者のリズムで終始進められると子どもは疲れます。子どもの集中力や、聞き取りや発話の、また読み書きのテンポを徐々に変えながら、指導者が必要とするテンポに子どものリズムを合わせていく必要があります。

　その子どもが理解できる説明方法や内容を速くつかむこと、覚えられる量を確実に把握し、その量を少しずつ増やす手立てを講じて自信を失わせないようにすることが大切です。

⑥ 授業の目標を見失わないこと・できると確信できない宿題を出さないこと

　指導初心者は授業の中で何かのつまずきがあったり、盛りだくさんの授業内容をこなす速度に気を取られたりで、その時間の最も目標としていたことを見失うことが多いです。あるいは、1つのことを同じ方法で繰り返し指導し、無制限に時間を費やしてしまうことがあります。

　指導者中心の指導結果は、子どもに過度な宿題を課すことになります。その日の復習で確実にできること、やり方がわかっている宿題以外はできないことを念頭に置く必要があります。「宿題をやってこない」と嘆く先生の姿をよく見かけますが、学習内容を 100% 覚えて帰るわけではありません。家に帰ると、学習していた緊張感から開放され、慣れない日本語で習ったことは印象深くなければ、全く記憶に残っていないかもしれません。「ぜひやろう」「これならやれる」と思える宿題を出すことを心がけたいです。

⑦ 定着を確認すること

　よく、「教えたのに」という声を耳にしますが、子どもにとって、「習った」「わかった」「知っている」と「使える」は一緒ではありません。教えた直後の確認はもちろん、日をおいて確実に使える状態になったか確認を欠かさないことが大切です。

理解できて授業では使えていても、友だちや担任と話をしていない子どもは生活の中で復習できる機会が少ないために、数週間、数ヵ月で学習したことが消えてしまうことも多いです。確実に定着するまで、授業の中で繰り返し元に戻ることも大切です。

⑧　学習効率が上がらないのを子どものせいにしないこと

　「いつまでも覚えない」「何度説明してもわからない」こんな愚痴をこぼす指導者が多いです。もちろん子どもの理解力や記憶力には個人差がありますが、指導法が未熟なために、本来の理解力や記憶力を計画的に十分に伸ばせていない可能性も高いです。

　日本語学習を始めたばかりで、覚えるのも学習方法を確立するのにも時間がかかるこの時期には、理解を早める方法をいつも工夫している必要があります。覚える力がつくまで、覚え方にも指導者が改善を加え、指導時間内に覚えようとする力をつける努力が大切です。

第2章
診断から学習力を高める指導計画まで

第1節　基礎日本語力・学力簡易診断法 ──── 42

- 2-1-1　やり直しの日本語指導に必要な基礎の捉え方
- 2-1-2　日本語基礎レベル診断カードとは
- 2-1-3　診断カードの見方・手順と留意事項
- 2-1-4　日本語基礎レベル診断カード
- 2-1-5　回答記録用紙
- 2-1-6　作文の効果的な利用法
- 2-1-7　100字詰め作文用紙
- 2-1-8　日本語能力判定基準表
- 2-1-9　「教室風景」カード

第2節　再挑戦のための日本語指導の重点 ──── 55

- 2-2-1　簡易基礎診断から見える基礎学力
- 2-2-2　基礎学力と日本語の関係
- 2-2-3　日本語構造の困難点と基礎学力

第3節　基本のカリキュラムの立て方 ──── 61

- 2-3-1　中学生・小学校高学年の標準的な指導期間と学習参加の関係
- 2-3-2　小学校低学年の指導期間と学習参加の関係
- 2-3-3　日本語レベルの特徴と、年齢毎のレベル終了期の幅
- 2-3-4　日本語レベルごとの教科指導につなげる視点
- 2-3-5　効果的な指導への不可欠な計画
- 2-3-6　子どもに知らせるカリキュラム
- 2-3-7　指導者自身の力量に合わせた計画

第4節　学習差による学習導入のカリキュラム ──── 70

- 2-4-1　母国での高学力生徒［日本語指導期間と学習参加への意欲喚起］
- 2-4-2　母国での普通学力生徒［授業に参加させるための予備努力］
- 2-4-3　基礎学力の補充が必要な生徒［授業に近づくための指導］
- 2-4-4　来日後1年以上日本で生活し学習参加ができない生徒と高学年児童
　　　　［やり直しの日本語と学習導入の方法］
- 2-4-5　障害のある子ども

第1節 基礎日本語力・学力簡易診断法
日本語基礎レベル診断カード

2-1-1 やり直しの日本語指導に必要な基礎の捉え方

(1) 学習に近づくための日本語指導

> A君：日本に来て1年間、週2回在籍校で日本語指導者から日本語を学んだ。5年生になって、算数の文章題や国語の授業がまだわからない。
>
> B君：小学1年で日本に来て、日本語は半年学んだ。現在6年生。中学校に進学する前に勉強がわかるようにしたい。
>
> C君：10年間の海外生活から中学2年生で帰国。日本語も話せ、どの教科も、授業はわかっているように感じられるのに、テストの点は著しく低い。

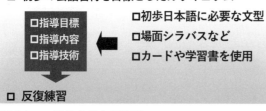

図2.1 一般的な日本語指導

A君は図2.1の海の部分で示すような一般的な日本語指導（初歩の会話習得を目的としたカリキュラム）で学んだ生徒です。これは、1年間あるいは300～400時間程度の決められたコース学習で基礎を勉強した子どもや、1冊の日本語学習書を基に学習して来た子どもに見られる傾向です。氷山の一角として他者に理解できる範囲では、日常会話に不自由がなくても、学習が理解できない悩みを残しています。

それはB君・C君のように学習期間が短かった子どもや、海外で生活してきた日本人の子ども、日本語指導を受けていない国内育ちの外国人の子どもなどもよく似た状況に陥ります。

図2.1のような一般的な会話タイプや文型タイプの授業形態、また日本語の指導書を利用する授業形態はA君・B君・C君のようなやり直しの日本語学習を必要とする子どもには、そのままでは適用できません。というのも、それが各課毎に生活に必

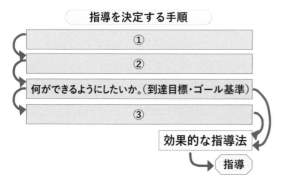

図2.2 欠ける手順

要な言葉や文型に目標を決め、それに合わせた内容をどういう方法で指導するかという構成になっているからです。ここでは、指導を決定する要因は子どもの実態に基準を置いていないため、やり直しの日本語指導に必要な事柄(図2.2中の①②③)が欠けています。

まず、図2.2①は言語状況・問題点の確認がないままに授業が進められることです。多様な背景を持つ子どもの抱えてきた歴史に潜む、言語への関わり方のつかめていないことが、学習スタイルをどう進めるかという決定と必ずしも一致していないことです。

> A君・B君・C君、それぞれに推測できる問題点は何でしょうか。
> ⓐ読解力不足、ⓑテストの設問の意味が理解できない、ⓒ漢字が読めない、ⓓ記憶力が不足、ⓔ基礎学力が不足している、ⓕその他の日本語の何かが不足している等、様々な要因が考えられます。3人の問題点は同じなのでしょうか違うのでしょうか。

こうした要因の中から、図2.2②では、解決に結びつく背景・原因の把握を探り、③では、どこまで戻るか(基本事項・スタート基準)を決定しなければ学習ができるようにはなりません。

一般的な教科の授業も図2.3のように、同様な手順で考えられているため、日本語での学習力を身につけていないと、必要な説明を聞き取って、理解する力がなく、授業そのものが無意味なものになってしまいます。また、授業が理解できても、日本語で必要な詳細を自分自身にわかるように記録したり、日本語で覚えるだけの力量がなければ、その場でわかった気持ちだけに終わってしまいます。

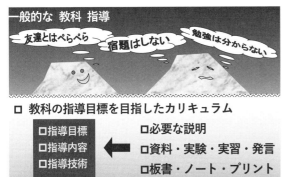

図2.3 一般的な教科指導

「宿題をしないからわからない」と思われがちな子どもは実は「わからないから宿題ができない」ということが何年もの間続いていたかもしれないのです。今学習しているところをどんなに説明されても、教科の問題点が何か、どこまで戻るかが把握できなければ、学力にはつながらないのです。

(2) やり直しの日本語指導のための診断

会話には問題がないが学習ができないという子どもたちは、語彙量や日本語の基礎部分の定着で不足している部分があるためです。この子どもたちの指導は、学んだ日本語の上に積み上げるよりも、図2.4の水面下に隠れた部分のように、不足している部分を発見し、それぞれの生徒の必要とする指導目標を設定し、やり直したほうが、早く学習のための日本語が習得できます。

そのためには日本語力や基礎学力を診断することが有効です。子どものそれぞれの日本語レベルに共通して現れる現象を助長しないために、簡易な診断方法が指導計画に欠かせません。

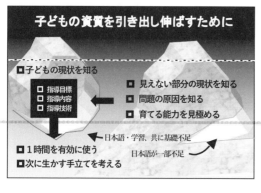
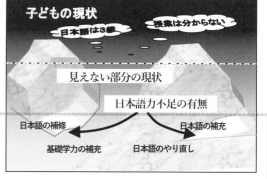

図2.4　　　　　日本語力・基礎学力診断の必要性　　　　　図2.5
［簡易で、信頼できる診断テストが指導の手立てに直結］

ところが、表面に見えている問題傾向が同じでも、

①日本語力が一部不足しているだけで**日本語の補充**で学習ができるようになるのか、

②日本語学習を基本まで立ち戻ってやり直すという**日本語の補修**の方がいいのか、

では、指導法がずいぶん違ってきます［図2.5］。

また、日本語の補修が必要な子どものほとんどは、

③**基礎学力の補充**も必要です。基礎学力の補充が必要な生徒は、抽象的な思考力が不足しているケースが多く、算数・数学の基礎の補充を行い、日本語での思考力を伸ばしやすくする必要があります［図2.6］。

さらに言動や学力に問題を生じている子どもの指導は、日本語の補修と基礎学力の補充に加え、精神的な回復も必要です。

そのため、まず自信を回復する必要があります。やればできるという自信がつき、どうすれば自身の学習力を伸ばせるかを知り、その方法を身につけられれば、身の周りへの考え方も変えることができやすいのです。

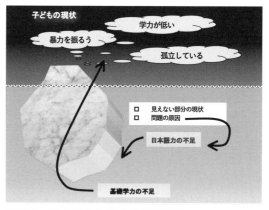

図2.6　日本語力と学力と問題傾向

2-1-2　日本語基礎レベル診断カードとは

1. 平成16・17年度　神戸大学発達科学部附属住吉校国際教育センターにおいて、文部科学省委嘱事業で「**補習授業校のための日本語力判断基準表及び診断カード**」［第❸章第2節3-2-5、図3.12］を作成しました。これはその中の、**日本語基礎レベル診断カード「教室風景」**を転載するものですが、一部に変更を加えています。

2. これは経験の積み重ねを基にしたテストです。子どもに絵を見せ12の質問に答えさせる方法で、15〜30分という短時間に簡易に使用でき、日本語学習を始める児童生徒やその保護者や教員への、日本語指導の必要性の有無に説得力を持たせます。

学力につながる日本語の基礎能力の診断に使用します。海外で長く生活していた子どもの日本語基礎力診断のために作ったものですが、来日後の子どもの日本語力を調べるのにも役立ちます。

診断カードは、下記のような場面で利用してください。

> **初期対応時（帰国・来日児童生徒と転校生）**
> **日本語指導の定着の確認時（指導中の子ども）**
> 　　　　日本語指導レベル3以下、レベル4、レベル5以上の判断[2-1-8参照]。
> 　　　　授業参加が可能かどうかを判断するとき。
> 　　　　宿題やテストへの援助が必要か否か。教科書の読解力を測る。
> **著しい学力不振があるとき（長期在日の子ども）**
> **話の内容がよく伝わらないとき・授業を聞けていないとき（長期在日の子ども）**
> **喧嘩、いじめ、孤立、家庭内暴力、親子の情緒障害発見時（長期在日の子ども）**
> 　　　　日本語力問題点の有無。日本語学習必要度の説得。
> **授業での作文導入時（日本語学習中の児童生徒）**
> 　　　　日本語力改善点（構文・語彙）の把握。
> 　　　　認知力の把握（全体場面・主張内容）。

3. 準備物は次の5つです。
   ①「教室風景」カード［☞54ページ］
   ②日本語基礎レベル診断カード［☞48ページ］
   ③回答記録用紙［☞49ページ］
   ④100字詰め作文用紙［☞51ページ］
   ⑤日本語能力判定基準表［☞52・53ページ］

図2.7　「教室風景」カード

4. ここで言う基礎レベルとは、主に国語の授業に参加するために、どの程度困難があるかを知ることを目標に、日本語能力を考察したものです。診断カードは文型・語彙・表現方法から、おおよその目安が得られるように、具体的な質問項目と子どもの解答の類型を記して判断できるようにしてあります。

5. 日本語能力基準表ではレベル1〜7の7段階に分けていますが、診断カードでは、日本語にほぼ問題がないレベル7は判断対象から外しています。したがってレベル6と判定した場合には、レベル7の子どもも含まれています。

6. 中学生、小学校高学年でレベル5以上の子どもは辞書など語彙を確認する方法があれば、ある程度国語の授業が理解できます。しかし、レベル5の場合、自他動詞や修飾用法、また長文読解などの中級の日本語学習がまだ必要と言えます。

   レベル5・6の子どもは作文や教科の理解度と合わせて判断することが望ましいです。診断カードで使用している言葉や文型は簡単なものですから、語彙量が少ないことが現れないことがあります。

7. 判定したレベルが4以下の場合、日本語は初級の基礎からやり直したほうが良いでしょう。レベル4の子どもは、会話や作文で文型の乱れが多いので、国語の授業で別途理解を深めるための援助が必要です。レベル3以下の子どもには、国語の学習にはかなりの困難が伴います。日本語の文型や対話の基礎指導をしたほうがよいでしょう。

2-1-3　診断カードの見方・手順と留意事項

(1) 診断カードの見方

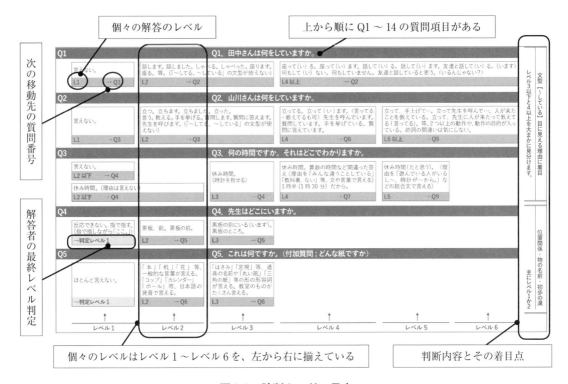

図 2.8　診断カードの見方

(2) 診断手順と留意事項

1. 「教室風景」カード、回答記入用紙、作文用紙と日本語基礎レベル診断カードをあらかじめコピーし、準備しておきます。

2. 質問項目は質問の難易度を加味し、判断が確定しやすいようにしてあります。氏名に利用した漢字は小学1・2年生で学ぶ基礎的な漢字ばかりですが、低学年の子どもには、黒板の日付の部分を除く漢字に読みがな（ルビ）を打って利用してください。

3. まず、診断カードで Q1 から順に質問します。長い質問文はとぎれないように読みます。

4. 各 Q の答えを聞いてから、「書いてください」と、回答記入用紙にその答えを書き取らせます。話せる子どもには、「言ったとおり書いてください」と指示します。

    書かせるのは、話す力と書く力との違いを確かめるのに役立ちます。ただし、まだ書けない子どもには無理強いは不要です。

5. それぞれの質問項目に対して、子どもの回答を質問項目の下にある回答例と照らし合わせ、最もよく似たレベルの回答に○印を入れます。

    次の質問番号が（例：→ Q3）読み取れます。その順序に従って進めると、判定レベルが自然にわかります。指定順に質問を進めると、5〜10分程度で基礎能力の大体のレベルを判定できます。

6. 指定順が複雑だという方は全部質問してください。また、かなりスムーズに会話できる子どもにも全部質問してください。全部質問してもそんなに時間は変わりません。その場合、チェックの多いレベルに注目します。ばらつきがある場合は低い方が判断レベルです。日本語学習のやり直しは、チェックが一番低いレベルのところから開始する必要があります。
7. 子どもによっては、個々の解答のレベル差が大きい場合があります。たとえば、下記のように、ある子どもの最終判定が、レベル3であっても、個々の解答ではレベル4が多かった場合、それはレベル4に近いレベル3であることを示しています。基礎部分の弱点を克服すれば、国語の学習にもかなり参加できるようになるということがわかるようになります。

図2.9　回答のチェックの入れ方

8. Q15の作文を実施するとさらに5～15分かかります。しかし、質疑応答中にその子にとっての事前学習が行われているため、レベル4以上だと、別紙の100字詰め原稿用紙に15分以内で書ける子どもが多いです。

　応答でレベル3という結果が出ても、書く経験が多い子どもには作文は可能です。この場合かなり時間がかかりますが、日本語の弱点指導には役立ちます。

2-1-4 日本語基礎レベル診断カード

Q	質問	回答例と判定					着目点
Q1	Q1．田中さんは何をしていますか。	言えない。 L1 →Q3	話します。話しました。しゃべる。しゃべった。座ります。座る。等。（「～してる、～している」の文型が使えない） L2 →Q2	座って（いる）。座って（い）ます。話して（いる）。話して（い）ます。友達と話して（いる）。（います）何もして（い）ない。何もしていません。友達と話していると思う。（いるんじゃない？） L4以上 →Q2			文型【～している】目に見える理由に着目 レベル3以下と4以上を大まかに見分けます。
Q2	Q2．山川さんは何をしていますか。	言えない。 L1 →Q3	立つ。立ちます。立ちました。立った。言う。教える。手を挙げる。質問します。質問に答えます。先生を呼びます。（「～してる、～している」の文型が使えない） L2 →Q3	立ってる。立って（い）る。（言ってる・教えてるも可）先生を呼んでいます。質問しています。手を挙げている。質問に答えています。 L4 →Q6	立って、手上げで…、立って先生を呼んで…。人が来たことを教えている。立って、先生に人が来たって教えている（言ってる）。等、2つ以上の動作や、動作の目的が入っている。助詞の間違いは気にしない。 L5以上 →Q9		
Q3	Q3．何の時間ですか。それはどこでわかりますか。	言えない。 L2以下 →Q4 休み時間。（理由は言えない） L2以下 →Q4		休み時間。（時計を指せる） L3 →Q4	休み時間。算数の時間など違った答え理由を「みんな違うことしている」「教科書、ない」等、文や言葉で言える」1時半（1時30分）だから。 L4 →Q7	休み時間（だと思う）。（理由を「遊んでいる人がいるし～、時計が～から。」などの結合文で言える） L5 →Q9	
Q4	Q4．先生はどこにいますか。	反応できない。指で指す。（指で指しながら「ここ。」） →判定レベル1	黒板、前。黒板の前。 L2 →Q5	黒板の前にいる（います）。黒板のところ。 L3 →Q5			位置関係・物の名前・初歩の漢字（1・2年生はひらがなに着目 主にレベル1か2かを判断します。
Q5	Q5．これは何ですか。（付加質問；どんな紙ですか）	ほとんど言えない。 →判定レベル1	「本」「机」「花」等、一般的な言葉が言える。「コップ」「カレンダー」「ボール」等、日本語の発音で言える。 L2 →Q6	「はさみ」「定規」等、道具の名前や「丸い紙」「三角の紙」等の形の形容詞が言える。教室のものがたくさん言える。 L3 →Q6			
Q6	Q6．何月何日何曜日ですか。	読めない。 →判定レベル2		正確に読めない。 L3 →Q7	正確に読める。 L4以上 →Q7		
Q7	Q7．誰が本を読んでいますか。		言えない。（指示示せない） →判定レベル2	指し示せる。 L3 →Q8	水下さん（友近さん。水下さんと友近さん） L4以上 →Q9		
Q8	Q8．みんなの名前を読んでください。		ほとんど読めない。 →判定レベル2	何人かの名前が読める →判定レベル3	ほとんど読める。 L4 →Q9		
Q9	Q9．入り口の戸（ドア）はどうなっていますか。			言えない。 →判定レベル3 開けます。開けた。開けた。開く。開けています。人がいる等の誤答 L4以下 →Q10		開いています。開けてあります。開けたままです。 L5以上 →Q10	自・他動詞の区別・正確な間取り・理由が話せることに着目 主にレベル3か4以上を判断します。
Q10	Q10．窓の外に何が見えますか。		言えない。人。子ども。遊んでる。ボールで遊ぶ。野球。 →判定レベル3	ボールで遊んでる。ボール遊びしてる。2人でボールで遊んでいる。文型の間違いがあるもの（野球をする人が見える。投げているを見る。等） →判定レベル4	遊んでいるのが見える。遊んでいるのを見える。子どもたちがボールで遊ぶことが見える。 L5 →Q11	子ども（生徒）が2人で、ボール遊びしてる（ボールで遊んでる、投げている）のが見える。 L6 →Q11	
Q11	Q11．入り口に人がいます。なぜでしょうか、理由を考えてください。			言えない。わからない。お母さんだから。等 →判定レベル4	先生に用事がある。誰かの忘れ物を持ってきた。参観日だから。等、来た人の目的や理由を考えて言える。 L5以上 →Q12		
Q12	Q12．大木さんはどのように紙をきりましたか。			はさみで切った。間違った答 →判定レベル4	三角や丸に切りました。いろいろ。細長い四角や丸に切った。 L5以上 →Q13		
Q13	Q13．窓際に棚がありますが、左から5番目の下の段には何がありますか。			間違った答 →判定レベル4	何もありません。何も入っていません。何もない。 L5以上 →Q13		
Q14	Q14．絵を見てお話を作ってください。（絵の一部でも、全体のお話でもいいです。詳しく話してください。）			質問の意図がわかり、いくつかの内容を叙述できる。 →判定レベル4	つなぎの言葉を使ってストーリーのある話や、まとまりのある話が作れる。 →判定レベル5	「～している～が」のように、修飾用法を使ったり、「みんなそれぞれに楽しんでいます。」など、提示の情況や目に見えない内容を表す説明ができる。 →判定レベル6	順序立て・内容説明に着目 レベル4か5以上を判断します。
Q15	Q15．絵の内容を15分以内で作文用紙に書いてください。（書く力を確認する時間のあるときだけ実施）			意味の通る短文がいくつか書ける。 →判定レベル4	名前も含めて漢字を10字以上使い、ストーリーのある話や、まとまりのある話が書ける。 →判定レベル5	状況や子どもの気持ちを加え、助詞や文型に誤りがなく、名前以外の漢字を10字以上使われている。 →判定レベル6	

↑レベル1　↑レベル2　↑レベル3　↑レベル4　↑レベル5　↑レベル6

2-1-5　回答記録用紙

Q1〜13に答えたとおりに書いてください。

Q1.

Q2.

Q3.

Q4.

Q5.

Q6.

Q7.

Q8.

Q9.

Q10.

Q11.

Q12.

Q13.

2-1-6　作文の効果的な利用法

1. Q14で内容を「お話」として語っているので、文は意外に書きやすくなっています。また、100字という量は負担に感じなくてすむ量です。

　話したことと内容が変わる子どもも多いですが、それは、もっと書きたいことが見つかったり、自分の話を復唱することで少し発展したり、話を1つのまとまりとして考える機会を持ったからだと考えていいでしょう。

2. 日本語基礎レベル診断を実施しない場合でも、授業の課題が早くこなせたなど、時間があるときに、作文だけさせてみてください。見たことを素材に書くので、書くことが苦手な子どもにも適しています。

3. 基礎的な日本語の間違いを発見しやすい文の長さなので、添削で先生のコメントを付け加えてあげると学習に役立ちます。

　話すときは正確に言えていたようでも、書いてみると間違っていることがよくあります。それは、本人も先生方も話している間には、気づきにくいものです。図2.10は、応答では4級レベルの子どもの作文です。素直な感想があって興味深いですが、100字の中に10ヵ所注意したいことがあります。短時間に校正できるので、どのような間違いかを示したり、正しい文型の例を記したりすることで、本人の努力目標ができ、学級担任や国語科担任の指導協力も得やすくなります。

4. 自分の作文を添削してもらって清書することは日本語の文型をしっかり身に付けることにも役立ちます。また、添削するときに漢字を多くしておくと、漢字の使用量が少ない子どもの学習にもつながります。

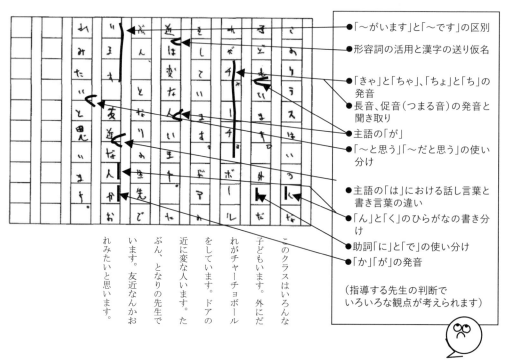

図2.10　100字作文の利用

2-1-7　100字詰め作文用紙

2-1-8　日本語能力判定基準表　（基礎から日本語指導が必要なレベル4以下）

		聞く	話す	読む	書く
レベル1	（日本語基礎段階・基礎から学習が必要）	○教室内での簡単な指示を理解できる。 ・「書きましょう」「すわりなさい」 ○ゆっくりした速度で、発話される物の名前を聞き取ることができる。 ○自分のことについて（日本語がわかりますか、名前は何ですか）簡単な質問が理解できる。	○簡単なあいさつができる。 ○いくつかの物の名前を単語で言える。 ○在留地の言語や母語の発音との混同があっても、いくつかの物の名前を単語で言える。 ○自分のことについて簡単な質問（日本語がわかりますか、名前は何ですか）に反応できる（はい、いいえ、うなずき）。	○似通った文字（わ・れ・ね）などの多少の混同があっても、1字1字のひらがなを正確に読むことができる。 ○いくつかの単語が読める。 ・つくえ、犬等身近な物の名前など	○自分の名前やいくつかのひらがなが書ける。
レベル2	（簡単な意思確認が可能・基礎から学習が必要）	○身の回りの状況を中心とした簡単な質問（ここはあつい、べんきょうはすき）などがわかる。 ○立つ・座るなどの基本動作や、大きい・長いなどの簡単な形容詞文を2語文程度で聞き取りができる。	○必要に応じた挨拶ができる。 ○立つ・座るなどの基本動作や、大きい・長いなどの簡単な形容詞文を使って、2語文レベルで話せる。 ○自分が相手に伝えようとすることを、身振り、手振りを交えて言葉にできる。 ○話す言葉には、在留地の言語の影響で曖昧な発音があったり、答えに時間がかかったりするが、意味は伝わる。	○在留地の言語との発音の混同が多少あってもひらがなと既習単語をほぼ読むことができる。 ○ひらがなで書かれた文を、ゆっくり音読できる。 ○自分の名前や興味ある漢字がいくつか読める。	○ひらがなの50音を使った言葉がだいたい書ける。 ○カタカナのいくつかが書ける。 ○提示したモデル文を写し取ったり、知っている簡単な1、2語文（これはつくえです）をひらがなで書いたりできる。 ○山、川など簡単な漢字を10字程度書ける。
レベル3	（日本語が少しわかる感じがする・日本語基礎から学習が必要）	○身近な話題を短い文レベルでゆっくり話されると理解できる。 ○自分の知らない言葉について、繰り返しや動作や具体物による説明があれば理解できる。 ○友だち同士の会話の中から関心のある言葉を聞き分けることができる。	○言葉が通じにくいため話しかけるのに躊躇するが、相手の助けを借りながら、話を進めることができる。 ○自分の知らない言葉を探そうとするため、発話の間があく。	○濁音、半濁音、促音、拗音、長音、撥音を含むひらがなが無理なく読める（70〜80％）。 ○カタカナがだいたい読める。 ○簡単な漢字を読むことができる。 ○既習あるいは身近な言葉で書かれた、短い文章を理解することができる。	○主語述語をともなう単文が書ける。 ○濁音、半濁音、促音、長音、発音、拗音を含む言葉がだいたい書ける。 ○簡単な漢字が30字程度、書ける。
レベル4	（小1・2の国語指導で補助が必要）	○自然な速さで聞き慣れた言葉の話を理解ができる。 ○わからない言葉があると文意が理解できなくなることがある。 ○主語・述語が整った文章の方が省略された会話文より聞きやすい。 ○日常会話がかなりできるようになる。しかしわからない言葉があっても、文意が理解できていなくとも、わかった気になって返事をしてしまうことがある。	○話の途中に言葉につまることがあり、意味が通じないこともある。 ○わからない言葉があると自分から問い返しができる。 ○発音は大体において正確である。	○簡単な物語を読むときに、理解できない言葉や表現を自ら探し出し、先生や友達の助けを受けながら読むことができる。 ○50〜100字前後の漢字が読める。 ○自分の書いた短文を、読み返せる。	○日常の行動・自分の伝えたいことを、つなぎの言葉を使わないで、順を追って書ける。 ○カタカナがだいたい書けて使える。 ○50字前後の漢字が書ける。

（基礎から日本語指導が必要なレベル5・6と自力可能な7）

	聞く	話す	読む	書く
レベル5（小2の国語の対応が可能　小3以上の国語指導には補助が必要）	○生活場面において、現在、過去、未来の出来事を含め、自然な速さで話す友だちの話がほぼ理解できる。 ○集団の会話では理解が深まりにくいこともあるが、1対1の会話では、理解できる。 ○先生や友だちの助けを受けながら、教科の授業がある程度わかる。 ○認知的タスクの一部ができる。 （図やグラフの説明などの学習言語の一部を使って、ゆっくり話された内容が理解できる。）	○日常生活で、自分の意志を自ら話すことができる。 ○自分がしたいことや困ったことを、ある程度整理して話すことができる。 ○経験したことなどについて、事柄の順序を考えながら話すことができる。	○簡単な説明文で、言葉の説明とよみがながあれば、漢字仮名交じり文を読むことができる。 ○100～200字前後の漢字の読みができる。	○自分の行動をふりかえり、いくつかのつなぎの言葉を使いながら、事等の順序にしたがって、文が書ける。 ○100字前後の漢字が書ける。
レベル6（小4の国語の対応が可能）	○日常会話はほとんど理解できる。 ○先生がゆっくり説明したり、言い直したりすることで、ほぼその内容を理解できる。 ○抽象的な語彙を含めた会話も多少理解でき、要点や詳細を、想像で補いながら聞き分けることができる（目的、想像、感想、場面など）。	○日常会話に支障なく参加できる。 ○大事なことを落とさずに話をすることができる。 ○先生が説明したことを復唱することができる。 ○相手の立場に立ったり、場面に応じた言葉の使い分けができる。 ・他人に対する道案内や、大人に対する言葉づかいなど。	○2年生の教科書の大意が無理なく読みこなせる。 ○4年生の説明文や物語文が読め、その意味のだいたいを捉えることができる。 ○300～500字前後の漢字の読みができる。 ○必要な辞書を使って言葉の意味や漢字を調べることができる。	○場面の様子を考えて、その説明を書くことができる。 ○助詞の使い方等文法的なまちがいがいくつかあっても、400字詰め原稿用紙1枚程度の文が書け、その文意が通っている。 ○300字前後の漢字が書ける。
レベル7（小6の国語の対応が可能）	○文法的に複雑な文や、聞き慣れない語彙、抽象的な言葉の入った話を理解できる。 ○先生の助けなしで、授業中の説明や子どもの話し合いの内容が理解できる。 ○グループ活動に参加でき、自分の考えと比べながら、友だちの考えを聞くことができる。 ○敬語表現が理解できる。	○文法的に複雑な文や、抽象的な言葉を使うことができる。 ○トラブル等があったときに、自分の言いたいことを、整理して話ができる。 ○グループ活動に参加でき、友だちの考えと比べながら、意見を述べることができる。 ○状況に応じて言葉を使い分けたり、わかりやすく言い換えたりすることができ、敬語表現を使うことができる。	○6年生の説明文や物語文がだいたい読め、その概要をつかむことができる。 ○辞書や参考図書などを効果的に使うことができる。 ○600～1000字前後の漢字の読みができる。	○接続詞や指示語を的確に使いながら、文が書ける。 ○会話や説明の文体を区別して書くことができる ○文の構成や段落を意識した文章を書ける。 ○600字前後の漢字が書ける。

※ レベル5・6については必要に応じて日本語の補充が必要。本表は日本語の基礎力の基準であり、実際の漢字指導は小学生には学年相当の、中学生には判定基準の5倍の漢字量を目安とすることが望まれる。

2-1-9 「教室風景」カード

第2節 再挑戦のための日本語指導の重点

2-2-1 簡易基礎診断から見える基礎学力

　第❷章第1節で取り上げた日本語基礎レベル診断カードでは、設問にはいくつかの日本語の基礎だけでなく、学習にとって大切な要素を含めています。

　Q3の「何の時間ですか。」と言う質問では、間違う子どもに2つの傾向があります。

　1つは質問をしっかりと聞き取る力がない子どもです。例えば、質問をしっかり聞けず、「今何時か」時計を見て答える子どもです。もう1つは、全体把握の注意力に欠けていて、例えば「算数の時間」と答える子どもです。絵全体を見て、状況を把握しようとせず、大きい動作に目が向き、その場の机上にある定規が気になり、それが判断材料になってしまうケースです。

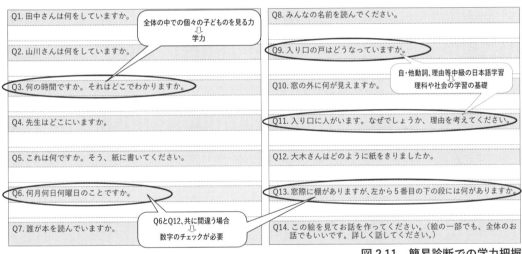

図2.11　簡易診断での学力把握

　Q13は「窓際に棚がありますが、左から5番目の下の段には何がありますか。」という質問ですが、この質問には6つの語彙が聞き取りの要素のように入れてあります。長い文が聞き取れない子どもは、窓際や棚といった言葉を知らなければ、文の前半に気を取られて、後半が聞き取れません。また、数字が入った文章では、左から5番目の下段という位置関係が把握できなければ、正解に近づけません。これは、学習を自力で続けられる力を持ったレベル5であるか否かを見分ける要因になります。

　Q13と合わせてQ6の「何月何日何曜日ですか。」も不正解だった子どもの多くは、算数・数字に関する日本語が学習できていないと考えられるのです。

　Q9、Q11は自動詞・他動詞の使い分けや理由を述べるなど、中級の日本語で学習する内容です。これは、理科や社会科の読み取りや聞き取りに大きな影響があります。

2-2-2　基礎学力と日本語力の関係

意外にわかっていない生活に必要な時を表す言葉

小学2年生で来日した、非漢字圏の中学1年の生徒から「授業で先生の言っていることがよくわからない。日本語の授業を受けたい。」と訴えがあったケースです。

「日本語能力試験(旧)2級」（独立行政法人国際交流基金・財団法人日本国際教育協会）[第❺章第2節5-2-3表5.7参照]では280/400点（平均70点）で、日本人の中学1年生の多くが85点以上取れることと比べると、確かに日本語力は日本人より弱いものの、自力で学習できないというほどでもないと判断できました。

☐ 小2で来日	母親非漢字圏
☐ 日本語能力試験	2級　70点
☐ 簡易日本語診断カード	Level. 5　[下記以外]

但し、Q 3の日付：Level. 3以下
Q12の位置：Level. 4以下

☐ 学力 1学期	国	社	数	理	英
	30〜40	50〜60	20〜40	30〜40	60〜80

☐ 問題点　　文章の順序性がとらえられない。

☐ 学力 2学期	50〜65	10〜65	5〜40	20〜45	35〜70

☐ 数学　　　グラフ・時計・掛け算・逆算等
☐ 問題点　　抽象的な文・論理性のある文の聴解・読解

図2.12　ある生徒の診断結果

第❷章第1節の簡易診断「日本語基礎レベル診断カード」でもレベル5、日本語の基礎部分はほぼ習得できていると思われました。しかし、まだ学習に必要な中級の日本語については不足部分があるものと考えられたことと、算数に関わるQ6・Q13についてはいずれもレベル4以下を示していたため、日本語の指導を開始することとしました。

日本語指導を開始後まもなく、登場人物が多い文章で、それぞれの人物の行動順序が把握できないという、時間に関わる問題が浮上しました。そこで、時に関する基本に立ち戻ってみると、2時半とか、3時10分前というような時刻の言い方を知らなかったり、時間計算もできなかったりしました。

学力的にも数学の補充を必要とすることが2学期になって顕著化しました。どこまで戻るか、順次確認していくと、小学校低学年の算数まで遡ることになりました。掛け算の九九、時刻、時間計算、分数などです。日本語も時に関すること、全てに復習が必要でした。

日本語力の習得・学力を左右する、時を表す言葉

小学校低学年で来日した子どもや、日本で生まれ育ち保護者が外国人の子どもで、時に関する言葉や文意を理解できない子どもは意外に多いです。外国にルーツを持ち学力が伸びない中学生の半数は、この「時」に関わる部分でつまずいています。

その原因は小学1〜3年生の間に、時に関する日本語力が十分身についていないことが見逃され、算数でも時に関わる理解が不十分なままに過ごしてきたためと考えられます。また、会話ができるまでの日本語学習経験があっても、家庭内で日本語を使うことが少なければ、大人との会話で日本語の捉え方を検証する機会がなく、日本語をより深く学ぶ自己学習法も身につけられません。乏しい日本語力で生活経験から知識や概念の形成を補ってきた結果だと言えます。

時に関する学習内容の整理は次ページのような会話の結果から生まれてきたものです。

1日の中で使う、時に関する言葉

「半日は何時間？」
「ええっと」指を追って
何かを数えてから
「1日は14時間だから、
7時間でしょ。」
「どうして1日は14時間なの。」
「朝起きて寝るまでだから。
7時に起きて、8・9・10…」

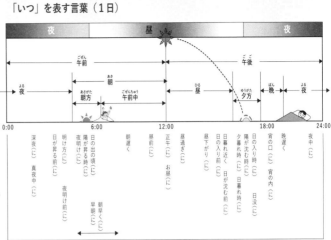

図 2.13

カレンダーに関係する、時の表現

「今週は28日から30日まで。
今日は29日だから。」
「1週間は7日でしょう。」
「えっ、なんで。カレンダー
今月は30日までだから、
今週は30日まででしょ。」

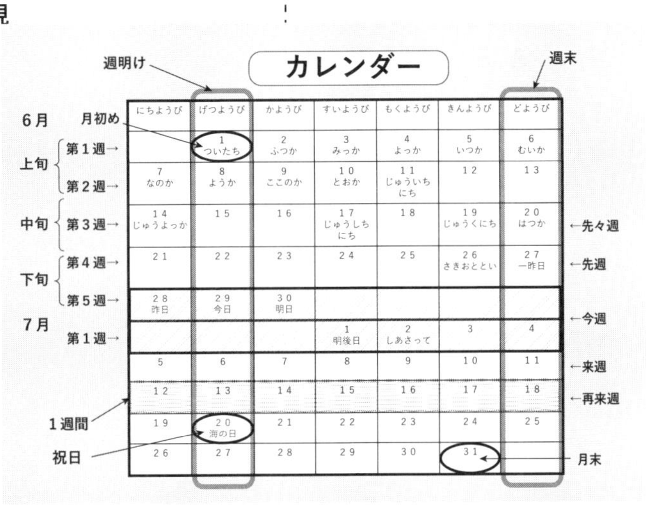

図 2.14

月日の経過を表す、時の表現

「再来週木曜日に提出ですよ。」
「えっ！いつ？」
「今日は6日だから、20日。
わかったね。」
「それって、いつか、
ってことよね。
その時に、また言ってね。」

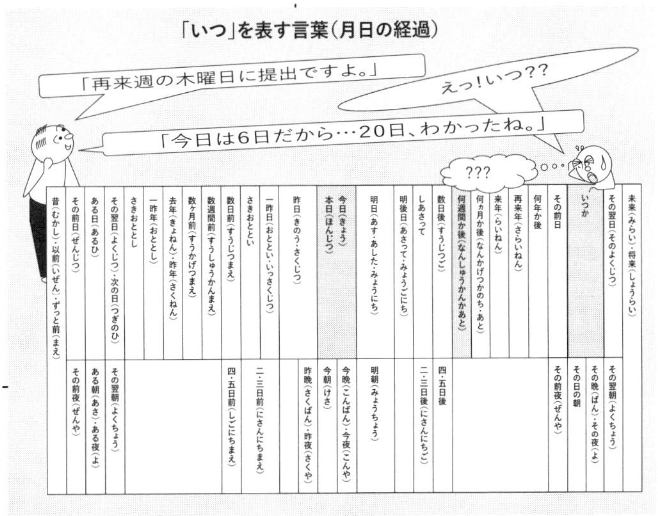

図 2.15

右の図は小学4年生での授業で日本語力の不足のため理解できない子どものために、「リライト教材（あらすじや要旨・要約等、用途に応じて初歩でもわかりやすい日本語におき直した文章）」を準備した例です。

　国語の授業で「ごんぎつね」のごんぎつねの行動とその気持ちを捉えさせようと試みられます。わかりやすい日本語であらすじをつかめれば、授業の理解はかなり可能になります。来日後間もない子どもにとっての授業参加には、この方法は救い

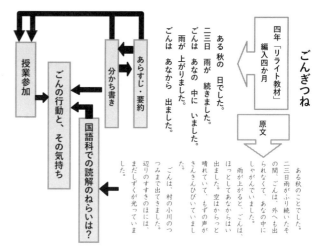

図2.16　リライトを用いた授業

であり、日本語に慣れることにも大いに役立ちます。

　ただ、日本語段階に合わせたリライトは有効なのですが、リライトを続けるだけでは、授業には参加できても、読解力の向上にすぐに役立つものとはなりません。

　せっかくのリライト教材をさらに生かすためには、本文に戻ってリライトで学習した主語と述語を本文から拾い出す作業をしてみると、本文を読み取ることに少しは近づけます。

　加えて、本文から主語と述語が拾えるようになれば、子どもが自らリライトに近い理解をすることができます。

　しかし、本文を読み解くためには時の経過の理解が欠かせません。物語や小説では、時の変化は不可欠な要素です。いつ・だれが・何をしたか、その3つの要素が揃って、初めて文意が理解できるからです。しか

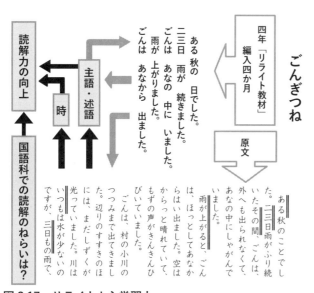

図2.17　リライトから学習力へ

も、振り返りや倒置の手法もあり、順を追って書かれているとは限らないため、時を表す語彙や、時を表す文を拾い出せるかどうかが、読解力を決定付ける要因になっていることが往々にしてあります。日常生活が支障なく行われていると、時の理解がどの程度であるのかは認識しにくいものですが、この手法はその確認にも寄与します。

　リライトの意義や方法については、光元聰江・岡本淑明『外国人・特別支援 児童・生徒を教えるためのリライト教材 改訂版』ふくろう出版（2012）を参照してください。

2-2-3　日本語構造の困難点と基礎学力

　下記は来日した子どもが理解しにくい、1つの日本語文型の構造例を示したものです。長い文型を聞き取ったり、読み取ったりできるまでに、いくつかの段階を経験し、聞き慣れ、読み慣れる必要があります。

(1) 聞く力や読む力が身につかない子どもは、語順の違いで主語と述語がしっかりつかめず、つまずいています。修飾節が加わって文型が長くなればなるほど、主語と述語の間に距離が生じます。

　そのため、主語の近くに述語がある母語の語順の影響を受ける子どもには、（友達同士の会話はその語順に近いですが、）短い文を繰り返し学習する学習法では、いつまでも先生の話す長い文型は文意が聞き取れない、読み取れないといった問題が生じやすいのです。

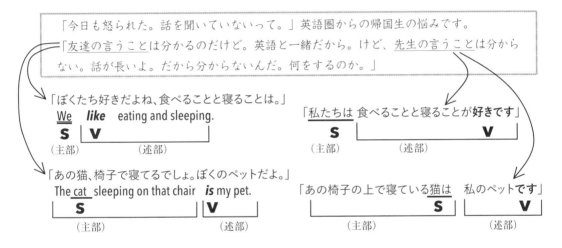

(2) 下記はどの順序で指導が進めばつまずきを早く減らせるかを示しています。

① まず、用言となる動詞や形容詞（イ形容詞）、形容動詞（ナ形容詞）を使い慣れるようにします。

　これまでの日本語指導では敬体（です。・ます。）を先に教えていますが、子どもの生活は常体（だ。）であり、辞書を引くためにも常体が必要です。高学年には常体・敬体の並行指導が学習力を促進します。

　低学年では、丁寧で正確な話し方を学ばせるために敬体を優先するほうが早いです。

図 2.18

例①　（先生に話す時）　食べます。
　　　（先生に話す時）　食べる。

② その後に2語文、3語文へと進めます。この段階では、どの年齢の子どももほとんどつまずくことはありません。

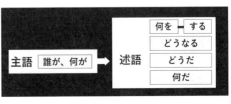

図 2.19

例②　私は　　パンを　　食べます。

③　聞き取りのつまずきが生じるのは、文が長くなるときと、文に難解な要素が含まれるときです。主語と述語がわかるようになれば、混乱の起きる前に文のつなぎ方を把握できるようになります。

　これまでの多くの日本語指導では、単文のあらゆる要素を学習した後に、文のつなぎ方を指導するようになっていました。

図 2.20

例③　私は起きました。そして、パンを食べました。
　　　私は起きてパンを食べました。

④　最初につまずきやすい文構造は「いつ」と動詞の時制を合わせることです。動詞の常体の過去形、日記の指導もこの時期に開始すると効果的です。

　<u>私は昨日勉強していました。</u>
日記によく書かれる不自然な日本語の一文です。「～していました。」などのある一定の継続時間がある言い方には、使い方の間違いがおきやすいです。

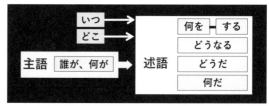

図 2.21

例④　私は　朝　部屋で　パンを　食べます。
　　　私は　朝　部屋で　パンを　食べた。
　　　私は　朝からずっとお菓子を食べていた。

⑤　修飾部の指導を強化することで、長文に慣れることが大切です。

　この時、主部の修飾節、述部の修飾節の双方に慣れる必要があります。

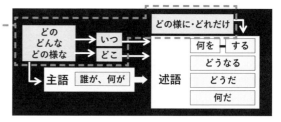

図 2.22

例⑤　早く起きた私は、朝部屋でおいしいパンを食べました。
　　　早く起きた私は、5 時に食堂でおいしい食パンを 3 枚食べました。
　　　早めに起きた私は、夜明けから食堂でおいしいパンをたくさん食べ続けました。

⑥　この段階で再度、接続語と接続助詞を使った様々な言い方での文作りや、文章の読み取りに慣れると、学習が楽になります。

　教科書や長文の読み取り、作文の学習量が不足すると、日本語の学習が定着せずに、学習力も下がってしまいます。

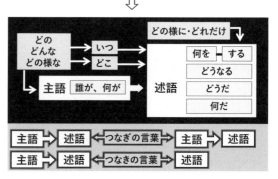

図 2.23

例⑥　いつもと違って早めに起きた私は、夜明けから食堂でおいしい食パンを 3 枚、卵を挟んで食べました。
　　　いつもと違って早めに起きたので、私は夜明けから食堂でおいしい食パンを 3 枚、卵を挟んで食べた。
　　　いつもと違って早く起きた。それで、夜明けから食堂でおいしい食パンを 3 枚、卵を挟んで食べた。

第3節 基本のカリキュラムの立て方

2-3-1 中学校・小学校高学年の標準的な指導期間と学習参加の関係

　授業が少しわかるようになるまで、普通は一体どれくらいの期間が必要でしょうか。指導者の指導力や生徒に個人差があるものの、ある程度の目安がないと指導法もつかめません。

表 2.1 日本語の標準的な指導期間と学習参加の関係（指導時間は週4〜6時間指導）
（小学5年以上基準）　注：左右階段状の線は個人差による期間の幅

指導段階	読み書きと学習 (日本語の文法・語彙の定着、作文・読書・辞書使用量と関係)	指導開始後の 時間経過 〜遅い生徒	聞く話すと学習 (友達や先生の働きかけ・生活会話・習得する語彙量と関係)
入門	ひらがなが数文字読める	1週間	簡単な挨拶ができる
入門	（漢字1日3字学習を始める）	2週間	分かることには表情で対応できる
入門	ひらがなの五十音がだいたい読める	3週間	話しかけてもらえば片言で対応できる
入門	ひらがなの五十音が無理なく読める	1ヵ月	知っている言葉でゆっくり話せる
入門	カタカナが数語読める・辞書で名詞が引ける	2ヵ月	簡単な応対ができる・悪口が聞き分けられる
入門		3ヵ月	
入門	簡単な象形文字や指示文字が書ける		普通の速さで簡単なことが聞き分けられる
4級	1日の行動を、順を追って作文できる	4ヵ月〜1年	簡単な動詞や形容詞を使って表現できる
4級	カタカナがかなり読める・漢字400字が書ける	5ヵ月	
4級	辞書で動詞や形容詞が引ける・漢和辞書が使える	6ヵ月	母国での既習の内容は日本語に関与しない部分でわかる
4級	気持ちやその場の様子を加えて作文できる	7ヵ月	辞書を引き予習すれば授業の言葉が断片的にわかる
4級		8ヵ月	生活会話ができ、分からない部分が人に質問できる
3級	小4程度の物語文・説明文が読みこなせる	9ヵ月〜1年半	
3級		10ヵ月	辞書引き予習すれば授業の言葉が聞き取れる
3級	国語辞書が使える	11ヵ月	
3級	800字が書け400字が音訓ともに読める	1年0ヵ月	平易な言葉での説明内容がほぼわかる
基礎終了	学年相当の教科書が声を出して読める	1年1ヵ月〜2年	
基礎終了		1年2ヵ月	
基礎終了	辞書を用い学年相当教科書の概要が読み取れる	1年3ヵ月	予習すれば授業がわかる
基礎終了		1年4ヵ月	
基礎終了		1年5ヵ月	個人的に説明があればほぼわかる
基礎終了	読みがななしで文の大意が読み取れる	1年6ヵ月	
日本語能力試験2級		1年7ヵ月	
日本語能力試験2級	自分なりの学習スタイルがつき始める	1年8ヵ月	予習すれば授業内容が十分わかり自信が生まれる
日本語能力試験2級		1年9ヵ月	
日本語能力試験2級		1年10ヵ月	
日本語能力試験2級	日本語学習期間の未習事項の補充が自力で可能になる	1年11ヵ月	予習なしでも授業内容がかなりわかる
日本語能力試験2級	論理的な文章に関心が持てる	2年0ヵ月〜3年	（但し、予習の積み上げをしてきた生徒のみ）

2-3-2　小学校低学年の指導期間と学習参加の関係

小学1・2年生は高学年に比べ、入門期に個人差が大きいです。

幼稚園や保育所での集団生活の経験学習経験のない子どもや、気後れする子どもは、学習することに慣れるのに時間がかかります。遊びの経験の少ない子どもは、全ての教材、学習道具が目新しいおもちゃであるため、学習する気分に到達するのに時間がかかります。また、母語で文字を読めない子どもは、覚えることに興味を持つまでに時間がかかります。特に直説法（母語に頼らず日本語のみで指導する方法）では、指示が的確に伝わらないことが個人差により大きな影響を与えます。

表 2.2　日本語の指導期間と学習参加の関係（指導時間は週5～6時間指導）
（小学3年以下基準）　注：左右階段状の線は個人差による期間の幅

指導段階	読み書きと学習 (日本語の文法・語彙の定着、作文・読書と関係)	指導開始後の時間経過	聞く話すと学習 (友達や先生の働きかけ・生活会話・習得する語彙量と関係)
入門（レベル1）→初級（レベル2）	ひらがなが数文字読める （ひらがな1日3字学習を始める）	1週間	喜怒哀楽を表情で対応する
		2週間	簡単な挨拶ができる
	ひらがなが数文字書ける	3週間	話しかけてもらえば片言で対応できる
	ひらがなの五十音がだいたい読める	1ヵ月	知っている言葉でゆっくり話せる
	ひらがながだいたい読める	2ヵ月	
	簡単な短文が書ける	3ヵ月	簡単な応対ができる・悪口が聞き分けられる
	ひらがながだいたい書ける		普通の速さで簡単なことが聞き分けられる
	1日の行動を、順を追って作文できる	4ヵ月	
	簡単な象形文字や指示文字が書ける	5ヵ月	簡単な動詞や形容詞を使って表現できる
初級（レベル3）	カタカナがかなり読める・漢字30字が書ける	6ヵ月	授業の説明が断片的にわかる
		7ヵ月	分からない部分が人に質問できる
		8ヵ月	生活会話ができる
基礎終了（レベル4）→（レベル5）	小2程度の物語文・説明文が読みこなせる	9ヵ月	
		10ヵ月	補助があれば授業の言葉が聞き取れる
		11ヵ月	
	学年相当の漢字が読める	1年0ヵ月	平易な言葉での説明内容がほぼわかる
	学年相当の教科書が声を出して読める	1年1ヵ月	授業で発言ができ、自信が生まれる
	学年相当の教科書の概要が読み取れる	1年2ヵ月	授業がわかる
	気持ちやその場の様子を加えて作文できる	1年3ヵ月	
	宿題が自力でかなりできる	1年4ヵ月	
		1年5ヵ月	
	読みがななしで学年相当の文の大意が読み取れる	1年6ヵ月	日常会話が支障なくできる

小学3・4・5年生も個人差に合わせて、表2.1か表2.2を参考にしてください。

2-3-3　日本語レベルの特徴と、年齢毎のレベル終了期の幅

　小学校低学年では学習開始年齢では、レベル5まで到達できても、児童のレディネスの差によって、抽象的な思考の基礎を形成しきれない場合があります。その場合は小学校高学年以上に再度日本語を学習すると、生活経験が補助となり修復が可能になります。

表 2.3　　　　　　　　　　　　　　　　　　　　（週当たり4〜6時間での学習対応日本語指導での例）
　　　　　　　　　　　　　　　　　　　　　　　　　　　　　■日本語指導を終了できる時期

レベル	各レベルの特徴と留意点	年齢毎のレベル終了期の幅		
		小学校低学年	小学校高学年	中学生
レベル1	**初めて日本語に触れる。** 自分の名前、学習した物の名前や簡単な指示がわかる。 異文化に臆して、日本語学習に興味を持つのに時間がかかる子どもは、スタートまでに時間がかかる。温かいサポートが必要である。	2週間〜2ヵ月	2週間〜1ヵ月	1週間〜1ヵ月
レベル2	**片言で理解し始める。** **基本動作や2語文程度の用言で簡単な意思確認が可能。** 授業は級友の言動から学ぶ。 まねて得た言動で、不適切に表現したりそれが多発され、乱暴に見えたり誤解を生じたりすることがある。適切な指導がないと級友との交流が難しくなり、学習が遅れる。	2週間〜3ヵ月	1ヵ月〜3ヵ月	2週間〜3ヵ月
レベル3	**簡単な日本語で応答でき始める。** **学習場面では一部の理解にとどまる。** 短い言葉で話しかけられると理解できる内容が広がる。 話したい欲求に応じてくれる友達が得られないと、言語習得意欲が削がれ、ストレスが高まりやすく、学校生活への不適応を起こしやすい。積極的な話しかけの環境づくりが必要な時期で、この時期の遅れは、取り戻すのに2から3倍の時間が必要になる。	1ヵ月〜8ヵ月	2ヵ月〜6ヵ月	1ヵ月〜6ヵ月
レベル4	**習った日本語を試そうとする。** **学習場面では補助が必要。** 小2程度の国語力と同等の対応が可能。学習方法への示唆がないと、この段階をクリアできにくい。 日常会話がかなりできるようになる。しかし、わからない言葉があっても、文意が理解できていなくとも、わかった気になって返事をしてしまうことがある。誤解や相互理解の不足から人間関係が壊れやすい。	3ヵ月〜1年	4ヵ月〜8ヵ月	4ヵ月〜8ヵ月
レベル5	**幅広い生活場面で日本語を使用する。** **学年相応の学習場面での理解が広がり始める。** 小学校高学年・中学生は小4程度の国語力と同等の対応が可能。予習がないと、まだ理解できないことが多い。 低学年では日本語話者・日本文化・自然への接触が少ない場合、語彙量の不足を補う必要がある。	1年〜2年	8ヵ月〜1年半	8ヵ月〜1年半
レベル6	**生活場面での長い文での日本語を理解できる。** **学年相応の学習での日本語をかなり理解できる。** 小学校高学年は小6程度の国語力と同等の対応が可能。 中学生は予習がないと、まだ理解できないことが多い。	2年以上	1年〜2年	1年〜1年半
レベル7	**年齢に応じた日本語を十分理解できる。** **必要な学習を自分で補える。**	2年以上	1年半以上	1年半以上
レベル8	**日本語を十分理解できる。**	―	日本語指導終了後数年以降	2年以上

2-3-4 日本語レベルごとの教科指導につなげる視点

　日本語学習の開始は、子どもの新しい出発点となります。すでに日本語が話せる子どもでも、日本語学習のやり直しを始める時点で同じことが言えます。日本語を日本語で学ぶために、子どもによってはそれまで経験した学びのスタイルを変えなければなりません。特に初期に良い学び方が身につけば、学習力が飛躍的に伸びます。また、日本語力のレベルに応じた期を外さない指導が望まれます。下記の(1)～(4)は表2.4の見方を解説するものです。

(1) **レベルに関係なく、学習開始直後に実施する課題**
　① 学習に興味を持たせる。
　② 文字の特徴をつかませる。聞く力をつける。
　③ 集中力・持続力と日本語での記憶力を養う。
　　この3種が不十分な場合は、基本の復習から始め、その力の開発に努めることが学習力を高める近道となる。
　④ 要点把握の方法・テストの導入……中学生はレベル2から可能。レベル4までに終える。
　⑤ 基礎の補充・予習方法……日本語を話せる場合は早めに開始する。

(2) **学習のための日本語として重視する課題**
　① 5W1H、サ変動詞、可能動詞、自・他動詞……文の聞き取り読み取りの基礎となる。
　② 使用語彙を増やす会話力の増強……使わなければ覚えてもどんどん忘れる。
　③ 感情表現・交流ができる宿題……精神的な安定が学習に目を向ける条件になる。
　④ 辞書の利用法……高学年ほど必要。母語力の増強にも一役買う。
　⑤ つなぎの言葉・受身・使役……簡単なつなぎの言葉・受身・使役はレベル2で簡単に指導しておく。レベル6では、複雑な構造文での内容を指導する。
　⑥ カリキュラムチェック……指導の中で抜けていること、急ぐことはないか、確認する。

(3) **ほとんどの子どもの学習**
　　　　　　　　　　　……レベル4以上の子どもの学習を進めるために必要なこと

(4) **表の項目の見方**

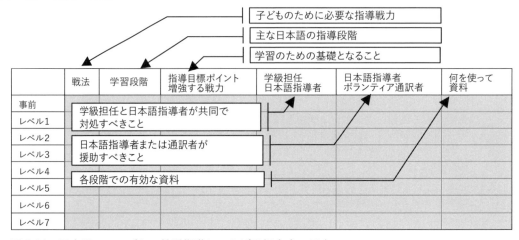

図2.24　日本語レベルごとの教科指導につなげる視点表の見方

表 2.4 日本語レベルごとの教科指導につなげる視点

凡例:
- □：レベルに関係なく、学習開始直後に実施する課題
- ▨：学習のための日本語として重視する課題
- ■：ほとんどの子どもの学習

	戦法	学習段階	指導目標ポイント 増強する戦力	学級担任 日本語指導者	日本語指導者 ボランティア通訳者	何を使って（資料）
事前	将（子ども）を知る	初期面談	学力を知る 子どもの信頼を得る 子どもに気構えを持たせる	可能な範囲で子どもの背景を保護者から聞き取る	学校のスタイルとの友好関係を築く	通訳 母語作文
レベル1	（子どもの）陣を固める	日本語導入期 「あいうえお」文字 発音指導 形容詞基礎学習時	文字の特徴をつかませる 聞く力をつける 集中力・持続力を養う 日本語での記憶力を養う	教科名、友達の名前 自己紹介による交流	連携方法の確立	座席表 カード 形容詞語彙の絵
レベル2	（子どもの）体力を養う	初期日本語 動詞学習期	授業に慣れる 板書の要点理解	ノート・プリント等の整理 多人数との接触	交流ができる宿題 辞書の利用法	辞書
レベル3	（子どもの）味方を増やす	5W1H・感情表現 サ変動詞・可能動詞	使用語彙を増やす 会話力の増強	友達の援助を得る方法 教科書の読みがなを打つ	辞書・対訳手助け 自ら質問の準備	カリキュラム チェック
レベル4	（子どもの）敵を知る	動詞の過去形・て型	1教科ずつ学習法 作文の基礎	要点把握の方法 テストの導入	基礎の補充 予習方法	クイズ本 漫画本
レベル5	（勉強の）戦略を考える	自動詞・他動詞 複合動詞	全科予習法の会得 作文法の補強	学習計画 文章による交流 活躍の場の設定	学習の整理 混乱の修正	新聞
レベル6	（子どもが）攻め込む	詳しいつなぎの言葉 詳しい受身・使役	長文読解力の補強 時制・否定文強化	未習部分の補充 作文の添削	未習部分の補充	参考書 問題集
レベル7	敵陣で陣取る	修飾用法	練習量 参考書利用	読書の奨励	母語の強化	書籍 各種のメディア

2-3-5 効果的な指導への不可欠な計画

第❷章第1節、第2節で示したように、やり直しの日本語指導が必要な子どもに出会った場合、また、指導していてもここが欠けていると問題点が明確になった場合、具体的にはどのように指導を進めることが効果的かを明らかにします。

小学5年生の子どもの相談を例に考えてみましょう。右図2.26, 2.28, 2.30は具体例、左図2.25, 2.27, 2.29は右図の具体例での指導に至るまでの手順を図解したものです。

> 「日本語は話せますが、教科の学習がわかっていません。友達は少なく、学校で担任が放課後に小学1年の漢字から教えていますが、覚えるのがとても遅いのです。」

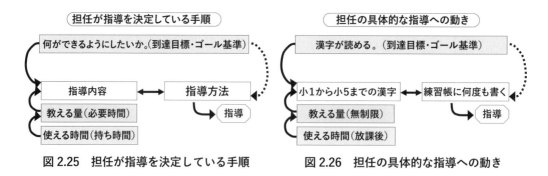

図2.25　担任が指導を決定している手順　　図2.26　担任の具体的な指導への動き

この相談での問題点は、子どもはいつまでも低学年の漢字を練習させられることで、覚えられないことに萎縮し、さらに、何度も書かねばならず、嫌気が差した可能性があることです。

そこでまず、日本語基礎レベル診断カードで日本語力を確認すると、日本語レベル3～4だとわかります。この段階の子どもはカタカナからの学習定着を再度確認することが必要です。学習への意欲に欠ける基となっている問題の漢字力についていえば、この場合、漢字は第❸章第2節の漢字のチェック1(87ページ)で示すように、画数の数え方や、基本の筆順まで戻るほうが効率が良いと判断できます。

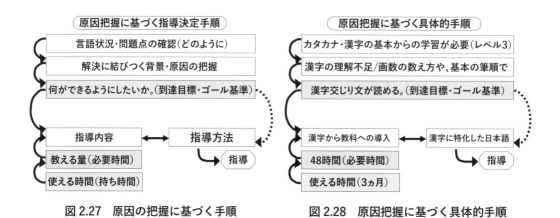

図2.27　原因の把握に基づく手順　　図2.28　原因把握に基づく具体的手順

到達目標は漢字混じり文が読みこなせ、学習への興味を持たせることです。さて、どこまで戻るかをということでは、画数の数え方や、筆順から指導しなければならないと言えるでしょう。

しかし、指導に必要な時間は無制限ではありません。できるだけ短期間に目標を達成する努力が指導者側に必要です。もし、派遣指導で時間制限があったらどう考えていけば良いでしょうか。その派遣で使える最大時間が週2回2時間ずつで3ヵ月間だと仮定しましょう。合計48時間で目標を果たす効果的な指導法を得るためには、指導計画が欠かせません。この場合、漢字の基本になることは何かを考え、最も必要なことを無理なく教える方法を特定する必要があります。

図2.29　指導を決定する望ましい手順　　　図2.30　指導を決定する手順例

2-3-6　子どもに知らせるカリキュラム

目標を持って学習することが大切なことは言うまでもありません。あらかじめ、「これだけの時間でこういうふうに勉強したら、どういうことができるようになるのか。」ということを知らせておけば、子どもは指導者を信頼し、がんばることができます。

表2.5は、図2.30の手順例で示した「漢字から理科学習まで」の計画表を、子どもに知らせるために考えた1例です。

子どもに計画表を示す場合、目標を上にし、下から積み上げていく形が意欲を高めます。上から下への表は、「こんなにしなければならないのか。」と嫌気を誘ってしまいかねないので、配慮が必要です。

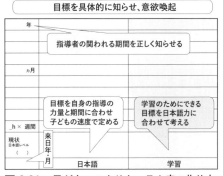

図2.31　子どもへのカリキュラム表の作り方

表2.5

2h×11週間目	理科テストの設問用語	理科問題集の読み取り
4h×10週間目	自動詞・他動詞	理科第1分野の動詞探し
4h×9週間目	動詞熟語の成り立ち、読み	理科学習内容のまとめ方
4h×8週間目	過去形・否定文などの練習	用言の辞書引き
4h×7週間目	動詞語彙漢字100個を覚える	理科学習の語彙探し
4h×6週間目	形容詞の音読みで熟語を作る	漢和辞典の使い方
4h×5週間目	短文・作文練習	植物の構造
4h×4週間目	形容詞＋形容詞（動物・果物）	形容詞の辞書引き
4h×3週間目	画と筆順	植物の名称（くさかんむり、きへん）の文字
4h×2週間目	形容詞語彙、漢字50個を覚える	名詞の辞書引き
4h×1週間目	カタカナ	
現状来日後2年 日本語レベル（3-4）	会話には問題なく、ひらがなが読み書きできる。カタカナ、漢字がほとんど使えない。	教科学習に関心が持てない。
	日本語	学習

2-3-7　指導者自身の力量に合わせた計画

　指導者自身の経験と力量で、教える速度も内容も違ってきます。しかし、指導者自身が目標とその指導期間を定めることは、何のために、何を、いつ、どう教えるかを考える上で重要な意味を持ちます。下記の表は教科導入のために、いつ、その指導を始めるかを決めようとするものです。

　たとえば、日本語指導開始直後にテスト問題のいくつかを読み取れるようにすると、母語での学習が生かされる可能性があります。しかし、日本語がわからない間は、説明の言葉すら通じません。しかしながら、設問の特徴を示すことで、問題文が読み取れる教科があります。会話の日本語だけではなく、学習への挑戦ができるための目標が、子どもへの指導のあり方を変える手立てとなります。まず指導者自身が子どもを学習に近づけるための目標を設定し、それを実現させる努力をすべきでしょう。

表 2.6　指導者自身の力量に合わせたテスト指導計画

	指導事項	目標	指導開始時期
数学算数	学習語彙 設問語彙	テスト問題が読める	日本語学習開始直後
		応用問題が読み取れる	日本語学習　____カ月以降
理科	自他動詞	主語・述語がわかる	日本語学習　____カ月以降
		学習内容が整理できる	日本語学習　____カ月以降
社会	受身使役	5W1H が読み取れる	日本語学習　____カ月以降 （中国生徒は　____カ月頃）
英語	整理方法	日本語との比較ができる	日本語学習　____カ月以降

　また、学習に合わせた当面の目標を考えたカリキュラムを考えておきたいものです。

表 2.7　レベル別　カリキュラム

	内容	語彙	日本語の指導目標	具体的な指導 増強する戦力	教材
レベル 2 （第 1 週）					
レベル 2 （第 2 週）					
レベル 2 （第 3 週）					
レベル 2 （第 4 週）					
レベル 2 （第 5 週）					
レベル 2 （第 6 週）					

指導初心者には、指導の目標や手順が頭の中で描けるまで、新しい課題に取り組むたびに、指導案(教案)を書くことをお勧めします。下記はその指導案例です。

指導案例とその作成方法

- ①指導目標を決めます。
- ②目標に合わせ指導者が何をするか、指示や指導法を書きます。
- ③子どもがその指示で何を学ぶかについての内容と、
- ④具体的に何をするかを書きます。
- ⑤特別気をつけることを書きます。複数の学習者のレベルに差があるときは、その配慮、教えにくい言葉への配慮などです。

小学校高学年用指導案　　第　　週(第　　次)　　　月　　日(　　曜日)

指導者名　　　：　田中薫
対象児童生徒　：　小学4年生(在日3年日本語開始2ヵ月、男子1名)
題材　　　　　：　覚え切れていないカタカナ(清音)
指導目標　　　：　カタカナのスムーズな読み書きができる(文字の形の特徴をつかみ直す)

	子どもの学習内容	指導者の指導活動	指導上の留意点	時間
導入	カタカナのカード読みの復習。	スピードを上げて読ませる。	読めないカードは枚数を絞って読む練習をさせる。	5分
第1次(本時)展開	**ひらがなと全体が似ている文字を把握する(19字)**。	19字「リ・ヘ・ウ・オ・カ・キ・ケ・コ・セ・ナ・ニ・ネ・ノ・メ・モ・ヤ・ラ・レ・ワ」の対になるひらがなからそっくりのカタカナ文字を探させる。見つからなければ、カタカナと並べて探させる。	「似ている・そっくり・同じ・全体・一部」等の言葉が理解できていることを確認しながら進める。説明を簡潔にし、理解を容易にする。	10分
	ひらがなと一部が似ている文字の似ている特徴をつかむ。 ひらがなプリントを見ながら、指先でカタカナを書いて、カタカナの特徴をつかむ。	上記19字の内、書けなかったカタカナについて、ひらがなとカタカナの違いをプリントと板書で説明する。ひらがなプリント上に、カタカナを赤ペンで書かせる。	覚えたかどうか、表情を確認しながら進め、19字に達したところでペン書きに切り替える。	25分
	比較プリントで確認する。赤ペンで書いて特徴を覚えたことを確かめる。**ひらがなと運筆の似ている文字について特徴をつかむ。**	「ツ・ソ・シ・ン」について、ひらがなの運筆をなぞりながら説明する。	ひらがなとカタカナの両方を指書きさせて覚えさせる。	10分
整理	次時の予告の学習確認。	次時の予告・後片付けの指示。		5分

第2次(次時)	**カタカナ同士で似ているものを区別できるようにする。** 声を出して読みながら違いを書き分ける練習をする。単独で覚えるものについて、指書きで練習する。	「ヤ・マ・ア」「ミ・ニ・シ」「テ・チ」「ロ・ヨ・コ・ユ」「メ・ノ・ル・レ」「ヲ・ワ・ラ・フ・ヌ・タ・ス・ケ・ク・ウ」等のそれぞれの固まりとし、区別させる。「ハ・サ・ヒ・ホ・ト・ム」を単独で覚えさせる。	読める字と読めない字、書ける字と書けない字を確認してから行う。	40分
第3次	濁音・拗音の練習。			40分

第4節 学力差による学習導入のカリキュラム

2-4-1 母国での高学力生徒 ［日本語指導期間と学習参加への意欲喚起］

　高学力とは母国で勉強にかなり自信を持っていた子どもを指します。編入時の学力診断については第❺章第1節を参照してください。

　母国での高学力の生徒には、母国での学習姿勢を持続させるためにも、生徒自らの意欲喚起が大切です。日本語 - 母語辞書、母語 - 日本語辞書の早期使用開始を促し、教科を通じて日本語の語彙量の増強を図ると同時に、母語の保持伸長に役立てることが、教科の内容理解をより早くすることにつながります。そのために最も必要なことは、できるだけ早い時点から、学級生徒の協力で教科書の漢字に読みがなを打ち、予習や授業中の辞書引き学習ができるようにする体制づくりのための、学級担任や教科担任との連携です。

表2.8　高学力生徒（中2・中3編入生徒の教科学習への導入時期）

日本語指導教室での指導	指導開始後の期間	学級での本人の意欲喚起（できるだけ人の援助を受けないで学習させる）	
発音↕発音　ひらがなの五十音がだいたい読めるようにする	1週間	教科書の漢字に、聞き取れる言葉のかなを打ってみる	母語対訳教材を併用
名詞＋です文型・辞書で名詞が引けるテスト問題の設問の語彙を大まかに指導	2週間	各教科のかな打ち開始板書を写す。話しかけてもらえば片言でも対応する	
カタカナがだいたい読めるようにする	3週間	知っている言葉で片言でも話し掛ける	
動詞の辞書形・過去形／形容詞の辞書形・過去形いつ・どこで・誰が・何をした(5W1H)文型辞書で動詞や形容詞が引ける、漢和辞書が使える	1ヵ月	1ヵ月　母語→日本語辞書使用開始1日の行動を順を追って敬体で作文する母国での既習内容は日本語に関与しない部分でわかる	
形容動詞の辞書形・過去形数学語彙、理科・社会の予習方法指導	2ヵ月	全教科の自分に合った学習法の理解・全教科授業参加日本語－母語辞書を引き予習して授業を聞き取る練習	
用言＋用言／接続詞／接続助詞／副詞日本語能力試験4級	3ヵ月	わからない部分を人に質問する漢字400字が読み書きできるようにする	
辞書を用い理科・社会科の概要を読み取る指導自動詞・他動詞／〜ている・〜てある／修飾節小4程度の物語文・説明文の読解受け身・使役／国語辞書の使用開始日本語能力試験3級	4ヵ月5ヵ月6ヵ月	予習に慣れる書きたい内容を考えて敬体で作文する小学校での学習漢字を概ね読めるようにするわからない漢字にアンダーラインを引いて、かな打ち依頼	
つなぎの言葉重文・複文の時制・主語述語関係把握長文読解(説明文・論説文)指導の開始長文(物語文・随筆)読解指導	7ヵ月	日中・漢和－国語辞書を使い分けて学習する習慣を付ける考え方を加えた敬体の日記と、日記の常体での清書問題集・参考書の入手	
	8ヵ月	問題集・参考書を使った学習の強化	
取り出し通級終了　課題作文の書き方(文のまとめ方)の指導日本語能力試験2級古典・漢文学習の導入今後の学習計画の立て方	9ヵ月10ヵ月11ヵ月1年0ヵ月1年1ヵ月1年2ヵ月	わからない漢字は漢和辞書を使用問題集を使った長文読解練習歴史・地理・理科の未習部分の補強	

2-4-2 母国での普通学力生徒［授業に参加させるための予備努力］

　普通学力とは、母国で勉強が皆より良くも悪くもなかったと言う子どもを指し、普通学力生徒の場合1ヵ月間程度は日本語に専念できる時間が多いことが望ましいです。

　学習内容の復習や定着を考えると、週3回・各2時間の日本語学習を基本とするのが無理のない指導時間です。また、長期休暇中に日本語学習を開始した場合や、初期段階の子どもで時間割に工夫ができ、1週4〜5回・各2時間の集中指導ができる場合があります。連続した会話練習の時間が多いと語彙の記憶量が伸びやすく、学習方法に早く自信がつきやすいと言えます。

表2.9　母国での普通学力生徒（小5〜中2編入児童生徒の教科学習への導入時期）

	日本語指導教室での指導	指導開始後の期間	学級と教科で指導すること（できるだけ授業に参加させるための予備努力）	
日本語習得優先	ひらがなの五十音がだいたい読めるようにする	1週間	重要語句の板書時かな打ち／授業は見学のつもりで慣れさせる	
	名詞＋です文型・辞書で名詞が引ける	2週間	単語で話しかけ、各授業時に数語を辞書で引かせる	
	形容動詞の辞書形・過去形	3週間	数学教科書のかな打ち開始	
	カタカナがだいたい読める	1ヵ月	（英語既習生徒）英単語の訳にかな打ち	
授業導入第一段階	テスト問題の設問の語彙を大まかに指導	2ヵ月	テスト問題の設問の語彙が大まかにわかる（音楽未習生徒）音符の読み方と笛の吹き方の指導（英語未習生徒）1年生の英語の指導開始（地理未習生徒）世界 日本の地図の見方と地名学習	
	動詞の敬体・辞書形／月日・時／位置関係			
	いつ・どこで・誰が・何をした(5W1H)文型			
	動詞常体過去形			
	辞書で動詞や形容詞が引ける、漢和辞書が使える	3ヵ月	全教科書のかな打ち開始・数学学習語彙の指導	
	1日の行動を追って日記指導開始	4ヵ月	日本語・母語／母語・日本語辞書の利用の確認理科・社会科の予習方法の指導（非漢字圏生徒）読みがな付き国語辞典の利用	母語対訳教材を併用も可
	用言＋用言／接続詞／接続助詞／副詞			
	日本語・母語／母語・日本語辞書の引き方			
	日本語能力試験4級	5ヵ月	予習方法の点検と成果の確認	
	漢字400字が読み書きできる	6ヵ月	全教科授業参加	
授業導入第二段階	主語述語関係把握／つなぎの言葉	7ヵ月	辞書を用い教科書の概要を読み取る指導わからない部分を人に質問させる予習に慣れさせる	
	漢和辞書の引き方			
	自動詞・他動詞／修飾節			
	国語辞書の使用開始	8ヵ月	授業ノートの整理活用方法の指導	
	受け身・使役／主語述語関係把握			
	小4程度の物語文・説明文の読解	9ヵ月	理科・社会科の予習方法の修正辞書を使い分けた学習の習慣を付ける	
	つなぎの言葉　生活文が読みこなせる	10ヵ月	国語教科書の音読指導	
	重文・複文の時制・主語述語関係把握	11ヵ月	わからない漢字にアンダーラインを引かせかな打ち	
	日本語能力試験3級	1年0ヵ月	小学校での学習漢字が7割読めるようにする	
読解力強化段階	通級終了　常体作文・日記の指導		国語科の教科書の予習方法問題集・参考書の購入指導	
	長文(物語文・随筆)読解指導			
	長文読解(説明文・論説文)指導	1年1ヵ月	長文読解練習　問題集・参考書を使った学習の強化	
	（受験直前生徒のみ）課題作文書き方	1年2ヵ月	わからない漢字は漢和辞書を使用	
	今後の学習計画の立て方	1年3ヵ月	歴史・地理・理科の未習部分の補強	
	（受験直前生徒と希望者のみ日本語能力試験2級）	1年6ヵ月	古典・漢文学習の導入	

2-4-3　基礎学力の補充が必要な生徒 ［授業に近づくための指導］

　　母国で勉強が苦手であまり勉強したことがない子どもはまず、入門期は日本語に専念できる時間が多いことが望ましいです。積極的な生徒は3ヵ月程度もあれば会話は可能になります。この時期までに、きちんとした文型や、漢字交じり文を書くことをいとわない習慣を付けることが望まれます。連続した会話練習の時間が多いと語彙の記憶量が伸びやすく、学習方法に早く自信がつきやすいです。教科で使う言葉を織り交ぜて、進めることをお勧めします。学習が十分にわかるようになるのに、早くとも2年かかることを考慮しておきたいです。

表2.10　基礎学力の補充が必要な生徒（基礎学習指導と教科への導入時期例）

指導段階	日本語で指導すべきこと				指導開始後の期間	学級と教科で指導が必要なこと（授業に少しでも参加させるための特別指導）
日本語最優先	挨拶ができ、簡単な支持がわかるようにする				1週間	先生や何人かの友達の名前が言えるようにする
	数字・ひらがなの五十音がだいたい読めるようにする					教科ノートをきちんと揃えさせる。生活に慣れさせる
	身の周りの物、日時、教科名、様子をみながら「これは何ですか」等簡単な文型で単語量を増やす				2週間	算数記号の読み方指導　数字の聞き取り練習開始
						数字・時刻・時間計算ができるようにする
	ひらがなの五十音がだいたい書けるようにする				3週間	基本単位漢字（象形文字）で漢字の筆順読みの指導
	カタカナの指導を開始				1ヵ月	世界・日本の地図の地名の学習の開始
	辞書で名詞が引ける				2ヵ月	授業は板書を写す練習をさせ、少しずつ慣れさせる
	カタカナがだいたい読めるようにする				3ヵ月	数学教科書のかな打ち・四則計算・分数・小数の指導
授業導入第一段階	辞書で動詞や形容詞が引ける、漢和辞書が使える					1年生の英語の指導開始
	いつ・どこで・誰が・何をした（5W1H）動詞文型					理科の図の漢字のかな打ち（生物・器具の名前等）
	動詞敬体・辞書形／月日・時／位置関係				4ヵ月	テスト問題の設問の語彙が大まかにわかる
	形容詞・敬体・過去形				5ヵ月	別テストが望ましい
	1日の行動を追って日記指導開始				6ヵ月	全教科書のかな打ち開始
	母語→日本語辞書使用開始					理科・社会科の学習方法の指導
	日本語→母語辞書の引き方				7ヵ月	学習方法の点検と成果の確認
	日本語能力試験4級					全教科授業参加
授業導入第二段階		主語述語の関係　つなぎの言葉			8ヵ月	小2国語の教科書の音読指導・内容把握の練習
		読みがな付き国語辞書の使用開始				予習に慣れさせる
		受け身・使役、自動詞・他動詞			9ヵ月	基礎問題集での学習確認
		長文（物語文・随筆）読解指導の開始			10ヵ月	
		漢字400字が読み書きできる			11ヵ月	理科・社会科の理解方法の修正
		小3程度の物語文・説明文が読みこなせる			1年0ヵ月	
各教科強化段階			日本語能力試験3級		1年3ヵ月	国語辞書・漢和辞書を使い分けた学習指導
			小4程度の物語文・説明文が読みこなせる		1年6ヵ月	小5国語の教科書の音読指導
				常体作文・日記の指導		わからない漢字にアンダーラインを引き、かな打ち
			通級終了（在籍校との指導方法の連携）		2年0ヵ月	小学校での学習漢字が7割読めるようにする
			重文・複文の時制・主語述語関係把握		2年1ヵ月	小学校の教科書・問題集での長文読解
			長文（説明文・論文）読解指導の開始		2年2ヵ月	わからない漢字は友達に聞いたり、漢和辞書を使用
					2年3ヵ月	
			課題作文の書き方（文のまとめ方）の指導		2年6ヵ月	地理・理科の未習部分の補強
			日本語能力試験2級		3年0ヵ月	

2-4-4　来日後1年以上日本で生活し学習参加ができない生徒と高学年児童

[やり直しの日本語と学習導入の方法]

まず、日本語や学習の問題点を明らかにすることから始めることが望まれます。

表 2.11　日本語修復と学習導入の方法（日本語能力試験4級以上）

指導段階	日本語で指導すべきこと	指導開始後の期間	学級と教科で指導が必要なこと（授業に少しでも参加させるための特別指導）
指導計画確認段階	基本文型の理解度を日本語能力試験や発問で確認する 小4国語程度の文で漢字の読みの程度を確認する 日記・作文等での文章力の確認をする	事前調査	友達との交友状況を確認する 算数テストで基礎学力を判定する 各教科の定期テストの得点できている部分の確認
	指導必要事項の洗い出しと、学習指導計画の作成	指導開始	在籍校での状況把握・協力態勢の準備
	ひらがな・カタカナの読みと発音の単語の適正を確認する 母語-日本語・日本語-母語の辞書が利用可否を確認する	1週間	配布プリント・教科ノートの整理の状況を確認する 家庭での学習時間・学習状態を詳しく知る 学用品の整備
集中力・記憶力・学習姿勢育成期	日記指導の開始 日本語-母語辞書、かな付き国語辞書の引き方を指導 日本語能力に応じて文型指導の開始 母語作文で表現力を確認する 問題文に出てくる基本的な言葉の指導	2週間	必要に応じてアルファベットの指導を開始する 全教科の教科書のかな打ち 数字の確実な聞き取り練習開始 1年生の英語の単語指導開始 算数記号・算数の語彙の指導
	身体・位置関係等の概念単位毎に漢字・語彙量を増やす 基本単位漢字（象形文字）で漢字の画・筆順・読みの導入 聴覚型・視覚型に合わせた語彙記憶力増強法の指導	3週間	必要に応じて四則計算・分数・小数の指導開始 1年生の英語の指導開始（英語ノートの整理法を指導）
	基本用言の漢字辞書形・敬体現在形の使い分けの復習 カタカナの読み取り・書き取り	1ヵ月	授業は板書を写す練習、少しずつ慣れさせる
授業導入第一段階	用言のテ形・常体過去形の復習 辞書で用言（動詞・形容詞・形容動詞）が引ける いつ・どこで・誰が・何をした（5W1H）文型	2ヵ月	語彙を中心とした理科の学習法の指導 世界・日本の地図の地名の学習の開始 英語ノートの整理法を使った授業参加開始
	主語・述語の関係把握の読解 小3国語程度の簡単な文で読解力を確認する	3ヵ月	英・理の自己学習状況の点検
	用言+用言／接続詞／接続助詞／副詞 漢和辞書の使用方法 主部・述部・修飾部の作成練習・副詞語彙を使った単文練習 書を用い理科・社会科教科書の概要を読み取る指導	4ヵ月	テスト問題の設問の問題を読み取る練習 全問かな打ち、辞書持ち込みで定期テストに参加 数学語彙の指導・数学（代数）分野の学習開始
授業導入第二段階	自動詞・他動詞／修飾節 漢字400字が読み書きできる	5ヵ月	理科・社会の予習方法の指導 日本語・母語辞書／母語・日本語辞書使用の確認
	中学生用国語辞書の使用開始 受け身・使役／主語述語の関係把握 小4程度の物語文・説明文が読みこなせる	6ヵ月 7ヵ月 8ヵ月	予習に慣れさせ、学習習慣を付ける 学習方法の点検と成果の確認 全教科授業参加 授業ノートの整理活用方法の指導
	生活文が読みこなせる	10ヵ月	理科・社会の予習方法の修正
	重文・複文の時制・主語述語関係把握	11ヵ月	辞書の使い分け
	日本語能力試験3級	11ヵ月	国語の教科書の音読指導・国語科の教科書の予習法
	常体作文・日記の指導	10ヵ月	わからない漢字にアンダーラインを引かせ、かな打ち
読解力強化段階	長文（物語文・随筆）読解指導 長文（説明文・論説文）読解指導	1年0ヵ月	小学校の漢字が7割読めるようにする わからない漢字は漢和辞書を使用
	（受験直前生徒のみ）課題作文書き方指導 今後の学習計画の立て方 （受験直前生徒と希望者のみ）日本語能力試験2級	1年1ヵ月	長文読解学習　問題集・参考書を使った学習の強化 問題集・参考書の購入指導 古典・漢文学習の導入（中学生のみ）
		1年2ヵ月	地理・理科の未習部分の補強

2-4-5　障害のある子ども

　知的障害、また情緒的障害のある子どもには幼少期から発音に困難を残したままの子どもが多いです。これを少しでも多く改善することで、他者とのコミュニケーションがスムーズになります。また、発音の改善が集中力と記憶力を向上させることにつながりやすいのです。障害の状態によってできることの違いが大きいですが、ここでは日記がかけるまでを目指して行った数例の事例を基に参考例として載せています。発音指導については第❸章第1節を参照してください。

表 2.12　障害のある中学生の発音から日記まで

指導段階		日本語で指導すべきこと	指導開始後の期間	支援学級との協力で指導が必要なこと（理解と自主性を少しでも増やす特別指導）
発音確認段階		単音での発音の確認 音での聴音の確認	事前調査	簡単な質問で発話の表現力を確認する 算数テストで基礎学力を判定する
			指導開始	在籍校での状況把握・協力態勢の準備
	単音・単語での発音指導	ひらがな・カタカナの読みと発音の矯正を開始	1週間	学用品の整備
集中力・記憶力・発音育成期		集中力の育成 日本語－母語辞書か、かな付き国語辞書の引き方を指導 日本語能力に応じて文型指導の開始	2週間	板書の写しができるかどうか確認する 必要に応じてアルファベットの指導を開始する 数字の確実な聞き取り練習開始 算数記号・算数の語彙の指導
		聴覚型・視覚型に合わせた語彙記憶力増強法の指導 漢字の画・筆順・読みの導入	3週間	1年生の英語の単語指導開始 必要に応じて四則計算の指導開始
		カタカナの読み取り・カタカナでの聴音の書き取り 敬体現在形の使い分けの復習	1ヵ月	授業は板書を写す練習、少しずつ慣れさせる
語彙増強段階	文章での発音指導	用言のテ形・常体過去形の復習	2ヵ月	語彙を中心とした理科の学習法の指導 日本の地図の地名の学習の開始
		いつ・どこで・誰が・何をした(5W1H)文型		
		主語・述語の関係把握の読解 小1〜3国語程度の文で読解力を確認する	3ヵ月	
		用言＋用言／接続詞／接続助詞／副詞 主部・述部の作成練習	4ヵ月	簡単なテスト問題の設問を読み取る練習 数学語彙の指導・数学(代数)分野の学習開始
作文・読解段階		思ったことを話しながら書き留める練習 漢字200字が読み書きできる 副詞語彙を使った単文で感情表現練習	5ヵ月	社会(身近な地理・日本列島など図を描く)
		日本語能力試験4級	6ヵ月	学習習慣を付ける 学習方法の点検と成果の確認
		受け身・使役／主語述語の関係把握	7ヵ月	
		小4程度までの物語文・説明文が読みこなせる	8ヵ月	授業ノートの整理活用方法の指導
		生活文が読みこなせる	9ヵ月	理科(植物・動物) 国語辞書の使い分け
		日本語能力試験3級	10ヵ月	
		常体作文・日記の指導	11ヵ月	小3までの漢字が7割読めるようにする
			1年以上	わからない漢字を辞書で探す

第3章
日本語指導の実際

第1節　かな文字・発音・聴音の指導 ──── 76

3-1-1　かなの記憶と表記
3-1-2　単音での母音の発音と聴音
3-1-3　単音での子音の発音
3-1-4　連音の表記と発音

第2節　漢字の指導 ──── 83

3-2-1　漢字指導の開始の時期と方法
3-2-2　日本語開始初期には漢字の基本と意味を指導
3-2-3　やり直しの漢字指導の開始点［漢字のチェック］
3-2-4　意味がつかめる漢字が増えたら熟語を一気に増やす
3-2-5　漢字の特性から教科の弱点を強化
3-2-6　漢字圏の子どもの漢字指導

第3節　習得しにくい文型の指導 ──── 101

3-3-1　初期の文型習得と会話上の困難点
3-3-2　教科学習にも影響する学習中期の困難点
3-3-3　自他動詞の指導法
3-3-4　読解に影響する理解を短文練習で補う

第4節　読む力を伸ばす指導 ──── 107

3-4-1　初期の読み
3-4-2　辞書の指導のチェック
3-4-3　つなぎの言葉
3-4-4　長文が読める子どもへの変革

第5節　書く力を伸ばす指導 ──── 116

3-5-1　初歩の日本語で書くときに
3-5-2　作文指導の考え方［どんな段階でも書ける・書ける量を増やす工夫と添削］
3-5-3　吹き出しの利用で、気持ちや理由を表現する力を養う
3-5-4　言語の特徴への興味の喚起［文の構成理解を早める］
3-5-5　思いっきり書く作文が人を変える

第1節 かな文字・発音・聴音の指導

3-1-1 かなの記憶と表記

(1) かな文字・発音・聴音のチェック

　読み書きが苦手な子どもは、その原因がどこにあるか確かめてから指導を進める必要があります。読めないとか、漢字を覚えられていないという現象は、以前まで遡る必要があれば、単なる読み書きの練習量だけではカバーできません。日本で生まれ育ってもカタカナや連音の表記にまで戻ることもあります。表 3.1 を用いて確認してください。

表 3.1　かな文字・発音・聴音のチェック表

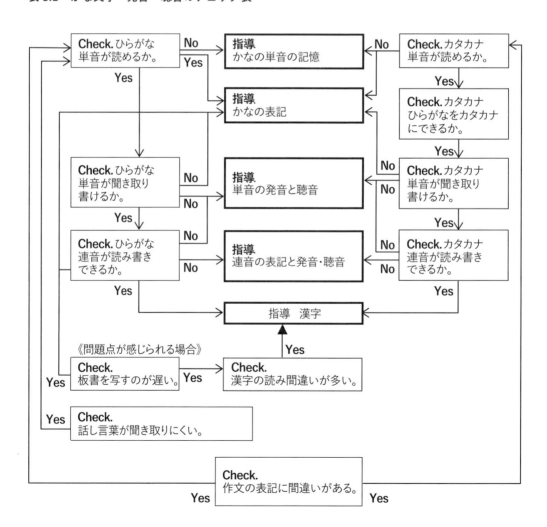

(2) 発音とかなの読み書きの重要性

　かなが読み書きできることは日本語の学習速度を上げる最も基礎となります。1年経って作文が苦手だというような場合、書こうとするひらがなを忘れて、そこで躊躇している間に、書くのがいやになっていたケースが意外に多いです。

　正しく読めないと、学習速度が落ちます。また、正しく聞けないと、聞いたことを辞書で確かめたり、文字に置き換えて記憶できないために、記憶できる量が半減します。

　しっかり聞けない音は、自ら発音できない音が多いです。発音や聴音とかなが一致しないと、

① 聞き違いによる意味の取り違い、意思疎通の不十分、聞き直しの必要が生じます。
② 正確に認識できず、あいまいな音は記憶違いや記憶力の向上阻害となります。
③ 文法の取り違い（〜しても⇔〜（し）、でも〜、〜したか⇔〜したが）等が起きます。

したがって、かなの指導は発音・聴音・表記を相互に確かめ、

　　　　　→聞く⇔言う⇔書く⇔読む←　を連動させて理解させる必要があります。

(3) かなの単音の記憶を速める方法

A．張りのある厚めの紙でトランプ程度のカードを104枚作ります。
　　清音「あ〜ん」46音　　半濁音「ぱ〜ぽ」　5音
　　濁音「が〜ぽ」20音　　拗音「きゃ〜びょ」33音

B．音を5〜6枚（集中して覚えやすい量）ずつ覚えさせます。
　① あ のカードを見せ、「あ」と何度も発音を繰り返させます。
　② 順不同で早く読めるようにします。
　＊ 順不同で覚えにくい場合、ア段「あ・か・さ・た・な」→イ段・ウ段の順に母音を揃えて覚えさせます。
　＊ さらに覚えにくい生徒や低学年児童の場合、物の名前と結びつける絵カードも併用します。

C．濁音・半濁音を5〜6枚ずつ覚えさせます。
　　十分な音が出なくても無理をせず、聞いた音を真似るように発音させます。

D．拗音を3〜6枚ずつ覚えさせます。
　　「き・や→きゃ」と連続させ「きゃ」が1拍で出せるようになるまで練習させます。

E．清音・濁音・半濁音・拗音を混ぜて言い当てさせます。
　① 速度を上げてカードを読めるようにします。
　② 順不同で早くカードを示し、すぐに読める字、速く読めない字、読めない字を区別し練習させます。

(4) かなの表記

A．音がある程度読めるようになって、見慣れてから指導します。

B．筆順が理解しやすいものから練習させます。
　① 鉛筆の持ち方が日本語の筆記に適さない子どもがいるので注意したいです。
　　利き手が左の場合、運筆に困難を伴う場合があるので、ペンの持ち方や力の入れ方を工夫し、筆順に注意させながら、まず運筆練習をし、徐々にスピードを加えて書けるようにさせます。殴り書き経験のない低学年児童はそこまで戻ります。

②　イ段「い・し」→ウ段「う・く」→エ段「て・へ」→オ段「と・の」など画数の少ないもので特徴をつかませ→ア段の「あ・な・た」などに進めたり、興味を持つ自分の名前や物の名前から進めたりします。

C．ひらがなの特徴が理解しやすい手本や字枠を使って練習させます。高学年でも最初は字枠が小さいと書きにくい子どももいるので注意したいです。

D．よく似た形のものも区別して書けるようにします。

3-1-2　単音での母音の発音と聴音

単音指導での母音と子音（半母音「ワ行」を含む）の単音は発音の基本になります。耳が慣れてくると連音での指導は改善が容易ですが、単音の発音ができていないと耳が慣れてきません。

⑴　**指で示す母音の発音指導**

指を使って［図3.1］、1音ずつ口の開き方を明確にし学習させるとわかりやすいです。

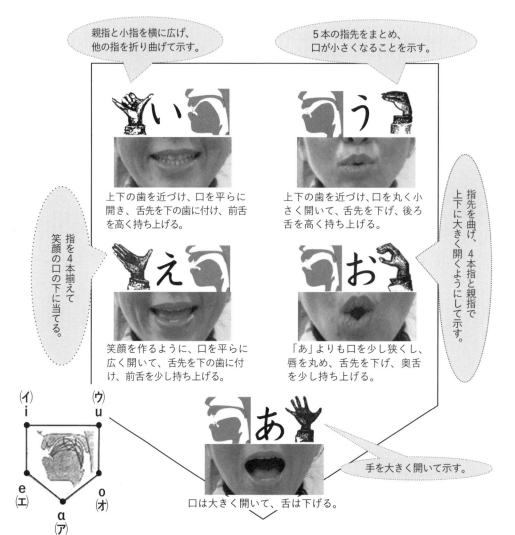

図 3.1　手で示す母音の発音

(2) 母音の発音指導から子音との結びつきを正確にする方法

　フィリピンの一部地域など母音が3音だったり、逆に、母音が6音以上ある国の子どもも、その影響で母音が曖昧になりやすいので、ア段とオ段、イ段とエ段、ウ段とオ段の区別が正確になるように指導します。

① コピーした図3.1を見せ、図中の手の形を示して見せながら発音を聞かせます。
② 子ども自身も手の形を作りながら口をその形に合わせるように意識して発音させます。
③ ア段「あ・か・さ・た・な…」→オ段→ウ段、ア段→エ段→イ段の順で、口の開き方の違いを明確にさせ、口の開き方を確実にします。
④ 鏡で確認させながら行うとわかりやすいです〔図3.2〕。

図3.2　発音指導の工夫

(3) 発音が不正確なものを聞き分ける方法

① ひらがなカードをゆっくり大きな声で読ませ、不自然に聞こえるカードのかなをピックアップします。
② 自分の声が不正確であることは自分では理解しにくいです。いつまでも不自然な発音が続く場合は、録音テープで友達の声と自分の声を聞き比べて練習させます。自分の声が不正確であると、正確な音を聞き分けるのが難しいです。他者の発音を書き取り、聴音ができるか確かめてみると、発音に注意するようになります。

3-1-3　単音での子音の発音

(1) 構音方法を知らせて子音の発音指導をする方法指導ポイント

　表3.2は調音点・聴音法と舌の形(調音者)との関係を示しながら理解させる方法です。この方法は高学年児童と中学生には、表3.2を見せることで理解が早まります。低学年の子どもには、保護者や通訳が同席するときに、保護者や通訳に説明し、メモしていただきながら指導すると、家庭でも練習できます。

　両唇音→歯音→歯茎音→硬口蓋音→軟口蓋音→声門音の順に練習すると違いがわかります。

　日本の発音に馴染めず、母語に影響される混同の多くは、舌先の位置が違うことで起きています。「**日本語は舌先を下へ向けます**」と繰り返し教えることでかなりたくさんの問題が解決します。日本語はラ行以外全て舌先が下を向いています。サ行やツの音が出せない子どもの多くは舌先が上に上がっていることが多いです。中国語の発音や、アルファベットのL，N，R，T，などのある国の子どもに「舌先を下へ」という指示を図示して指導すれば、かなり早く出にくい音が減らせます。

　表3.2は『新版日本語教育事典』(日本語教育学会編　大修館書店　2005)、『発音』(今田滋子・国際交流基金　凡人社　1986)を参考に、子どもに指導しやすい表に作り直しています。図は『増訂言語治療用ハンドブック』(田口恒夫、日本文化科学社　1968)を参考に描き直しています。少し違う分類もありますが、指導のしやすさを優先しました。

表3.2 日本語の子音構音図

[表：調音点（両唇音、歯音、歯茎音、硬口蓋音、軟口蓋音、声門音）と調音法（閉鎖音（破裂音）、摩擦音、破擦音、鼻音、弾き音、半母音）による日本語子音の構音図一覧]

(2) 構音方法を知らせて、難しい子音の発音指導をするポイント

●両唇音

① 「ふ」の音が、アルファベットの「f」になる子どもには、軽く吹くように息を吹き出すことを数回した後、「う」の音を数回繰り返し、吐く息と「う」2つの動作を一緒にすれば音がしっかり出ることを知らせ練習させます。

② 「ぷ」と「ぶ」の音の違いを指導します。
「ぷ」は唇を丸め込むようにして一気に息を出す手本を示します。音が出にくい場合「マ行」の口の形から息を吹き出させるようにします。
「ぶ」は唇を突き出すようにして、唇を親指と人差し指でつまんでから、その唇の形のまま唇に力を入れて、唇の振動音を経験させます。

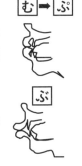

図3.3 両唇音

●歯音

① 「す」の音は歯をしっかり閉じて息を出す音を経験させます。その後に舌先を下に下げた「う」の音を加えて「す」を発音します。「させそ」は「す」の息に「あえお」を言おうとすると適切な音が出ます。

② 「ざずぜぞ」の音は「す」の音を出す時より舌を歯に強く近づけて、息を強く歯に強く当てることで音が振るえます。

③ 「つ」の音は「す」の形より、舌に力を入れ前に押し出します。うまく音が出ない子どもには、発音する前に息を溜めるようにお腹から力を入れる様子を見せて、真似をさせます。

図 3.4　シ⇔チ、ス⇔ツ、ツ⇔チュ
《いずれも後者は前者より舌に力を入れ前に押し出します》

● 歯茎音
① 「し」の音は「す」の音を出す形のまま、唇を「い」の形にして息を出します。
② 「ち」の音は「し」の形より、舌に力を入れ前に押し出します。
③ 「ら行」と「な行やLやR」との混同がある場合違いを教えます。「ら行」は舌先を上に向け、舌先を上歯茎から歯を伝って下前歯へ叩き落すようにします。舌が舌先はRとLの間の位置で準備します。「な行」は舌先が下向きですから、違いは図示が、理解しやすいです。
④ 「つ」と「ちゅ」の混同をなくすためには、舌先に力を入れ、上下の唇を軽く合わせて、口先が開かないようにすれば、「つ」が正確に出せます。

● 硬口蓋音
「ひ」の音は「し」の音を出す準備をしてから、鉛筆を挟む程度に歯を開きます。

● 軟口蓋音
「ん」は後ろの音に影響されます。後ろが母音のとき（本を→ hono）L・M・Nと混同しやすく、後ろの子音の舌先が上がるとき（読んで→ yote）清音化や短縮が起きやすいです。そこで、単音練習時から舌先をしっかり下に付け、1音として拍を数えるよう習慣づけます。

(3) 発声方法の指導で清音・濁音・半濁音の区別を正確にする

　無気音がある中国語・韓国語圏など、すべて有気音である日本語とは違う発声方法（図 3.3. 発声の違い）で発音する言葉の国の子どもには、濁音の発音が難しいです。

　椅子の背にしっかり体を沿わせて、姿勢を正し、深く息を吸い込んでから息を吐く時に（腹式呼吸で）声を出させると早くできるようになります。

　濁音は喉に手を当て、喉の震えを確認させながら発音させるのもいいでしょう。

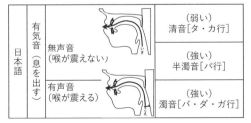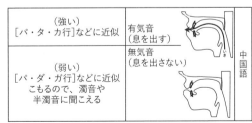

図 3.5　発声の違いによる問題

その他の濁音の発声練習方法は図 3.6 を参照してください。

図 3.6　発声の練習（息の確認方法の例）

3-1-4　連音の表記と発音

　連音の指導で大切なことは聞き違いを減らすことですが、自ら発音できない音は聞き取れないものです。知識が増え、読む力が付くと、多少の音の違いは問題がなくなりますが初期の頃に聞き取る力が遅れると、羞恥心が高くなり、話すことが遅れます。すると、学習理解全体が遅れるので、間違っても、何度も繰り返しながら、楽しく、少しずつ聞き分ける力が付くよう、発音にも力を入れる必要があります。

　節分の日に、来日3ヵ月で転入予定の子どもが来校しました。日本語が少しわかると言うので、外国人を担当した経験のない担任予定の先生が質問しました。
　「おにいさんはいますか。」………「はい、います。」
　「今日はどこにいますか。家ですか？」……「鬼さん監獄にいます。」と答えた子どもに、節分で鬼の話と聞き間違えたのだろうと思いながら、先生が話しを合わせました。
　「鬼さんは悪いからね。」………「いいえ、僕の鬼さんは悪くないです。」
　「それじゃどうして監獄にいるの。」「バスポトが遅いで、おとさんと監獄にいます。」
　「バスポトって？？……、ああっパスポートか。じゃあ、おとさんはお父さんってことだね。なるほど、鬼さんじゃなくてお兄さんか。そうか、そうか、あなたは韓国から来んだ。」「監獄って知っていますか。」手錠のパントマイムで笑いが起きたことがあります。
　転入後、おにさん→おにいさん、おとさん→おとうさん、かんごく→かんこく、と、ミニマル・ペアで聞き取りから指導を始めたのは言うまでもありません。

---

(1) 語彙の習得と併せて連音の指導をする
　拍と長音・撥音・促音の問題　《手拍子・手の動作・音符の長さで》
　① 長音例（おはよう・さようなら・おとうさん・おかあさん・おとうと）等と
　　　　（ケーキ・カレー）等、カタカナ表記との違いを指導します。
　② 促音例（一本・六本・十本、一分・六分・百分、動詞の音便形）等
　　　　　　　　　　　《手拍子・手の動作・音符の長さで》
　③ 撥音例（こんにちは・こんばんは・動詞の音便形）等
　④ ここでも →聞く⇔言う⇔書く⇔読む← を連動させて理解させます。

(2) 帰国・来日後長期にわたる生徒の発音矯正
　① 録音テープなどで、単音や読み取りを確認します。
　② 聞き取りした音の表記練習を繰り返します。
　③ 比較の聞き取りテストで書き取ったり、違いが言えるよう発音練習をします。
　　例（移住・異臭・異種・一種・一緒・一生・衣装・異常・以上・遺書・胃腸）
　　　　いじゅう・いしゅう・いしゅ・いっしゅ・いっしょ・いっしょう・いしょう・いじょう・いじょう・いしょ・いちょう
　④ 使用頻度の高い言葉を用いた文で発音練習をします。
　　例（2年の女の子が担任の先生に言った。）（今日、教室で教科書を使う。）
　　　　　ねん　　　　　　　　　　　　　　　　　　　　きょう　きょう　　　きょう

第2節 漢字の指導

漢字指導を成功させるコツ

漢字指導の極意は、大きく分けて入門期と、漢字量を熟語で増やす増幅期とも言うべき時期の、2つの山があることを知ることです。

漢字だけでなく、教える側で指導は難しいと思うと、子どもは決して学ぶことを楽しみません。

初めて学ぶ子どもにとって大切なことは、初期に、ゆっくりと無理のない速度で教えるのではなく、覚えられるだけガンガン教えてしまうことです。

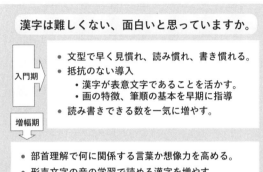

図3.7 漢字導入のコツ

覚えなくてはならないという苦しみではなく、覚えられるという喜びを経験させる工夫が何より大切です。

3-2-1 漢字指導の開始の時期と方法

漢字指導の導入はその時期とその方法が、その後の漢字好きになるかを漢字嫌いになるかを大きく左右します。下記を参考に、より有効な方法を模索してください。

集中力をつける最初の漢字指導

① 板書で筆順「1・2」と数えながら示し、人差し指の指先に神経を集中させ、「1・2」と数えながらそれを空中でなぞらせます。それを1～2度繰り返します。

図3.8 漢字指導

　画数が多いと数えるほうに集中して肝心の筆順が覚えられないので、人偏はカタカナの「イ」など知っているもので示します。

② 目を閉じた状態で再度筆順を空中で書き、覚えたか確認します。

③ 高学年の場合6～10個、低学年の場合2～3個の漢字を覚えてから、初めて紙に書きます。全部書けなくても、いくつか覚えられたら、もう一度繰り返し、成功したら大いに褒めます。

最初の内は、同じ漢字を紙に何回も書き並べると、先に書いた字が見えているので、覚えようという集中力が働きにくく、時間がかかります。さらに、何回も書くことで嫌気がさしてしまう子どもも少なくありません。

漢字の指導を開始する時期

ひらがながある程度定着した頃から始めます。このとき、カタカナが理解できていると、指導しやすいです。

読めることを優先するため、板書はできるだけ早くから学年に応じた漢字混じり文で書きルビを振り、読み慣れるようにさせます。読みがなつきの漢字混じり文を見慣れてから、書く指導に入るほうが意欲は湧きやすいです。

画や筆順はひらがな・カタカナ・漢字の区別に慣れた頃に行うと効果的です。

学習経験の差による漢字指導の開始方法

年齢や学習経験の差によって指導の方法の効果が違います。下記はその参考です。

表 3.3

中学生	① やさしい文字から順番に入ると、難しい文字にぶつかったとき漢字嫌いになる生徒が多い。最初に象形文字の『象』や成り立ちを面白く説明できる『遅』などの興味を引く難しい漢字を織り込む。 ② 一気に覚える力をつけると、苦痛に思わなくなる。
小学校高学年	簡単な数文字を指導した後、中学生と同様に進められる。
学習に慣れない 中学生・ 小学校高学年 と 小学校中学年	① 日本語指導開始3ヵ月をめどに、書けることよりも読めることを目標に、児童生徒の実態に合わせ、慌てず少しずつ指導する。 ② 学年順に覚えると追いかける形になり、嫌気が差しやすい。日記に使うような日常会話の中に出てくる言葉の漢字から始めるほうが興味が持続しやすい。 ③ 音読みの熟語に理解が遅れないように、よく使う熟語で組み合わせの意味と、読みの理解を早める。
小学校低学年	① 早い時期に筆ペンで筆順や画を指導すると興味を持ちやすい。 ② 学校で学習する漢字を、少し早めに覚える方法で教え始めると自信がついて嫌いにならない。

3-2-2　日本語開始初期には漢字の基本と意味を指導

漢字の指導を開始する時期　［表3.5　漢字チェック1-指導.C1対応］

筆順は画の指導と深く関わっています。母国の文字の種類との違いから、たとえば口の字が1画で書く□になってしまうようなケースがあります。早期に指導できると、速くきれいな文字への意識を高めることにつながります。

画や筆順の基本はひらがな・カタカナ・漢字の区別に慣れ、いろいろな漢字で、同じような筆順の説明を何回か繰り返すことがあってから始めると効果的です。

① 筆ペンやフェルトペンのような、鉛筆より太い柄で紙に軟らかく当たる筆記用具で、「押さえ」や「はらい・流し」「はね」の感覚を試させると、漢字への興味・関心が高まりやすいです。

② 図3.9の右側（A～G）の動作を先に指導します。その後に筆を持って押さえる動作を示し、「おさえる」と言いながら運筆を見せます。
③ 画の指導は、1つの画を書く間中ずっと「い～ち」と声を出して筆を進めます。3画の漢字は「い～ち」「に～」「さ～ん」と声を出し書き進めると画数がわかりやすいです。
④ 画にいろいろな種類があり、1画で書く範囲があることを知らせます。
⑤ 筆順は画のすぐ後に指導するとわかりやすいです。
⑥ 筆順の規則は煩雑にならない範囲で教えます。知っている文字で確認しながら、左から右、上から下等、基本的な動作を覚えさせます。

図 3.9
※参考　画の呼び名は下記を参考にしています。
『漢字がたのしくなる本1』太郎次郎社(1989)
宮下久夫・篠崎五六・伊東信夫・浅川満　著

表 3.4
漢字の筆順

1. 左から右へ	川	行	作
	人	八	六
2. 上から下へ	二	三	立
	十	七	木
3. 横が先、たてが後	千	手	毛
4. 外がわが先、底が後	月	雨	高
	口	日	四
5. 交差するたてが先、横が後	王	生	主
	田	曲	美
6. まん中が先	小	水	山
7. 貫く画は後	中	車	筆
	女	母	毎
8. 横が先、左払いが後	左	友	存
9. 左払いが先、横が後	右	有	希

象形文字・指示文字（単位文字）の指導　［表3.5　漢字チェック1-指導.C2対応］

　象形文字は文字が意味を持つことを知らせるのに役立ちます。絵が利用できるので漢字のイメージが定着しやすいです。図3.10は一気に漢字とその語彙と増やす教材です。漢字がいくつあるか数えるのが楽しくて、子どもは大変喜んで漢字を書き出します。複雑なものは板書で正しい字を示してください。
　簡単な象形文字を使って、漢字の成り立ちを指導する方法の1例です。
① 山の絵を示しながら、「やま」と何回か繰り返し言って、生徒に発音させ、漢字で「山」ひらかなで「やま」と書いて示します。
② 初期の間は、筆順指導も各漢字の指導と合わせて行います。

② 初期の間は、筆順指導も各漢字の指導と合わせて行います。

象形文字（ものの形からできた漢字）

漢字はいくつある？

図3.10　象形文字

［表3.5　漢字チェック1-指導.C3.4対応］

指導文にルビ打ち漢字使用

漢字を読み慣れるには、まず見慣れることが必要です。ひらがなを覚えたらできるだけ早く学年相当のルビ打ち漢字（読みがなを表示した漢字）表記にすることが望まれます。

① 指導文に初めて出てくる漢字には全て読みがなを打ちます。
② 訓読みに慣れた頃、音読みと訓読みがあることに気づかせます。
　　例．「四月四日の日曜日、日本人の女の人が四人来た。」
　　　　「三角形の角の内側は角と言います、しかの頭には角が二つあります。」
③ 送りがなが必要なもの（用言）と、不必要なもの（体言）があることを理解させます。

3-2-3　やり直しの漢字指導の開始点 ［漢字のチェック］

漢字がほとんど読めない、あるいは読み間違いが多い場合、また作文などひらがなが並び、漢字がほとんど書けない子どもに出会った場合、どこまで戻ってどのように指導するかを考えなければ、漢字嫌いはなかなか克服できません。

そこで、漢字チェックの方法を2つ示しました。

① 指導中の子どもが漢字嫌いの場合は、指導者自身の指導で欠けている部分がないかを漢字チェック1で確認し、スタートラインを探します。
② 来日1年以上の生徒の指導は、日記・作文や書き取りテストで書く力のチェックを、また、教科書などを読む機会に読む力のチェックをし、スタートラインを探します。
③ 基本にまで戻る必要を見極めるには、当該学年より1, 2年下げた学年の国語の教科書を利用してみると判断がしやすくなります。

◎漢字チェック１

表3.5

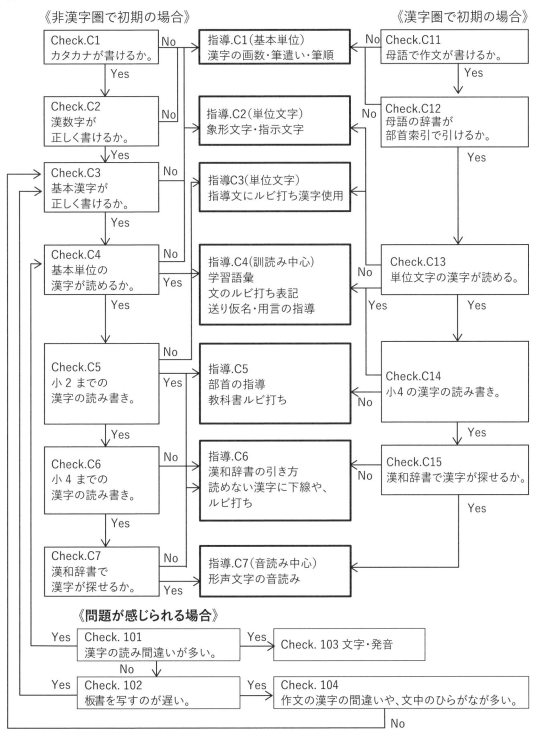

◎漢字チェック2

　表3.6は小学1～3年で学習する漢字を、意欲を出して確認できるよう149字を選んで、画と筆順で整理をしたものです。読める漢字、熟語が作れる漢字がいくつあるか、筆順と共に確かめさせるときに使ってください。

　まず形を表す象形文字や位置を示す指示文字、計117字で、字画と筆順を確認させます。さらに組み合わせで文字は増えます。次に、形の意味を合わせた会意文字を中心に32字で、文字のおもしろさをもう少し、子どもに指導してみましょう。

表3.6　低学年で学習する漢字の画と筆順チェック表

筆　順	止める-横線 止める-縦線 払う-斜め線	押さえる-点 はねる-点 はねる-斜め線 流す-点	止める-角かぎ 払う-斜め線 流す-縦線	止める-角かぎ	はねる-角かぎ はねる-縦線	流す -斜めかぎ はねる -斜めかぎ	手かぎ くの字 つり針 乙　画	筆順の応用
上から下へ	1 二 2 三 3 工	16 下 17 耳		42 魚 43 豆 44 言	68 高	85 弓 86 考	104 己	118 森 119 世 120 兄
左から右へ	4 一 5 川	18 州 19 立			69 行 70 門 71 竹		105 心	121 美 122 無 123 取 124 休
左払いが先 ・左払いが先、右払いが後 ・短い左払いが先、長い横画が後	6 八 7 人 8 入	20 火 21 六 22 交	32 文	45 右		87 表 88 秋		125 有
横が先 ・横が先、縦が後、底は最後 ・横先、左払いが後 ・角かぎが先、左払いが後 ・短い横線が先、長い左払いが後	9 十 10 千 11 土 12 大 13 天	23 米 24 来 25 犬	33 木 34 本 35 末 36 矢 37 戸 38 尺 39 左	46 石 47 岩	72 寸	89 方 90 万 91 刀 92 刃 93 友	106 七 107 毛 108 手 109 食	126 北 127 春 128 寺 129 東 130 区 131 皮 132 尿 133 危
横画が後	14 至	26 玉 27 主		48 五 49 田		94 麦 95 角 96 馬	110 九 111 長	134 生 135 青 136 集 137 注
真ん中が先 ・底は後	15 上	28 走 29 足		50 止 51 山 52 出 53 正	73 小 74 少 75 示	97 水	112 糸 113 光	138 遊 139 歩 140 金
外側が先 ・底は後				54 口　55 回 56 皿　57 血 58 四　59 白 60 日　61 西 62 目　63 貝 64 自　65 首 66 音	76 円 77 月 78 雨 79 羽 80 内 81 肉 82 向	98 夕 99 多 100 鳥	114 象	141 園 142 国 143 百 144 風 145 買 146 臭 147 南
貫く縦画は後 貫く横画は後		30 牛 31 羊	40 中 41 車	67 虫	83 舟 84 冊	101 力 102 市 103 母	115 女 116 子 117 字	148 年 149 筆 意欲!

3-2-4　意味がつかめる漢字が増えたら熟語を一気に増やす

　会話ができ、漢字の訓読みが少し書けると、日常生活ではさほど問題を感じなくなりますが、熟語が読めないと、小学4年頃から高学年になるほど、授業理解や学力向上が苦しくなります。

> 　ある日系人の多住地域から転校してきて、日本語には問題ないと豪語していた中学3年の生徒が、1ヵ月たったある日、自分も高校に行きたいから勉強を教えてほしいと申し出てきました。国語の教科書を読ませると、知っている訓読みで熟語を読み始めました。最初の2、3行を読むのにほとんどの漢字の読みを訂正しなければならず、上下2段組みになっている文の1ページ目の上段を何度も詰まりながら読み終えた時、下段に進まず次のページに読み進めようとしたので、驚かされたことがあります。
> 　しかし、漢字の読みがわかり、2、3回すらすら読めるようになってから、国語の授業に臨んだ後、
> 　「読めるようになると授業って結構楽しいなあ。初めて知った。ここの学校の生徒は得だよな。5年間ずっと国語は聞いてもわからなかったからなあ。損してた。俺こんなに勉強したのも初めてだけど、わかったら嬉しいよな。皆が日本語教室へ行けと言ってた意味なんとなくわかった。前の学校では、俺より勉強わからんやついっぱいおったから、勉強できなくっても気にならんかったけどなあ。俺も高校行けるかなあ。」と言いました。
> 　意外に内容の理解は早くできたのです。聞いて理解する力があったにもかかわらず、読めなかったために、その力を学力につなげられていなかったのです。

　文を読むことに早く慣れるように、当該学年より低学年用の読みがな（ルビ）打ちのある本をたくさん準備し、親しみやすい物語文などで読むことに慣れる機会を増やすことが必要です。
　また、指導は下記のような配慮を加えると習得が早まります。

部首の指導　　［表3.5　漢字チェック1-指導.C5対応］

A．教科書の漢字に読みがなをつけるよう学級生徒に協力させます。
　① 漢字に読みがなを打っていなければ、漢和辞書を引いて読みがなを確認しないと、母語辞書が引けないことを学級生徒に理解させ、ボランティアを募ります。
　② 授業で学習する前に予習できるよう、早めに行わせます。
B．日記の添削指導で漢字量が自然に増やせるようにします。
C．部首の指導は、「へん・つくり・かんむり・かまえ・たれ・にょう・あし」の区別と、よく使う部首などについて指導します。辞書学習につながるよう、部首の画数についても復習させます。

漢和辞書の引き方　　［表3.5　漢字チェック1-指導.C6対応］

A．総画索引・部首別索引・音訓索引をそれぞれどんなときに使うかを指導します。
B．それぞれの漢字についての記載事項を確認させ、辞書の見方を指導します。

| 形声文字の音読み | ［表3.5　漢字チェック1-指導.C7対応］|

A．会意文字や形声文字の存在に気づかせます。
① 「木」は「林」・「森」・「休む」等の会意文字に変身。
② 「木」は「枯（木が古いと枯れる）」・「柱（主になるのが柱）」・「板（木が反るのが板）」等の部首に変身することを知らせると、漢字の意味がわかって興味を持ちます。
③ 「古（こ）」は「枯（こ）」「固（こ）」「個（こ）」「湖（こ）」などのように、音読みの音に変身することを知らせると、音読みがわかりやすくなります。

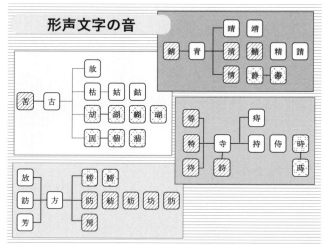

図 3.11　形声文字の音

④ 低学年用の読みがな付きの物語文・詩などを読む機会を増やします。

B．熟語の成立ちに気づかせます。知識として知らせるのでなく、構造の面白さを知らせます。
① 主述の関係　　地震（地が震う）　　変色（色が変わる）　　開花（花が開く）
② 修飾の関係　　早朝（早い朝）　　　海水（海の水）　　　　笑顔（笑う顔）
③ 並列の関係　　学習（学び習う）　　生活（生きて活きる）　重大（重く大きい）
④ 補足の関係　　乗車（車に乗る）　　音楽（音を楽しむ）　　出力（力を出す）
⑤ 認定の関係　　非常（常でない）　　不正（正しくない）　　無力（力がない）

3-2-5　漢字の特性から教科の弱点を強化

(1)　漢字力診断カードと、漢字力判断レーダーチャート

　教科の学習は、漢字の理解が大きく影響します。教科によっても漢字の特徴は少し違いがあります。「数」という漢字だけでもたくさんの熟語がある数学、受け身（〜れる・られる）が多い社会科、自動詞（〜がどうなる）・他動詞（〜をどうする）の区別の必要な理科など、1つの漢字だけで意味が判断できない場合も多いです。そこで、日本語での教科の理解を速めるためには漢字の特性をつかむことが必要になります。

　92ページから95ページで紹介する「**漢字力診断カード　学習対応**」は「図 3.12 日本語力判断基準表及び診断カード・シートの構造図」で示す内容の「補習授業校のための日本語力判断基準表及び診断カード」（神戸大附属住吉校国際教育センター 2006. 3）の中から転載しました。漢字診断カード(学習対応)はその構造図で示すように、日本語側からの3種類の診断カードの内の1つです。これは、『INTERMEDIATE KANJI BOOK』vol.1 の考え方を参考に学習に対応させたものです。

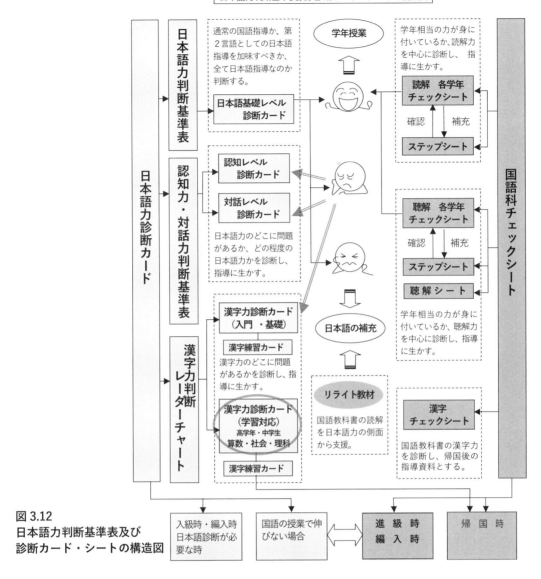

図 3.12
日本語力判断基準表及び
診断カード・シートの構造図

漢字力診断カード　学習対応（算数・社会・理科）とは

1. 対象者……………小学 6 年以上、中学 2 年まで。日本語レベル配慮なし。
2. 漢字選定基準……小学校全学年配当の漢字を対象。ただし 6 年後期に各教科で学習するものは含みません。診断を実施するだけで、教科の各領域のキーワードがふんだんに学べるようにしてあります。
3. 利用場面…………漢字学習に興味を失い、学力の伸びが止まっている子どもの意識喚起に効果を発揮します。
4. 設問………………各観点ごとに 4 問の設問があります。レーダーチャートへの得点の記入法は得点表に記載しています。6 つの観点①意味　②語構成　③字形・書き　④用法　⑤文脈の見方は、後述 96 〜 97 ページの学習対応漢字力診断結果の見方に記述しています。

漢字力診断カード 学習対応
算数・数学には強いかな？   氏名＿＿＿＿＿＿＿

もんだい① なかまじゃないものに まるをつけましょう。

1 計算の答えのなかま	2 分数のなかま	3 かぞえるなかま	4 四角形の特徴のなかま
1．周　　4．商 2．積　　5．差 3．和	1．分母　4．通分 2．分子　5．約分 3．検分	1．回数　4．人数 2．個数　5．分数 3．度数	1．直径　4．頂点 2．平行　5．辺 3．対角線

もんだい② 【 】のかんじが はいるところに まるをつけましょう。

1 【点】	2 【等】	3 【数】	4 【公】
小↑数↑以↑下 　1　2　3　4	二↑辺↑三↑角↑形 　1　2　3　4	総↑観↑客 　1　2　3	最↑大↑約↑数 　1　2　3　4

もんだい③ ひらがなに あうものに まるをつけましょう。

1 ジュースを はんぶんに わけました。	2 おれ線グラフ	3 1、2、3などを せいすう という。	4 ししゃごにゅう
1．羊分　4．本分 2．半分　5．本文 3．半文	1．祈　4．折 2．析　5．近 3．圻	1．正数　4．生数 2．整数　5．清数 3．成数	1．四捨五入　4．四拾五入 2．四捨五人　5．四拾五人 3．四者五人

もんだい④ あてはまるのに まるをつけましょう。

1 ＿ね合わせる。	2 ＿いてみよう。	3 ＿め方	4 等＿大きさに分ける。
1．数　4．多 2．長　5．重 3．動	1．引　4．長 2．表　5．算 3．数	1．考　4．使 2．比　5．解 3．求	1．い　　4．しいく 2．しい　5．しく 3．しな

もんだい⑤ 【　】に はいるものに まるをつけましょう。また、そのよみ方を 下に かきましょう。

1 次の問題の【　】を書き、計算をして、答えを求めましょう。	2 三角【　】を使って垂直な線を引きましょう。	3 半径10cmの円の【　】は、およそ314cm²です。	4 定価千円の皿を2枚買って、【　】を払いました。
1．位　4．暗算 2．単位　5．検算 3．式	1．法　4．方法 2．計　5．定規 3．形	1．直径　4．体積 2．円周　5．面積 3．中心	1．代金　4．売りね 2．金額　5．仕入れね 3．貯金
よみ方＿＿	よみ方＿＿	よみ方＿＿	よみ方＿＿

もんだい⑥ よみ方を 下に かきましょう。

1 ₁表に₂表しましょう。	2 ₁数を₂数えましょう。	3 ₁両方の₂見方を考えましょう。	4 ₁二日間とも₂二時間走りました。
1．＿＿＿ 2．＿＿し	1．＿＿＿ 2．＿＿え	1．＿＿＿ 2．＿＿＿	1．＿＿＿ 2．＿＿＿

解答

| もんだい❶ | 1 | 2 | 3 | 5 | 4 | 1 | もんだい❷ | 1 | 2 | 2 | 1 | 3 | 4 | 4 | 2 |
| もんだい❸ | 1 | 2 | 4 | 3 | 2 | 4 | 1 | もんだい❹ | 1 | 5 | 2 | 1 | 3 | 3 | 4 | 2 |

もんだい❺ 1 3 しき　2 5 じょうぎ　3 5 めんせき　4 1 だいきん

もんだい❻ 1 ひょう　あらわ　2 かず　かぞ
　　　　　3 りょうほう　みかた　4 ふつかかん　にじかん

図 3.13

漢字力診断カード 学習対応
社会科には強いかな?

氏名＿＿＿＿＿＿＿＿

もんだい❶ なかまじゃないものに まるをつけましょう。

1 産業のなかま
1. 農業　4. 漁業
2. 工業　5. 作業
3. 商業

2 日本の大きな島のなかま
1. 北海道　4. 信州
2. 四国　5. 九州
3. 本州

3 昔の道具のなかま
1. 鉄器　4. 土器
2. 楽器　5. 石器
3. 青銅器

4 土地の様子のなかま
1. 平野　4. 湾
2. 山脈　5. 海流
3. 半島

もんだい❷ □ にはいるものに まるをつけましょう。

1 □─平等／作／衛生／自由
1. 非　2. 不　3. 未　4. 無

2 国/町/村/県/市─□
1. 人　2. 長　3. 民　4. 者　5. 員

3 □─高／額／量
1. 情報　2. 伝達　3. 機械　4. 生産　5. 消費

4 図書／公民／児童／博物─□
1. 館　2. 院　3. 局　4. 所　5. 室

もんだい❸ ひらがなに あうものに まるをつけましょう。

1 <u>しんぶん</u> を読みます。
1. 新間　4. 親分
2. 新聞　5. 新文
3. 親聞

2 <u>すいがい</u> に備える。
1. 水害　4. 水外
2. 氷害　5. 水寒
3. 氷害

3 <u>とうこうせん</u> で山の形が分かった。
1. 等行線　4. 等高線
2. 登校線　5. 登行線
3. 登高線

4 徳川家に <u>つかえる</u>。
1. 支える　4. 使える
2. 任える　5. 付かえる
3. 仕える

もんだい❹ あてはまるのに まるをつけましょう。

1 【　】われます。
1. 捨　4. 用
2. 作　5. 使
3. 売

2 【　】ばれます。
1. 運　4. 動
2. 働　5. 積
3. 治

3 【　】いられた。
1. 買　4. 命
2. 築　5. 伝
3. 率

4 取り【　】られた。
1. 入　4. 入れ
2. 引き　5. 引かれ
3. 込ま

もんだい❺ 【　】に はいるものに まるをつけよう。また、そのよみ方を 下に かきましょう。

1 田や畑でとれた【　】を出荷する。
1. 作物　4. 生物
2. 植物　5. 荷物
3. 農物
よみ方＿＿＿＿＿

2 環境を守る【　】をしています。
1. 観光　4. 調査
2. 原因　5. 自然
3. 資料
よみ方＿＿＿＿＿

3 日本から海外に商品を【　】する。
1. 生産　4. 製造
2. 輸入　5. 輸出
3. 消費
よみ方＿＿＿＿＿

4 日本の主な【　】相手国はどこでしょう。
1. 貿易　4. 放送
2. 防災　5. 公益
3. 貿易
よみ方＿＿＿＿＿

もんだい❻ よみ方を 下に かきましょう。

1 ₁<u>図書館</u> で ₂<u>地図</u> を見た。
1＿＿＿＿＿
2＿＿＿＿＿

2 ₁<u>大名</u> の ₂<u>名前</u> を覚えた。
1＿＿＿＿＿
2＿＿＿＿＿

3 ₁<u>漁船</u> で ₂<u>漁</u> に出た。
1＿＿＿＿＿
2＿＿＿＿＿

4 ₁<u>郵便</u> で ₂<u>便利</u> になった。
1＿＿＿＿＿
2＿＿＿＿＿

解答

もんだい❶ 1 5　2 4　3 2　4 5　　もんだい❷ 1 2　2 3　3 4　4 1
もんだい❸ 1 2　2 1　3 4　4 3　　もんだい❹ 1 5　2 1　3 3　4 4
もんだい❺ 1 1 さくもつ　2 4 ちょうさ　3 5 ゆしゅつ　4 3 ぼうえき
もんだい❻ 1 としょかん　ちず　2 だいみょう　なまえ
　　　　　3 ぎょせん　りょう　4 ゆうびん　べんり

図 3.14

漢字力診断カード 学習対応
理科には強いかな？

氏名＿＿＿＿＿＿＿＿＿

もんだい❶ 【 】の 中の ことばの なかまに まるを つけましょう。

1 【天気、気温】
1. 元気　4. 生気
2. 気象　5. 気配
3. 気分

2 【作用点、力点】
1. 論点　4. 観点
2. 地点　5. 支点
3. 頂点

3 【胸、腹、胃、腸】
1. 肺　4. 沸
2. 肥　5. 有
3. 服

4 【種子、根毛】
1. 発芽　4. 受粉
2. 養分　5. 呼吸
3. 子葉

もんだい❷ □に はいるものに まるを つけましょう。

1 血／消化／試験 ─□
1. 管　2. 水　3. 器　4. 球

2 □─向／位／法
1. 日　2. 水　3. 方　4. 実

3 水／逆／電 ─□
1. 力　2. 流　3. 圧　4. 質

4 □─光／熱／生
1. 発　2. 電　3. 先　4. 受

もんだい❸ ひらがなに あうものに まるを つけましょう。

1 水が こたい に変化したら氷になる。
1. 固体　4. 個体
2. 古体　5. 湖体
3. 困体

2 予想した じっけん の結果を記録しよう。
1. 実検　4. 実研
2. 実権　5. 実験
3. 実見

3 方位 じしん の南北に合わせる。
1. 自信　4. 磁針
2. 地震　5. 地神
3. 時針

4 かんさつ しましょう。
1. 観際　4. 館察
2. 観祭　5. 館祭
3. 観察

もんだい❹ あてはまるのに まるを つけましょう。

1 向きを【 (1) 】と、速さが【 (2) 】。
(1) 1. 変わる　4. 返す
　　2. 変える　5. 返る
　　3. 変る
(2) 1. 変わる　4. 返す
　　2. 変える　5. 返る
　　3. 変る

2 【 (3) 】た 液を、さらに【 (4) 】ておく。
(3) 1. 冷し　4. 冷まし
　　2. 冷　5. 冷めし
　　3. 冷たい
(4) 1. 冷く　4. 冷たく
　　2. 冷え　5. 冷たい
　　3. 冷やし

もんだい❺ 【 】に はいるものに まるを つけましょう。また、そのよみ方を 下に かきましょう。

1 【　】の方位を調べる。
1. 東西南北　4. 東南西北
2. 東南西北　5. 東北西南
3. 東西南北

よみ方＿＿＿＿＿＿＿

2 1日の気温の【　】を記録する。
1. 観測　4. 計画
2. 実験　5. 変化
3. 計測

よみ方＿＿＿＿＿＿＿

3 【　】とは、電気を起こすことです。
1. 電磁石　4. 電流
2. 発電　5. 回路
3. 電池

よみ方＿＿＿＿＿＿＿

4 呼吸には空気中の【　】が必要です。
1. 酸素　4. 養分
2. 水素　5. 塩分
3. 二酸化炭素

よみ方＿＿＿＿＿＿＿

もんだい❻ よみ方を 下に かきましょう。

1 岩石に₁小石 と₂化石 が混ざっていた。
1＿＿＿＿＿
2＿＿＿＿＿

2 ₁植物 を₂食物に する動物がいます。
1＿＿＿＿＿
2＿＿＿＿＿

3 ₁注意 しながら試験管に₂注ぐ。
1＿＿＿＿＿
2＿＿＿＿ぐ

4 ₁熱して ₂熱くなる 様子を調べる。
1＿＿＿＿して
2＿＿＿＿くなる

解答

もんだい❶ 1 2　2 5　3 1　4 3　　もんだい❷ 1 1　2 3　3 2　4 1

もんだい❸ 1 1　2 5　3 4　4 3　　もんだい❹ 1 (1) 2 (2) 1　2 (3) 4 (4) 3

もんだい❺ 1 3 とうざいなんぼく　2 5 へんか　3 2 はつでん　4 1 さんそ

もんだい❻ 1 こいし　かせき　2 しょくぶつ　しょくもつ
　　　　　3 ちゅうい　そそ　4 ねっ　あつ

図 3.15

漢字力診断カード 学習対応編
レーダーチャート

氏名	

		算数	社会	理科
❶ 意味	各25点×4問	／100点	／100点	／100点
❷ 語構成	各25点×4問	／100点	／100点	／100点
❸ 字形・書き	各25点×4問	／100点	／100点	／100点
❹ 用法	各25点×4問	／100点	／100点	／100点
❺ 文脈からの選択・読み	漢字各12.5点×4問 読み各12.5点×4問	／100点	／100点	／100点
❻ 読み	読み各12.5点×8問	／100点	／100点	／100点
	合　計	／600点	／600点	／600点

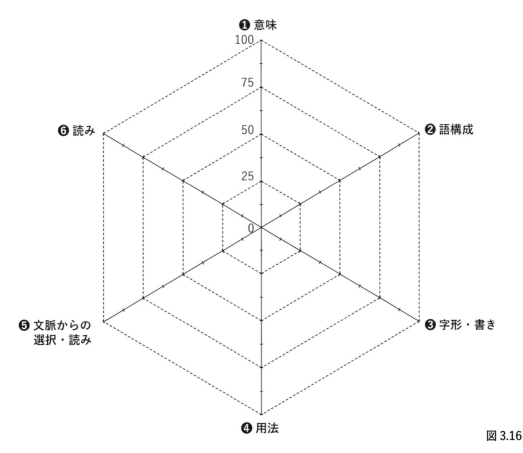

図 3.16

漢字力診断カード　診断結果の見方

漢字は形と音から成り立つ文字としての特性と、意味・用法が成り立つ言葉としての特性を持っています。

"漢字診断博士"図の目のように、形と音が、文字としての特性を形成しています。文字として知らなければ読めず、読めても意味がわからないこともあります。これは、漢字が単に記号ではなく、独自が持つその意味と用法によって、言葉として成立っているからです。

図3.17

つまり、言葉としての漢字を知らなければ文の意味が理解できないと言うことになります。漢字は、形・音・意味・用法の軸を中心に、右の"漢字診断博士"の目も上下に回転しており、漢字は形・音・意味・用法が、それぞれ交互に結びついて、文字が語彙として、言葉としての力を発揮します。

この診断は小学6年生までに学習した算数・社会・理科の漢字で作ってあります。各教科の漢字の特性ごとに漢字力を測定し、レーダーチャート（グラフ）を用いて弱点を判断します。漢字が苦手という人も、漢字の特性に理解を深めることで、漢字について学習できていない側面を把握し、学習法につなげることができます。

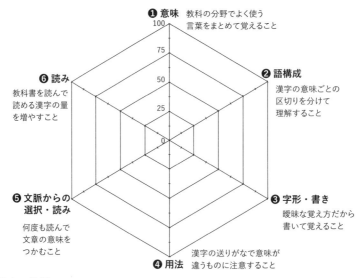

図3.18　漢字の特性

上記の漢字力診断カードで算数、社会、理科の漢字力をある中学1, 2年の全生徒に実施しました。レーダーチャートで9種類の傾向に分類した結果、各教科の学習方法の特徴が学力にも影響していると考えられました。その特徴を学習法の参考に示したものです。□は日本語学習生の傾向です。

漢字レーダーチャートから見た学習法

①どの教科も全体に大きく広がっています。今後の学力向上が期待できます。

②教科によって上方が欠けています。なんとなく全体が読み取れても個々の意味がわからないものをそのままにしていませんか。教科の学習分野ごとに、言葉の意味をまとめて覚えると学力が向上します。

③何かの教科で左下方が欠けています。言葉をばらばらに覚えず、苦手な教科の教科書を何度も読み、文全体の意味をしっかりつかんで勉強するといいですね。わからないときはどんどん質問もしましょう。

④右下の広がりが不足です。書かずに、見るだけ、眺めるだけ、読むだけの勉強をしていませんか。書いて初めて正確になります。

⑤全体に上下の広がりが不足しています。一生懸命努力しているのに、学力が伸びないということはありませんか。漢字の意味や使い方がよくわからないままに、読み、理解しようとしています。

⑥何かの教科の広がりが不足しています。苦手な教科も他の教科と同様な勉強をすればもっとのびる人です。

⑦下方が全体に不足しています。授業は知っている単語の量で理解していますが、きちんとした国語力が身に付いていません。長い文できちんとした話し方をし、書く習慣をつけるよう心がけましょう。

⑧どれかの教科が中心部を通っています。全部を解答できていません。問題を速く読み切る学力、集中力、基礎学力のどれかに問題があります。最後までもう一度チャレンジしてもできなければ先生に相談しましょう。

⑨全体に広がりが小さく、下方に少しのびています。日本語学習の会話の初歩が終了した人の傾向です。知っている漢字量がまだ少ないので、学習のための言葉の量を増やし文になれることが大切です。

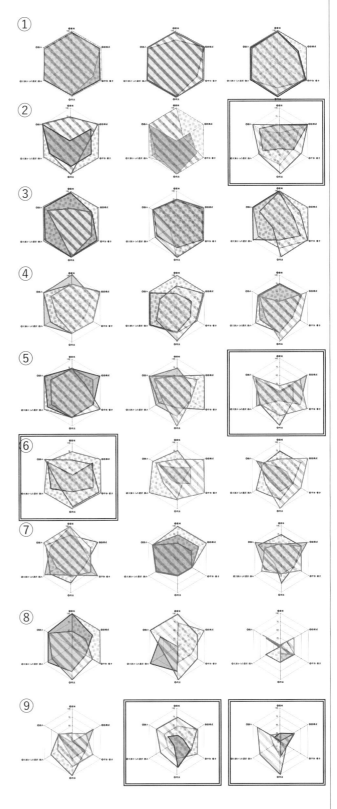

図 3.19

(2) 漢字の特性を生かしたクイズづくり

漢字の持つ特性を生かして漢字のクイズを作成する方法です。

①意味、②語構成、③字形(部首)、④書き(単字)、④書き(熟語)、⑤用法(品詞)、⑥用法(送りがな)、⑦文脈から漢字選択、⑧文脈からの読み、⑨読み(単字・訓)、⑩読み(熟語・音)、⑪音読み(同音・形声)の観点で問題作成例を示しています。下記の表は、その作り方の基礎をまとめたものです。学習者の弱点強化の参考にしてください。

表3.7 漢字の特性を生かしたクイズ作成法

	要素	内容	方法	具体例	問題例
字形と意味の結びつき	①意味 meaning	類義の漢字と類義語 反義の漢字と反義語 中心義と派生義	同義語探し	週末≒土曜日 筆算≒計算	N極にくっついているカードの反対のカードをS極に書きましょう。
			対義語探し	行く⇔来る 出る⇔入る	
		意味による分類 意味的な構造 (部首)による分類	上位語・下位語のグループ分け	方角(東西南北) 季節(春夏秋冬) 位置関係(上下左右) 家族(父母・兄弟姉妹) 曜日、身体部分	
		象形文字、指事文字、会意文字などの成り立ち	象形文字探し 会意文字当て	田んぼで力しごと→男 市場に行く女→姉	文字探し
造語性への着目	②語構成 word structure	接辞的用法	接頭語	(非、不、未、無)	1. 記念写真（記・念・写真／記念・写・真／記念・写真） 2. 魚市場（魚・市場／魚・市・場／魚市・場） 3. 読書生活（／／） 4. 県立図書館（／／） 5. 温度計（／／）
			接尾語	(者、家、人、手、長、員) (的、風、式、性)	
		語構成	意味単位での区切り方	何/時 間/目、 補習/授業/校、 自動/販売/機、 地下鉄/発車/時刻表	学級文庫、生活大図鑑、明治時代、登場人物、読書生活、共通点、飛行機、練習帳、低学年、東京行標準出発時刻予定表
		熟語の造語成分への分解 複合アクセント、連濁などの音変化		箱→本箱、筆箱、靴箱 袋→紙袋、小袋、ごみ袋 何本、一本、二本 何匹、一匹、二匹	ないのはどれ 本、木、小、草、筆、紙
字形	③字形 (部首) shape	字形的構造	違い探し	(甲、田、由、中、申) (夫、天、大、太、犬)	
			漢和辞典の部首探し 部首と作りの組み合わせ 部首グループ	(板、坂、披、扮) (徒、従、徙、徘、徠)	「にんべん」極と「いとへん」極にくっついてできる漢字を答えましょう。
		筆順・画数	筆順確認	この点は何画目？ どちらが先 「火」人 ″	右の四字が別の漢字になる部首はどれ 糸 イ 木 【己、及、氏、田】 糸 イ 木 【毎、寸、木、反】
書き	④書き (単字) writing	名詞、形容詞、形容動詞 動詞	漢字選択 書き取り	かわ→川 とおる→通る みじかい→短い 小【a.い b.し しい c.きい d.さい】 食【a.る b.べる c.む d.く】	1. ケーキを はんぶん たべました。 {a. 本文 b. 本分 c. 半分 d. 半文} 2. そこをとおりました。 {a. 十 b. 通 c. 遠 d. 透}
	⑤書き (熟語) writing	サ変動詞(する動詞)、漢語-形容動詞、名詞	熟語の成り立ち	使い用いる→使用 用がある事→用事 急な用→急用 の、な、するのどれを使う しけん→試験の日 かんせいする→完成する日 あんぜんな→安全な日	熟語でしりとり どう使う 多く用いる→多用する いつも用いる→常用する 一緒に用いる→共用する

	要素	内容	方法	具体例	問題例
意味と用法の結びつき	⑥文脈から漢字選択 choice from context	意味・使用場面による分類 文脈による漢字語の選択	同音異義語 紛らわしい漢字 接頭・接尾語 部首、等	{暑い、熱い、厚い} 日に {暑い、熱い、厚い} お茶を飲む。 {店主、店手、天主} が上手に選んだ。 話し合いで私の意見は {不定、否定、非定} された。	無・ ・提出 消費・ ・性 未・ ・公平 酸性・ ・雨 非・ ・関心 文化・ ・的 不・ ・公式 人間・ ・税
	⑦用法（品詞）usage	漢字語の用法（品詞）による分類	活用語尾 動詞、形容動詞、名詞の文法の区別	元気 な（ ） にする（ ） だ。（ ） 運転 の（ ） する（ ） －（ ）	なかまがちがうのはどれ 1. 美しい、楽しい、悲しい、私 2. 打つ、走る、必ず、見る 3. 寒い、暑い、冷たい、元気 4. 速さ、重さ、流れ、働く 5. 読む、本、書く、考える
	⑧用法（送りがな）usage	活用語として用いる場合の送りがな	動詞・形容詞の活用	（始） ―めない ―めます ―める ―めれば ―めよう	正しいものを選びましょう。 (a. 温たたかい b. 温たまる c. 温める d. 温る) 送りがなを書き入れましょう。 書＿＿た、帰＿＿た、変＿＿た、 見＿＿た、上＿＿った
	⑨文脈からの読み reading from context	文脈による漢字語の読み	知らない漢字を含んでも文意から読める	社会科で中国の|歴史|を勉強している。 |冷|ました湯を、さらに|冷|やして氷にした。	言葉を選んで文を作りましょう。 卵、話題、目の色、時 夜明け、家、大事、初心、静まり 卵がかえる □にかえる □□をかえる □□にかえる □□かえる □□□をかえる
字形と音の結びつき	⑩読み（単字・訓）reading	音と訓 同訓、同音の漢字、漢字語 *漢字音の特徴	ただの読み 似た漢字の比較 同訓の漢字比較 同音の比較	きょうは、雪が ふっています。 {a.あめ b.ゆき c.みず d.くも} 厚い 暑い 熱い 変わる 換わる 代わる 替わる	1. 一等賞をとる 5. 五目ずし 2. 二者択一の問題 6. 六日間泊まる 3. 三角定規を使う 7. 七日目の朝 4. 四人が集まった 8. 前から八番目 9. 十字路に出る
	⑪読み（熟語・音）reading		ただの読み 複数の読み方 音が同じ漢字	同じ読み 直角（直径、直感） 直接（直線、直方体、直立） 読みが同じもの探し 行（子、午、高、国） 会議（義、期、機、辞）	終わりのない音読み しりとりで読みましょう。 拍手→種子→史実→ 実行→行進→進化→ 価格→確信→信号→ 強引→印刷→刷新→ 拍手 芸能力 人情
	⑫音読み（同音・形声）On-reading	形声文字の音符	濁音・清音の区別 形声文字の音、似ている漢字で違う音選び	音記号の 読みが違うもの探し {放、法、忘、訪、方} 反転 {版画、板書、販売、赤飯、違反、出版}	濁音はどっち 1. 半角・半額 2. 半月・判決 3. 予報・予防 4. 台風・台車 読みましょう 1. 青年、精神、晴天、清流 2. 白鳥、拍手、舶来、画伯

各要素の問題の難易度をそろえ、10点満点で配点し、レーダーチャートに記してみると、漢字習得の弱点が明確になります。

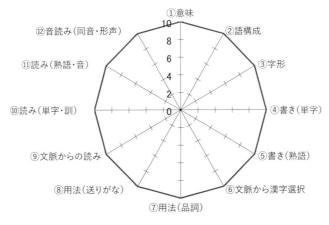

図 3.20 レーダーチャート

3-2-6　漢字圏の子どもの漢字指導

(1) 日本語の習得に影響する漢字

　中国・台湾で漢字を母語として習得している子どもや、韓国で漢字を学習してきた子どもは、日本の漢字に早く馴染める一方、母国で使用していた漢字の違いや漢字に託された意味の違いに注意が必要なことがいくつかあります。また、漢字の持つ意味を知っているために、日本での読みを疎かにしてしまい、日本語に馴染むのが遅れることがあります。

A．漢字圏であることの影響
　① 言葉の意味がわかると読み方を覚えずに済ませる。
　② 漢字や意味の違いに混乱がおきたり、不注意に使用したりする。
　③ 漢字の読みの種類に馴染みにくい。

B．注意が必要な中国の漢字
　① 中国語と日本語で漢字や熟語の意味が一部または全部違うもの

例

漢　字	工作	地方	汽车	东西	左右	勉强
（日本の漢字）	工作	地方	汽車	東西	左右	勉強
中国語の意味	仕事	場所	自動車	品物	約	無理強いする

表 3.8

　② 熟語の順序が逆になっているもの（釣魚、介紹、熱情、奮発）
　③ 微妙に違うがよく似た漢字

例

中国の字	压	况	写	浅	鱼
日本の字	圧	況	写	浅	魚

表 3.9

　④ 上と下、前と後（后）、表と裏、来と行（去）等の言葉の使い方
　　（午前⇔上午、下月⇔来月、一昨日⇔前天）

C．注意の必要な日本の漢字例
　① 漢字の読みで種類の多いもの（日：にち・じつ・ひ・び・か）
　② 字訓の違いで意味の違うもの（角：かく・かど・すみ）

(2) 漢字圏の子どもの漢字指導

　日本語導入初期の指導では上記のような言語間の干渉を避けるため、以下のような注意が必要です。
　① 言葉はひらがなで記憶してから、漢字と照合する順序で指導します。
　② できるだけ大きく丁寧な楷書で書かせると、微妙な違いが発見しやすくなります。
　③ 画や筆順は日本と違っていることや、学習していない場合もありますが、特に文字として不自然でなければ問題とは言えません。文字が不自然に感じられるようであれば、日本の筆順の大まかな規則を指導したほうが良いでしょう。
　④ 漢和辞典を利用する際、画数が違う場合があります。もし、探しだせない場合は画数に、1～2画の誤差があるかもしれないと考えるようにさせれば解決します。

第3節　習得しにくい文型の指導

3-3-1　初期の文型習得と会話上の困難点

　文型にある助詞や語順を理解し、その組み立て方を正確に習得することは、聞いたり読んだりするときに、他者の文章の意味を正確に把握する力となります。会話だけで日本語を学んだり、不十分な理解のまま感覚的にその文型の成り立ちを身につけていると、聞き違いでトラブルを増やし、読み違いで学力の伸びを妨げられることになります。

　母語との語順の違いによる語順の移動については既に第❷章第2節（2-2-3）で述べましたが、母語に頼ろうとするため語順以外にも混乱が起きることがあります。指導手順だけでなく指導方法にも工夫が必要です。

A．母語にないもの、用法が違うものの理解が必要です。
① 助詞の欠落や不必要な助詞の挿入、母語での用法と違う助詞の使い分けを教えます。
　　いつまでも間違いやすい助詞は、図を使って整理し、違いを教えます。

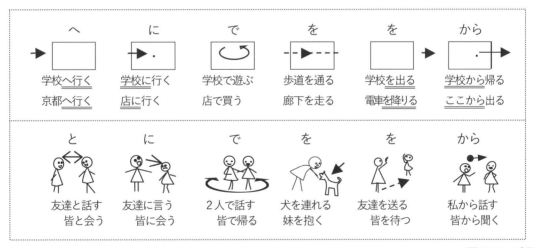

図3.21　助詞

② 動詞の活用形、特に連用形の音便変化（書いた、走った、読んだ、話した）
　　市販されている日本語の指導書のほとんどが「テ形（書いて、走って）」で音便形を指導していますが、常体の過去形「タ形（書いた、走った）」を先に指導しても特段支障はありません［本章3-3-3参照］。
③ 指示代名詞の扱いの違い（中国や韓国）「その←→あの」の用法

B．文型の学習順序と、生活での使用頻度に差があります。
   ① **文体** 日本語学習を敬体からスタートして学ぶ子どもは、学校での日常会話はほとんど常体であり、「～して！」「走る？」と言った会話と、学習内容「～してください」「走りますか」との間にずれが生じます。小学校低学年の子どもに常体から指導を始めると、子どもは書き言葉としての理解や丁寧なものの言い方への学習が嫌になってしまい、指導が難しくなる可能性があります。しかし、高学年の子どもや中学生は常体と敬体を平行して進めることが可能です。先生に話す時、「はい、～です。～ます。」、友だちと話す時、「うん、～（だよ）。～（する）。」と分けて教えることですぐに使い分けができるようになります。
   ② **擬音語・擬態語** 漫画が世界的に普及してから、カタカナの擬音・擬態には興味を示す子どもが増えていますが、母語での表現の違い、発音・聴音とも関係して、日本語に慣れない初期には雰囲気の理解が難しいです。しかし、擬音や擬態はあいうえおの発声方法から生まれる雰囲気と深く関わりがあるため、慣れるとわかりやすくなります。
   ③ **相槌** 挨拶の学習ができても、「ええ」など長さやイントネーションで意味の変わる感覚的な相槌は会話量を増やさないと習得が難しいです。
C．個人感覚・生活集団・年齢・性差によって、ずれや揺れのある言葉の選び方があります。
   ① 自他の呼び方（私・僕・俺）・感嘆詞
   ② 区切りがはっきりしない曖昧な表現（朝早く・晩と夜の区別）

3-3-2　教科学習にも影響する学習中期の困難点

　時間の概念が身についているかどうかが学力と関係することは第❷章第2節ですでに述べたとおりですが、「～していた」の学習は以外に簡単に済まされています。また、子どもは「～して（い）た」は、話し言葉の中で頻繁に使われるため、時間の長さについて不十分な理解のまま、間違って使用していることが多いです。たとえば日記の冒頭に「昨日勉強していました。」と書く子どもが結構たくさんいます。放置すると感覚で理解できるまで長い期間が必要です。

A．述部動詞の諸相による困難

> 　初級日本語学習がほぼ終了し、家ですごく勉強したと言う子どもが
> 「覚えましたか。」と尋ねられて、
> 「覚えませんでした。」と丁寧に答えました。それで、
> 「まだ、覚えていません」と答えるのだと、その先生が教えました。ちょうどその日「～ている」を勉強し、授業の終了時に
> 「明日日曜で休みだけど、何の日か知っていますか？」と尋ねる先生に、子どもは
> 「知っていません。」と答えました。先生が「知りませんとか、知らない。」と答えることを教えたら、子どもは不満そうに「なぜ？」と反問しました。
> 「知りませんは特別なの。先生もなぜか知りません。明日は先生の誕生日。」
> 「ええっ＼(◎o◎)／！」子どもの表情に大笑いで終わってしまいました。

これは動詞の種類やそのアスペクトの持つ特性による使い方の違いですが、指導者にも説明が難しかった会話です。

① アスペクト

文の表す動作作用が、その始まりから終わりまでのどの段階にあるかを示す表現方式です。

動詞の種類によって使えないものや、どの活用形と続くかが混同されやすいです。たとえば「流れる」は「流れておく」とは使いません。「疲れる」は「疲れてある」とは使いません。自動詞ではそのような使い方への知識が必要です。

表 3.10

〜ている	〜てある	〜てしまう	〜はじめる	〜おわる	〜つづける
〜てくる	〜ておく	〜ていく	〜ところだ	〜ばかりだ	

② 動詞の種類による状況判断

特に時制が加わるとき、間違いが起きやすいです。

表 3.11

動作(継続)動詞	「テイル」をつけると進行中の動作を表す。	歩く　読む　食べる
結果(瞬間)動詞	「テイル」をつけると結果の状態を表す。	死ぬ　出る　始まる
状態動詞	「テイル」がつかず、それ自体が状態を表す。	ある　いる
第四の動詞	通常「テイル」とともに使われる。	似る　富む　優れる

> かきます、かきました、かいています、かいていました、かいてあります、などの、全ての文型を学習した後で、きのう、きょうのあさ、さっきまで、これから、などのカードを並べ、結び付くカードを正確に選んで短文づくりを試してみると、時間概念がしっかりしていない子どもは失敗します。
>
> 特に動作の長さと時制と関係する学習は低学年の子どもほどわかりにくいようです。時間概念との関係は、質問によっても理解が測れないことがあるので気をつける必要があります。
>
> 「何時に寝ましたか」　「8時、えっ9時、10時に寝ました。」
> 「じゃあ12時には、どうかな。」と聞くと「ねました。」
> 「10時に寝ましたね。12時には何をしていましたか。」「ねました。」
> 「そう、12時には寝ていましたか。」「はい、ねていました。」

③ 自動詞と他動詞の区別

自他動詞は種類が多いので自動詞と他動詞の区別がつきにくく、主語を間違ってしまいます。また、様々な要素があるので混乱が起きやすいです。

表 3.12

自動詞		
（直接受け身にならない）目的語を持たない		
お金　が　出る	出ている	
水　　が　入る	入っている	
人　　が　集まる	集まっている	
話　　が　聞こえる	聞こえている	
「テアル」がつかない		
虫　　が　鳴く	鳴いている	
人　　が　死ぬ	死んでいる	
（使役で他動詞になる）自動詞		

⇔

他動詞		
（直接受け身になる）目的語を持つ		
お金　を　出す	出している	出してある
水　　を　入れる	入れている	入れてある
人　　を　集める	集めている	集めてある
話　　を　聞く	聞いている	聞いてある
文字　を　書く	書いている	書いてある
釘　　を　打つ	打っている	打ってある
（対応する自動詞がない）他動詞		

④ **ヴォイス(態)**

　主部の態の組替え、使役や受身は態の入れ替わりで、動詞の種類による助詞(ニとヲ)や助動詞(せる・させる、れる・られる等)の混同の混乱が起きやすいです。また、使役や受身に態を替えられない動詞もあるので、日本語学習者には混乱が置きやすいです。

表 3.13

種類	能動態	使役		使役受身	受身
		命令者が		被害者でかつ加害者が	被害者が
		対象を	対象に～を	命令者に～を	加害者に～を
五段（他）	書く	―	書かせる	書かされる（せられる）	書かれる
一段（他）	見る	―	見させる	見させられる	見られる
五段（自他）	笑う	笑わせる	―	笑わされる（せられる）	笑われる
五段（自）	混ざる	―	―（混ぜる）	―	―
一段（自）	見える	―（見る）	―	―	―

⑤　**複合動詞**

　自動詞と他動詞が結合するものは、動作と状態が結びつくため、自動詞・他動詞のどちらとして扱うのか、慣れないとわかりにくいことがあります。

表 3.14

他動詞＋自動詞	(を)飲み込む	(を)漏らし回る	(が)擦り寄る	(が)入れ替わる
自動詞＋他動詞	(が)溶け出す	(を)漏れ聞く	(が)増え続ける	(を)落ち着ける
自動詞＋自動詞	(が)溶け込む	(が)漏れ聞こえる	(が)増え続く	(が)燃え尽きる
他動詞＋他動詞	(を)溶かし出す	(を)聞き漏らす	(を)増やし続ける	(を)燃やし尽くす

3-3-3　自他動詞の指導法

A．自動詞・他動詞の区別
　① 　動詞の過去形学習での自動詞・他動詞の区別

自他動詞の区別は理科・社会科などに欠かせません。早期に身に付けさせるには、「何をする、何をした」、「どうする、どうした」という質問と合わせて「どうなる、どうなった」という質問の区別を、動詞を教える初期から心がけておくことが大切です。表3.16は、動詞の過去形を学習するとき、生徒自身が各自のノートに書き込み、「どうなった？」（太字部分）を赤字で区別し整理して、他動詞に対応する自動詞の存在に、理解を早めるために用いるものです。

表3.15　動詞の過去形学習ノートの整理法

五段活用							上一段活用	下一段活用
く → いた	す → した	う → った	つ → った	る → った			イル → イタ	エル → エタ
おく → 置いた	かえす → 返した	あらう → 洗った	**かつ → 勝った**	うる → 売った			あびる → 浴びた	あける → 開けた
ひく → 引いた	かす → 貸した	いう → 言った	**たつ → 立った**	**かえる → 帰った**			**いきる → 生きた**	あげる → 上げた
うごく → 動いた	けす → 消した	うたう → 歌った	たもつ → 保った	とる → 取った			**おきる → 起きた**	あてる → 当てる
きく → 聞いた	だす → 出した	おもう → 思った	まつ → 待った	きる → 切った			**おちる → 落ちた**	いれる → 入れた
すく → 空いた	はなす → 話した	おもう → 想った	もつ → 持った	**はいる → 入った**			かりる → 借りた	うける → 受けた
つづく → 続いた	もどす → 戻した	かう → 買った		**もどる → 戻った**			きる → 着た	おしえる → 教えた
ぐ → いだ	く → いた	ぶ → んだ	む → んだ	ぬ → んだ			カ変 → た	ならべる → 並べた
いそぐ → 急いだ	いく → 行った	あそぶ → 遊んだ	よむ → 読んだ	**しぬ → 死んだ**			くる → 来た	**にげる → 逃げた**
およぐ → 泳いだ		はこぶ → 運んだ	のむ → 飲んだ					**ねる → 寝た**
さわぐ → 騒いだ		ならぶ → 並んだ	たたむ → 畳んだ				サ変 → た	みせる → 見せた
ぬぐ → 脱いだ		えらぶ → 選んだ	**すすむ → 進んだ**				する → した	**やぶれる → 破れた**
		とぶ → 飛んだ	こむ → 混んだ					**ゆれる → 揺れた**
		よぶ → 呼んだ	はさむ → 挟んだ					**よごれる → 汚れた**

②　絵や図で比較しやすい自動詞・他動詞を取り出し、違いを明確にします。

表3.16　教材・自動詞・他動詞特徴比較

	（自分で動く）　自動詞			何がどうなる？		辞書形
いつ	どこ	だれ 何	が	どうなる		
これから 今 もう	光に	虫	が	集まる。 集まっている。 集まっている。		集まる
これから 今 もう	空に	凧	が	揚がる。 揚がっている。 揚がっている。		揚がる
これから 今 もう	隣から	話	が	聞こえる。 聞こえている。 聞こえている。		聞こえる
これから 今 もう	壁に	影	が	見える。 見えている。 見えている。		見える
これから 今 もう	目の前の	窓	が	閉まる。 閉まっている。 閉まっている。		閉まる
これから 今 もう	ベンチで	服	が	破れる。 破れている。		破れる
これから 今 もう	木から 地面に	猿	が	落ちる。 落ちている。		落ちる
これから 今 もう	寝室で	妹	が	起きる。 起きている。		起きる
これから 今 もう	針に	糸	が	通る。 通っている。		通る
これから 今 もう	パレットで	色	が	混ざる。 混ざっている。		混ざる

辞書形	（他の人が動かす）　他動詞				何をどうする？	
	いつ	どこ	何	を	どうする	
集める	これから 今 もう	公園で	男の人が	鳥	を (が)	集める。 集めている。 集めてある。
揚げる	これから 今 もう	空に	子どもが	凧	を (が)	揚げる。 揚げている。 揚げてある。
聞く	これから 今 もう	横で	泥棒が	話	を (が)	聞く。 聞いている。 聞いてある。
見る	これから 今 もう	周りで	友達が	答え	を (が)	見る。 見ている。 見てある。
閉める	これから 今 もう	目の前で	人が	窓	を (が)	閉まる。 閉めている。 閉めてある。
破る	これから 今 もう	部屋で	弟が	紙	を (が)	破る。 破っている。 破ってある。
落とす	これから 今 もう	木の上から	猿が	柿	を (が)	落とす。 落としている。 落としてある。
起こす	これから 今 もう	寝室で	母が	妹	を (が)	起こす。 起こしている。 起こしてある。
通す	これから 今 もう	針に	祖母が	糸	を (が)	通す。 通している。 通してある。
混ぜる	これから 今 もう	パレットで	画家が	色	を (が)	混ぜる。 混ぜている。 混ぜてある。

B．自動詞・他動詞の語彙数を増やす方法
　自動詞・他動詞がたくさん使われている理科・社会科の教科書等から動詞を拾いだし、自動詞と他動詞を一対にしたカードを作ります。その方法と指導用資料・自動詞・他動詞速見一覧表を参考にしてください［第❹章第2節 4-2-3参照］。

| 流れる | 流す |

表3.17　教材・自動詞・他動詞早見一覧表

3-3-4　読解に影響する理解を短文練習で補う

A．指導が抜け落ちやすい否定文
　否定の表現は全否定、部分否定、二重否定など種類も言い方も豊富にありますが、肯定文に比べどの指導者も指導にあまり力を入れない傾向があります。そのため、長文読解のできるようになった時点で否定文の多様性が理解できていないことに、ようやく気づくことになりかねません。
　a.「水曜日まで行かない。」b.「水曜日までには行かない。」c.「水曜日には行かない。」この3種の文は助詞との組み合わせで意味が違います。さらに、d.「水曜日まではだれも行かない。」e.「水曜日までに行かないというわけにはいかない。」など、否定の様相を変えてしまう組み合わせで様々な意味に変わります。

① 部分否定……………　～（に、へ、と、に）は～ない
② 部分否定の呼応……　めったに～ない　　必ずしも～ない　　わけではない
　　　　　　　　　　　　まんざら～ない　　少ししか～ない　　あながち～ない
③ 全面否定の呼応……　だれも～ない　　どこへも～ない　　何も～ない
　　　　　　　　　　　　だれ一人～ない　　一人として～ない　　夢にも～ない
　　　　　　　　　　　　まさか～ない　　到底～ない　　決して～ない
　　　　　　　　　　　　まるで～ない　　ろくな～もない　　全然～ない
④ 文語的表現の否定…　～せぬ～　　～ん　　～ねば　　～せず　　～せざる　　～まい
⑤ 二重否定……………　～しないでは～しない　　～せずには～しない
　　　　　　　　　　　　～するとは～ない　　～することはありえない

B．短文練習をしていないと間違いやすい副助詞
　文の一部を限定した物言いは、初歩の日本語では指導者が説明するのも、学習者が理解するのもかなり難しいことです。日本語で話せるようになり始めたら、日記や作文の中で、また、短文練習で使い方に慣れさせることが大切です。

① 「とりたて」のはたらきをする副助詞の使い方
　　　　　（は、も、こそ、ばかり、だけ、ど、ぐらい、ほど、さえ、やら）
② 「限定」のはたらきをする副助詞の使い方（ばかり、ほど、ぐらい、だけ）

第4節 読む力を伸ばす指導

　読むことができれば、たとえ授業で先生の話がわかりにくくても、教科書や参考書を使って自力で補うことができます。教科書で予習していれば、わかりにくい話し方の先生の授業でも理解できます。

　日本で生まれ、小学4年まで母国と日本との往来を重ね、日本で定住3年目のポルトガル語圏の生徒ですが、教科書の1ページ目を数行四苦八苦して読み、内容は全然わからないという子どもがいました。いつも授業や宿題はどうしているのか尋ねると、先生の話を聞いてわかることだけ覚え、板書を写すと答えました。家に帰ったら、ノートを見ても何を習ったか忘れていることが多く、宿題はできないと提出しづらいので、出さないでおいてよく怒られると答えました。教科書は見てもわからないから家で開くことはほとんどないそうです。

　このような事態を招かないために初期から読むことが苦痛にならない指導が必要です。

3-4-1　初期の読み

　初期に読む力を付けることは、日本語力を伸ばす近道であり、学習力を伸ばす基盤になります。まずそのためには、かなを確実に速く読み取れることが必須条件です。黒板の字を1字ずつ眺めて写し取っていては、授業を聞き取るところに至りません。

(1)　第1段階

　清音・濁音・半濁音・拗音の全てのひらがなを、1字1字 正確にすらすらと速く 読み取れるようにします。その後、撥音・促音・長音を含め正確に読めるようにします。

　単語や1語文の読みができるようになったら、読み取った 2語文・3語文 をすらすら 復唱 できるようにします。

(2)　第2段階

　日本語指導で学習中の数行の文章の要点を読み取り、言えるようにします。

　最初は5・6語文から初めて、100字ぐらいまで、徐々に文章の長さを伸ばします。また、内容も難しくしていきます。

> 主語と述語を読み取れるようにします

　用言（動詞・形容詞・形容動詞）の語尾の活用の学習が終了した段階で、少し長い文章も主語と述語の読み取りが可能になります。中学生・小学校高学年児童は、この段階で、対母語辞書・国語辞書・漢和辞書を引いて述語の意味を調べられるようにしておくことで、学習力が高まります。読めるかどうかが学力を決めるので、教科書の読み取りにも徐々にチャレンジさせたいです。

(3) 第3段階

> あらすじを読み取れるようにします

1. 開始時期

　「いつ・どこ・だれが・何が・どうした・何をした・どうなった」の学習ができ次第、開始します。

2. 方法

　① 小学2年程度の国語教科書から5～10行(200字)程度の抜粋を利用します。

　② 漢字は本人の該当学年より1年下げた学年程度に書き換えておきます。概要(いつ、どこで、誰が、何をして、どうなったか)が言えるかどうかを確認します。

　③ わからない言葉は辞書を引かず、先生に尋ねず、自ら意味を推測して読ませます。

　④ 3・4回読んだら、文章を伏せ、あらすじを言わせます。このとき、できるだけ修飾する言葉や複数回著述のある文を省略し、「いつ・どこ・だれが・何が・どうした・何をした・どうなった」だけを言うようにさせます。

　⑤ 何が書いてあったか、弟や妹等小さい子に話すように、自分の言葉で説明させます。文章中にある難しい言葉や表現はそのまま覚えて使いがちなので、わかりやすい言葉に置き換えて話すよう促すと、内容理解がより明確になります。

　⑥ あらすじをすらすら言えるようになることが、話す練習にもなるので、不要な修飾を指摘しながら、何回か繰り返し淀みなく言えるようにさせます。

　⑦ あらかた概要が理解できていると思えた段階で、その内容を書き取らせます。書いた段階で、日本語の間違いを指摘します。また、その後で、意味理解のできていないと思える言葉は辞書を引かせます。

3. 学習を進める判断

　① 小学2年程度の文章の概要が言えない場合、日本語学習をかなり基礎からやり直す必要があります。

　② 小学2年程度のものができるようになれば、読み取る教科書の学年を上げ、漢字は本人の該当学年程度に書き換えて同様の読み取りを行います。

　「なぜ・どのように」がたくさん入った文章は、この段階で開始するほうが混乱が少ないです。また、音読みの熟語の読み取りの力をこの段階で上げることが必要です。

　③ 小学4年程度の文章の概要が言えると、小学校高学年以上の子どもも辞書を引けば教科書の読み取りも可能となります。

　④ 自他動詞の学習を進め、理科・社会の教科書を読めるようにします。

⑷ 第4段階

| 長文を自然に読み取れるようにします |

1. 開始時期

　小学4年程度の文章の概要が言える程度の日本語だと判断できたら開始します。

2. 方法

① 作文で長文が書けるようにすることと並行して行うことが、読み取り力を促進します。
（他者の話を聞くとき、自分が話せることは容易に聞けますが、自分が話せないような言語や内容は聞き取りが難しいです。同様に、書くことと読むことは文字を媒介とするため、書く力があれば、読む力は並行して伸びていきます。）

② つなぎの言葉に気をつけて、長文が読めるようにします。
（つなぎの言葉があると、文が複雑になります。つなぎの言葉の前後の文にそれぞれ修飾節がつくとさらに文章はわかりにくくなります。しかし、その場合、前文と後文を主語と述語に絞り込むことで、間違いなく文意の正しい理解に近づきます［3-4-3参照］。）

③ 説明文から「～とは～のことです。」という、言葉のまとめを取り出す練習をします。
（言葉を言葉で説明する方法が学習には欠かせません。説明できると、学習する教科の語彙にも興味を持ちやすいです。）

④ 段落ごとの要点を把握する練習をします［3-4-4参照］。
（文章を読み取るのが苦手な人は、一度で要点が捉えられず何度も文章を読み返すことになります。最初から大切なことに気を配って読むために、線を引きながら読む練習をさせると一度で読み取れるようになります。）

⑤ 概要、文の要旨、文の要約等を捉える練習をします［3-4-4参照］。
（各段落の要点が捉えられたら、それをつなぐことで要約ができます。）

⑥ 物語文など、分野の違う文章を読み取れるようにします［3-4-4参照］。
（高学年の子どもは日本語の構造がわかってくると、説明文から入るほうがわかりやすい場合も多いです。しかし、低学年の子どもには、物語文が説明文より興味を引きやすいです。また、読み聞かせから始め、自ら興味を持って本を読むことに重点を置くといいです。）

3-4-2　辞書の指導のチェック

　辞書指導の重要性は第❶章第4節(1-4-2)の法則3で示したとおりですが、実際にどの段階で、あるいはどの順序で指導するかを示したのが辞書指導チェックです。電子辞書も生活の中では大いに活用できますが、学級には該当児童生徒の言葉との対照辞書を、早期にぜひ揃えてあげてください。

　チェック表に示すように、他の子どもとの対話にも、級友の協力が得られるからです。

表 3.18 辞書の指導のチェック

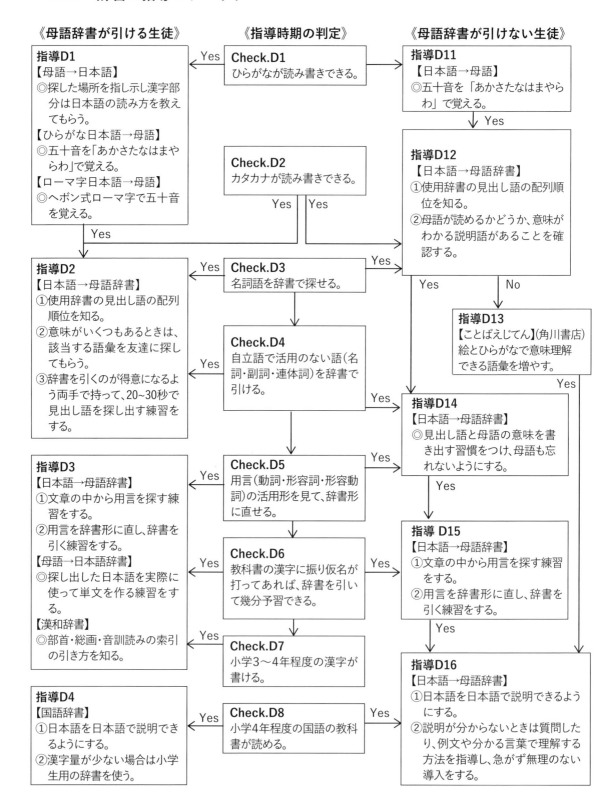

3-4-3　つなぎの言葉

　つなぎの言葉は読解力をかなり左右します。

　したがって、第❶章第4節1-4-2、第❷章第2節2-2-3でも述べたように、できるだけ早期から開始する必要があります。また、長文の読解を確実なものにするために、つなぎの言葉の使い方を整理して理解させましょう。

　生徒用教材・つなぎの言葉(読解初心者用)［表3.19、次ページ］は2文をつなぐ接続詞と、1文の中での述語のつなぎとなる接続助詞を中心にまとめたもので、大阪市の日本語指導書「続わくわく日本語」にも掲載しています。

　文例は、形容動詞・動詞・形容詞の3種を比較しながら接続詞の種類ごとにまとめたものです。絵を元に作文をしながらつなぎの言葉の練習に使ったり、つなぎの言葉の部分を空白にして考えたりしながら学べるようにしてあります。

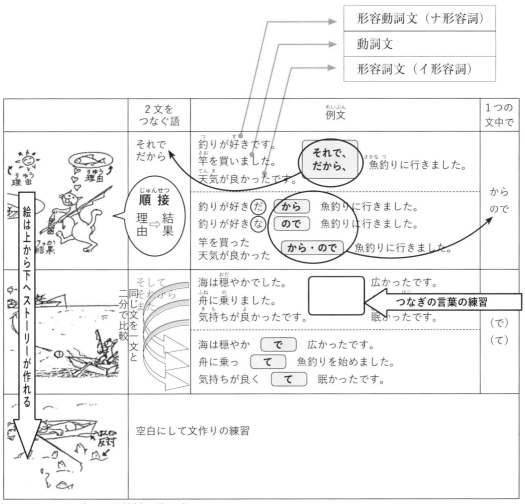

図3.22　つなぎの言語教材の使い方

表3.19 生徒用教材・つなぎの言葉（読解・初心者用）

	接続語		
	2文をつなぐ語	例文	1つの文中で
順接 理由⇒結果	それで だから	釣りが好きです。／竿を買いました。／天気が良かったです。　[それで、だから、]　魚釣りに行きました。 釣りが好き[だ][から]魚釣りに行きました。 釣りが好き[な][ので]魚釣りに行きました。 竿を買った／天気が良かった　[から・ので]　魚釣りに行きました。	から ので
順接 前のこと⇒後のこと	そして それから また	海は穏やかでした。／舟に乗りました。／気持ちが良かったです。　[そして、]　広かったです。／釣りを始めました。／眠かったです。 海は穏やか[で]広かったです。 舟に乗っ[て]魚釣りを始めました。 気持ちが良く[て]眠かったです。	（で） （て）
逆接 あること⇒反対のこと	しかし だけど	静かでした。／魚がきました。／魚が多かったです。　[しかし、だけど、]　魚は集まっていました。／猫は寝ていました。／猫は寝ていました。 静か[だ][が、]　魚は集まっていました。 静か[な][のに、]　魚は集まっていました。 魚がきた／魚は多かった　[が、のに、]　猫は寝ていました。	が のに
添加 A＋B	それに しかも さらに また	波で舟が危険でした。／舟が揺れました。／波が高かったです。　[それに、しかも、]　サメも来ました。／サメも来ました。／サメは怖かったです。 波で舟が危険だ／舟が揺れた／波が高かった　[し、]　サメも来ました。／サメも来ました。／サメは怖かったです。	し
選択 AかBどちらか	それとも あるいは または	勇敢でしたか。／戦いましたか。／強かったですか。　[それとも、]　みじめでしたか。／逃げましたか。／弱かったですか。 勇敢だった(の)[か]みじめだった(の)[か]です。 戦った(の)[か]逃げた(の)[か]です。 強かった(の)[か]弱かった(の)[か]です。	か
説明	つまり すなわち	生きて帰りました。／魚を食べました。　[つまり]　サメから逃げたのです。／サメに勝ったのです。	
補足	なぜなら ただし	もう、釣りはしません。[なぜなら]サメを思い出すからです。 また、釣りをします。[ただし]サメのいない川でです。	

表3.20 生徒用教材・接続詞、接続助詞（詳細・中級用）

種類	接続詞 等（2文）	つなぎ方　説明（他のつなぎ方）	例文	助詞（1文）
順接	だから（強い） したがって（硬） ゆえに（硬・文） それで（弱い）	原因・理由→（ですから）→結果 理由→（その理由で）→結果	雨が降っている。だから、傘を持って行きなさい。 雨が降った。したがって、道が悪くなっているはずだ。 雨が降る。ゆえに、傘が必要である。 雨が降りそうだ。それで、傘を持ってきた。	から（終止形） ので（連体形)
	そして（A+B）	前文→（そうして）→時間的に続く 　　　　　　　　→結果となる	雨が上がった。そして、虹が出た。 雨が上がって虹が出た。	て（連用形）
	すると	（そうすると） （そうしたら） 原因→（そうしたとき）→続いて他のことが起こる 条件→（もしそうなら）→他のことが起こる	雨が降る。すると、傘がいる。 雨が上がって急に晴れる。すると虹が出る。 雨が上がって急に晴れると虹が出る。 雨が上がって急に晴れれば虹が出る。	と（終止形） ば（仮定形）
	よって（硬・文）	条件→（それで）→それをもとに次のことを考える	雨が上がる。よって、傘はいらなくなる。	
逆接	しかし だけど だが	前文→　★　→逆のこと 　　（ですが）（だけれども） 　　（しかしながら）-（硬・文）	雨が降っている。しかし、傘はいらない。 雨が降っている。だけど、傘はいらない。 雨が降っているけれど、傘はいらない。 雨が降っているが、傘はいらない。	けど（終止形） けれど けれども が（終止形）
	ただし	前文→（とはいえ）→反対の補足	雨に降られた。ただし、そんなに濡れなかった。	
	でも（感情を伴う）	→相手の言葉と反対の気持ち →言い訳	「雨で中止。」「でも、まだ降っていないよ。」 「遅いじゃないの。」「でも、雨だったから……。」	
	ところが が	前文→（だのに） →思っていたこととは反対に	傘を持っていなかった。ところが、雨が降った。 雨が降っているのに、遠足がある。（いやだなあ）	のに（連体形）
並立	また および（硬・文） ならびに（硬・文）	前文　→　★　→　並べ、付け加える ○ーーーーーーーーーーーーー→ 　　　　　★　○ーーーーーーーー→	雨が降った。また、風も吹いた。 雨及び風が強い一日である。 雨ならびに風が強い一日である。 雨と風が強い日でしょう。 雨が降って、風も吹いた。 雨が降ったり風が吹いたりした一日である。	と（接続詞・体言） て、で（連用形） たり（連用形）
添加	それに（強い） さらに（強い） しかも（強い） それから（弱い） そして（弱い）	前文→（そのうえ）→付け加える 　　　（それにまた） 　　　　　○ 　　　　　↓ ○ーーーー→★ーーーーーーー→	今日はすごい雨だ。それに風も強い。 今日はすごい雨だ。さらに風も強く吹いた。 今日はすごい雨だ。しかも、風も強い。 今日はすごい雨だった。それから風も強かった。 今日はすごい雨だ。そして、風も強い。 今日は雨も風もすごく強い。	し（終止形） も（副助詞・体言）
	かつ（硬・文） また（弱い）	（語、句、文の間で使う）	本日は豪雨、かつ、強風となるでしょう。 今日はすごい雨でまた風も強い。	
	しかも	前文→（それなのに）→逆のことを付け加え強める	雨が降っている。しかも、傘を持っていない。	
選択対比	または あるいは もしくは（硬・文） ないしは（硬・文）	前か後ろのどちらかを選ぶ。 （語、句、文の間で使う）	雨または雪になるだろう。 雨かまたは雪になるでしょう。 雨の日か、または、雪の日になるということです。 雨になるでしょう。または、雪になるでしょう。 雨もしくは雪になるであろう。	か（副助詞・終止形）
	それとも	前後を比べる	晴天か、それとも雨天かで実験結果は違います。 雨か雪になるでしょう。	
説明補足	すなわち（硬・文） つまり	前文→（簡単に言えば）→他の言葉で説明する 　　　（結局）　→　前の言葉を強める 　　　（結局のところ） 　　　（ほかの言葉で言えば）（言いかえれば）	傘も服も濡れる。すなわち雨天の外出は嫌なのだ。 つまり、雨だと来ないということですね。	
	たとえば	結文←（例をあげて言えば）←わかりやすくする	天気予報、たとえば晴れか雨天か曇天かを知らせる。	
	ただし もっとも	結文←（けれども）←例外や説明を付け加える 　　　（そうは言うものの）	台風が来ます。ただし、本州に上陸しないようです。 雨です。もっとも、たいしたことはありませんが。	
		前置き→☆→結文	本州には上陸しないようだが台風が来る。 本州には上陸しないようですが、台風が来ます。	が（終止形）
	なぜなら	結論←（というのは）←理由	遠足は中止です。なぜなら、雨だからです。	
転換	次に ところで ときに さて それでは では・じゃあ	話を前に進める 別の話を始める 何かを始めるとき、終わるとき、別れるとき	次に、話題の転換について勉強しましょう。 ところで、カサはお持ちですか。 ときに、窓の外は暗くないですか。 さて、"つなぎの言葉"の勉強はこれで終わりです。 それでは、文章を読んでみましょう。 では、さようなら。「じゃあね。」	

3-4-4 長文が読める子どもへの変革

読める指導の手順が、聞いてまとめる学力にも直結します。日本語レベル4以上で、『日本語能力試験(旧)3級』［第❺章 5-2-3 表5.7 参照］に到達すれば、長文の読み取りについての指導が可能となります。説明文や論説文と小説や物語文とは、読み取り方が違います。下記の枠内の読み取り方法をしっかり身につけると、1～2ヵ月程度でかなりの長文が楽に読めるようになります。

説明文・論説文の**学習導入に必要なこと**は、読み取りの要点を頭において、会話を聞く時と同じように、自然に文を理解できるようになるまで、辞書を使わず読み取る練習を繰り返すことです。

枠内の方法で、段落の始めに大きく ┌── （かぎかっこ）を付けると、要点把握を確実にするだけでなく、段落の1つ1つを読み取ればいいので、長文を一気に読むという負担の軽減になります。また、わからない言葉にこだわらない方法は、話を聞くときにわからない言葉を推測しながら飛ばし、要点を確かめながら聞くのと同じ方法に近づけます。

説明文・論説文を読む前に

1. **文全体を段落に大きく分けてみる。**
   (1) 段落の始めに大きく ┌── （かぎかっこで印）を付ける。
   (2) 自分の言葉に直しながら読む（小さい子どもに教えるように）。
   (3) わからない言葉を、(塗りつぶす気持ちで、「何々と」に置きかえ) 飛ばして読む。
   (4) わからない言葉は前後の文の意味から、自分で想像して読む。
   (5) 文が長くてわからないときは、主語 何が と 述語 どうした を探す。

2. **段落の要点は段落の前の方か後ろの方にある。**
   (1) 要点と思うところに線を引く。
     ① 具体例は省く（「たとえば……」はいらない）。
     ② キーワード（何度も出てくる言葉・鍵になる言葉）を探す。
   (2) 要点が2つ以上に分かれているときは、主語・述語・キーワードをつないでまとめる。

3. **つなぎの言葉に注意する。**
   (1) つなぎの言葉の前後の文の意味と、その関係を考える。
     ＊ 前後の文、それぞれの主語と述語をしっかりつかむ。

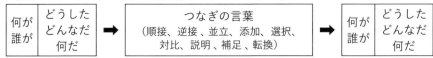

   (2) つなぎの言葉の前が大切か後ろが大切か考える。
     ＊ 逆説の「しかし」、「だが」の前は省く。後ろが大切。
     ＊ 結論のある文では、結論はどちらか考える。
       「だから」、「つまり」の後ろの結論が大切。
       「たとえば」、「ただし」の後ろは補足だから大切ではない。

また、物語文・小説文など、時代背景や地域・ものの特性が含まれる文では、先に多少の知識があることが望まれます。

　これらの文では、独特な言い回しが多いので、副詞やわからない言葉は、先に辞書学習を済ませたほうがいいでしょう。

物語文・小説・詩を読む前に

1. **文全体を場面の変わり目ごとに分けて、あらすじを押さえる。**
   (1) 時間・場所・できごとの変わり目に大きく ┌── （かぎかっこで印）をつける。
   (2) 自分の言葉に直し、情景を想像しながら読む。
   (3) わからない言葉に棒線を入れ、「何々」と当てはまるイメージを想像しながら読む。
       全文を読んで意味がわからない場合はその言葉を辞書で引く。
   (4) いつ ・ どこで ・ 主語 何が・誰が と述語 どうした をつかむ。
   (5) 省略された主語・倒置法・擬人化・二重否定に注意する。

2. **場面の要点は情景を描く登場人物の言動にある。**
   (1) どんな発言、考え、行動かに注意して情景（様子）を思い浮かべて読む。
   (2) 飾る語句・文に注意し、情景の要点と思うところに線を引く。
       ① どのような 何が・誰が どのように どうした をつかむ。
       ② 情景の要点は登場人物の気持ちや性格を表す。
   (3) 想像してわからない言葉があり、文意がわからないときだけ辞書を引く。
       （飾る言葉…副詞・連体詞）

3. **指示語「それ、その、そのように、こうして」などの指示する内容をつかむ。**
   (1) 指示語の前文に同じ意味の言葉がある。
   (2) これだと思う言葉を当てはめて、意味がつながるか読んでみる。

4. **つなぎの言葉に注意する。**
   (1) つなぎの言葉の前後の文の意味と、その関係を考える。
       ＊　前後の文、それぞれの主語と述語をしっかりつかむ。

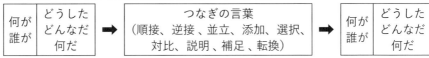

   (2) つなぎの言葉の前が大切か後ろが大切か考える。
       ＊　逆説の「しかし」、「だが」の前は省く。後ろが大切。
       ＊　結論のある文では、結論はどちらか考える。
           「だから」、「つまり」の後ろの結論が大切。
           「例えば」、「ただし」の後ろは補足だから大切ではない。

第5節 書く力を伸ばす指導

3-5-1　初歩の日本語で書くときに

　書くことの重要性は既に第❶章第4節1-4-2法則4で述べましたが、学習は板書を写しノートをとることに始まり、聞いたことをメモしたり整理したり、全て書くことで記憶と知識を確認しながら進みます。さらに作文や感想文で自分の考えを示したり、論を整理できるようになるまで、書く力は学習力の推進条件として大きな役割を果たします。書いて整理してみると、発話では気づかない間違いの発見も多くなります。反省文が学校でよく使われる理由もここにあります。書くことを厭う子どもは、自分の考えをしっかりした言い方で人に伝えられていない可能性も高いです。

　しかし、会話を急ぐあまり、初期の日本語指導段階で、慣れていない子どもへの指導に時間がかかる書くことへの指導は遅れをとりがちです。「喋れるようになってから書く指導を」という考えは、書くことが面倒で嫌なものという意識を持たせてしまう大きな要因です。初期の段階からしっかり書ける子ども、楽しく書ける子どもを目指しておくことが大切です。

⑴　**第1段階　　日本の文字をはじめて書くときに**
　①　運筆経験のない子どもには、殴り書きから始めます。鉛筆の持ち方や姿勢が悪いと書きづらいです。鉛筆の持ち方が悪く書きづらい様子の子どもには、正しい持ち方を教えることをお勧めします［かなの書き方の指導は第❸章第1節3.1.1参照］。
　②　慣れない間は小さい字が書きづらいため、筆記用紙のライン幅や文字枠の大きさにも気をつける必要があります。
　③　慣れたら、きれいに早く書けるようになることも大切です。横書きは下線で揃えるように書くときれいに早く書けます。

⑵　**第2段階　　日本語の文章を初めて書くときに**
　①　言えるようになった文を、句・文節ごとに区切って覚え、書き起こすようにさせます。黒板を見て、一字一字を写すようにノートに記録する方法は、思いどおりの文を早く書けるようになる力を削いでしまうので、気をつけたいです。
　②　小学校低学年の子どもは、単語に慣れたら、2語文、3語文と次第に長い文が言え、書けるようにすることが、文の構造を理解させやすいです。
　　　小学校高学年・中学生には、子どもの理解力に合わせて、本人の意味理解の可能な3語文、4語文に早くチャレンジさせるほうが書くことに慣れやすいです。

(3) 第3段階　　日記の開始

　書くことを厭わなくなる習慣づけには、日記が最適です。学習する進度が速い子どもは来日後1ヵ月目から日記指導が開始できます。日本語の間違いが発見しやすく、書きたくても書けていない表現も、日記を通して子どもと会話すれば発見できます。清書を推奨すれば、日本語の指導時間を校正で短縮できます。また、日記は指導者との心の交流にもなります。

① 形容詞・動詞（敬体の過去形）と、いつ・どこ、の指導が済んだらできるだけ早く日記の指導を開始します。

② 小学校高学年・中学生は200字詰の作文帳を準備します。小学校低学年は120字詰作文帳など80〜120字で書ける準備をします。

③ 最初は文のつなぎが簡単で、書き言葉が定着しやすい敬体で書き始めます。低学年は先生にお話しするように書かせます。敬体文の間違いが少なくなってから、敬体文を常体で少しつないだ文に変える練習をさせ、その後に常体で書かせると、長い文が楽に書けるようになります。

④ 書く内容に行き詰ったときには、題材を決めて、課題作文の練習にさせると、より練習の幅が広がります。

⑤ 具体的な気持ちの表現を増やすためには、会話文を導入した日記を推奨します。

⑥ 作文帳を日本語終了時まで1年間書き続けさせ、日記帳と清書帳は2冊セットにするか、1冊を左右のページで日記ページと清書ページに設定します。日記帳で校正された部分は色を変え青ペンで清書させて、間違いを正す意識を高めます。清書帳には担任に所見を書き加えていただくようお願いします。熱心に所見を加えていただける先生に巡り会った子どもの作文力は、飛躍的に向上します。失敗談に挿絵を加えていただいて、楽しい記念に変えてもらった日記帳を持つ子どももいます。

作文と日記は添削・分析・校正で

　作文や日記は毎回添削することが望ましいです。また、指導のための分析は、その子どものその時点での日本語力を見極めるために非常に重要です。

　次ページの表3.21は、小学校で話せるようになって中学生になった子どもの日記で、指導に生かすための分析例です。7月14日と9月2日の記述を比べると、文体の統一ができるようになり、少し読みやすくなっています。そのため、子どもの日本語が動詞の活用とつなぎの言葉に絞ればよい段階まで進歩したことがはっきりしてきています。

　添削の方法は千差万別ありますが、その子どもの文意を変えない範囲で、指導者の感性に従って考えてみます。そして指導者の感性に合わなかった文の原因を書き出せば、それが、指導の必要事項となります。

　指導の必要事項が多いものを要点と考え、気を付けるところを適宜指摘するだけで、指導時間が短縮できます。

表 3.21

パウロ君の日記　7月14日			
本人の作文	添削の例		指導事項
ぼくと友だちはうろうろしました。	ぼくと友達はうろうろしました。	友だち→友達	漢字 句読点
こうえんにいったでもおもしろくない	公園へ行きました。でも、おもしろくありません。	文体不統一（敬体で） こうえん→公園	句読点 漢字
ゲームセンターにいったけどでも友だちがよてた'ななパウロ金ねなくなるたけやし'ててました	ゲームセンターへ行きました。でも、友達が「な、な、パウロ、金なくなるだけだし。」と言いました。	けどでも→～。でも、 金ね→金　たけ→だけ よてた・よてました 　→言いました	文体不統一 会話内容の表記 つなぎの言葉 （助詞と接続詞の使い方） 語句　濁音・発音・聴音 発音・聴音 動詞の活用形（会話の過去形とテ形）
指導の重点　①発音・聴音　②句読点と文末の統一　③常体と敬体　④つなぎの言葉　⑤動詞の活用形			

パウロ君の日記　9月2日			
本人の作文	添削の例		指導事項
今日は6じ5ふんにおきました。	今日は6時5分に起きました。	時刻の表記	漢字
なんかぜんぜんねむくありませんでした、	なぜなぜんぜん眠くありませんでした。	ねむく→眠く なんか→なぜか	漢字 話し言葉と書き言葉
あさごはんはぎゅんにゅとぱんです。	朝ごはんは牛乳とパンでした。	ぎゅんにゅ→牛乳 ぱん→パン	発音・聴音と漢字 カナ表記
そして8じ15ふんに学にいてました。	そして、 8時15分に学校に行きました。 8時15分に学校に行っていました。 8時15分に学校に着きました。	8じ15ふんにいてました 学→学校 いて→行き	時刻の表記 漢字 動詞の活用形 （会話の過去形とテ形）
きょうはあつかったです。でも久さしぶりやからおもしろかたです。	今日は暑かったです。でも、学校は久しぶりだから、おもしろかったです。	あつい→暑い 久さしぶり→久しぶり やから→だ・から、 な・ので	漢字 主語補充 接続助詞 話し言葉と書き言葉 （形容動詞の接続）
指導の重点 　①つなぎの言葉（接続詞と接続助詞）　②動詞の活用形（した・していた・していました）　③話し言葉と書き言葉			

3-5-2　作文指導の考え方
［どんな段階でも書ける・書ける量を増やす工夫と添削］

　作文指導は毎日の食事の準備に例えて考えると、かなり当てはまると思います。
　指導で大切なことは何か、上達への道順を追って記したので比べてください。
　下記の枠内に示した以外にも、まだまだおいしい料理を作る工夫があるはずです。指導に行き詰ったら、おいしくする工夫を思い出してください。

1．基本姿勢（基本は欠かさず書くということ）

　習慣と自信………　①1日1食（調理師を目指さなければ、初心者でも料理は作れる
　　　　　　　　　　　　　たとえばサンドウィッチや手巻き寿司を作るように文型を作れる）
　　　　　　　　　②試食者の批評が必須条件（作文分析を行い、指導に還元する）
　　　　　　　　　　　　　　　└ 文章の誤りを減らし、作文を改善する

　旬の物は必ずある…　①適切な時期に（旬のものを食べるほうがおいしい）
　　　　　　　　　　　　　└ いつ書かせるかが大切。材料を揃えると書ける

2. **短文・日記（敬体・過去形で）などの早期の開始** [3-5-1 参照]

　　献立の立て方……　①指導カリキュラムと指導案の決め方（どの時期に何をという旬を探す）
　　　　　　　　　　②指導カリキュラムの問題解決（必要な物が揃っているか確認する）
　　　　　　　　　　「いつ」「どこで（に）」「誰は（何は）」「何を」と
　　　　　　　　　　「どうしました」用言（動詞・形容詞・形容動詞）

3. **初期の作文**

　　材料と調理器具…　① 素材表の提供（インスタントだけではいけない。＋αで良くなる）
　　　　　　　　　　　└ 学習した語句が少ない
　　　　　　　　　　（材料はカタログで買う時代）[3-5-4 参照 表 3.25]
　　　　　　　　　　　└ 語彙選びは辞書でもできるが、用言は難しい
　　　　　　　　　　　　関係する単語をまとめてカタログ化
　　　　　　　　　　② 基本文型を利用した語順（いつ、どこ、だれ、どうした）
　　　　　　　　　　　└ 作文時には母語の干渉を受けやすい

4. **詳しく書く、心の中を表す工夫**（感じたこと・思ったこと・考えたことの書き方指導）

　　効果的な調理方法…　① 吹き出しの利用（簡単な調理法でなくては利用できない）
　　　　　　　　　　　　└ ～と思った。～と考えた。～といった。　[3-5-3 参照]
　　　　　　　　　　　② 4コマ漫画の利用
　　　　　　　　　　　　└ 気持ちの言い方の練習

5. **読みやすい文章が書ける**（テーマ作文の効用）

　　調理時間の短縮…　① 連想法（内容の決定がスムーズにできないと考えが深まらない）
　　　　　　　　　　　└ 仮の結論を言ってみる　[3-5-3 参照]
　　　　　　　　　　② 4コマ漫画の利用
　　　　　　　　　　　└ 起承転結の構成　[3-5-4 参照]

6. **豊かな文章が書ける**（修飾用法・細かい表現で膨らませるの方法の把握）

　　もりつけの方法…　① あらすじをつかむ読解（読解練習で修飾節を学び、文の骨子をつかむ）
　　　　　　　　　　　└ 修飾節を取り除く
　　　　　　　　　　② 修飾節の付加方法
　　　　　　　　　　　└ 時制の違う絵を用いた練習

3-5-3　吹き出しの利用で、気持ちや理由を表現する力を養う

　多くの子どもにとって、原因や理由を述べることは難しいようです。その場合、表情のある絵を選んで黒板に提示し、吹き出しをつけるなど工夫が必要です。これらの方法の利点は、絵が苦手な指導者でも、教科書・絵本のコピーや身近な絵が利用でき簡単にできることです。

① 原因・理由を考えます。
　原因や理由を話せない子どもには、過去の出来事から導き出す方法を最初の手立てにします。（⇨なぜなら～からです。）

② 1文の結論を導く練習も可能です。
　（⇨それは～なりました。）

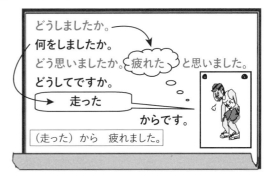

図 3.23　吹き出し 1

③ 思っていること、言っていることは何か考える。（⇨〜と思った。／〜のことを思った。）

図 3.24　吹き出し 2

④ 言ったことを間接的に述べる。

「話し言葉」をそのまま書くのは簡単なようですが、初級の学習者には、よく聞く短い言葉でも日頃から注意深く聞いて書き留めたり、聞き違えがないか確認できる機会を増やさないと書けません。さらに、「　」を用いない話の内容としての叙事表現は、初級の生徒にはつなぎ方が難しいので練習が必要です。その時も吹き出し[図 3.24]は便利に使えます。

表 3.22　話の内容としての叙事表現

用言（動詞・形容詞・形容動詞）		名詞と名詞化された用言	
話を聞け 聞きなさい 静かにしろ 静かに やかましい	と（いうことを）、言いました。	話を聞かないこと 聞く態度 静かじゃないこと やかましいこと やかましさ	について 言いました。
静かにする 話を聞く やかましくしない	ように 言いました。	話し声 聞く態度 鳥の歌	のことを 言いました。

3-5-4　言語の特徴への興味の喚起 [文の構成理解を早める]

　話をするとき、文の構成を意識しなくても、私たちは自然に結論や具体的な事実を述べてから自分の意見を加えることが多いです。これは、日本語だけでなく各国の言葉と共通する場合が多いですが、子どもの場合、そういうことに気づいていません。他者に理解を得るための文の構成は、言葉を学ぶための必須課題です。聞く、話す力の基礎にもなるので、書くことで考察しながらその方法を知ることが大切です。長文を読んだり書いたりし始める頃にぜひ取り入れたい指導です。

① 文の構成を指導します。

　表 3.23 内の a. と b. の最初の具体的事実は「こんなことがありました。」と素直に率直に語ることをそのまま書くのが大事です。

　c.〜e. は思ったことや、課題から連想できること、気づいたことを躊躇せずに声にし、

それを書きとめることから始めます。具体例は指導案参照。

② つなぎの言葉は早いうちに教えます。特に中学生や高学年の子どもは、長い文で話していた母語に匹敵する内容がうまく話せないもどかしさを取り除くことに役立ちます。

表 3.23

a. 具体的事実→意見（考え）
b. 具体的事実→意見（考え）→結論（主張）
c. 結論（考え・主張）→理由・事実（根拠）
d. 意見→具体的事実→結論（序論→本論→結論）
e. 意見→説明→転換→結論（起・承・転・結）

1文と2文の違いは、書くことでより明確になります［第❶章第4節1-4-2参照］。

4コマ漫画の利用

心の中を表したり、詳しく書いたり、読みやすい文章を作るために、手軽で切り替えのはっきりした漫画は利用しやすい教材です。心の動きがはっきりしたもの、起承転結のはっきりしたものなど、新聞や漫画本からも選べます。また、簡単な絵を板書して写させながら授業を進めると楽しめます。子どもは自ら考え描くのも好きですから、条件を設定して絵を描かせて文をつける練習も楽しいです。下記はその1例です。

①つなぎの言葉を、☐を使って指導します。図3.25では起承転結に配慮できる絵にしてあります。②同じ言葉の繰り返しをできるだけ減らす指示語(こそあど言葉)の使い方を指導します。③動きに合わせた考えを創作させます。④下記の例では子どもでも簡単に鳥が描けるし、数を変えれば足し算・引き算とも合わせて指導できます。このように、学習段階に合わせた絵で、指導に変化を持たせて書く力をつけられます。

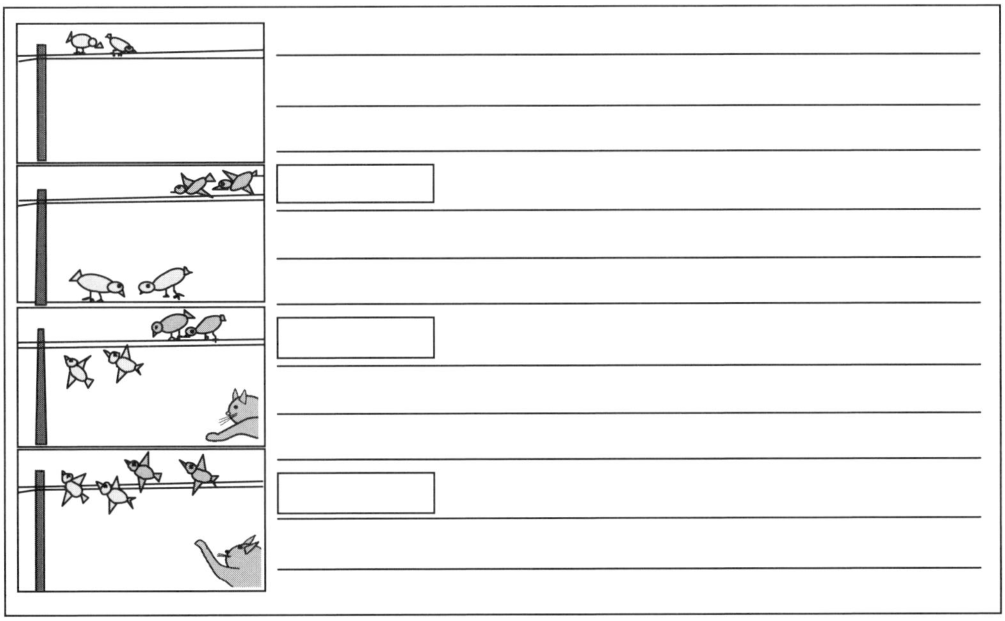

図3.25 4コマ作文

ストーリーの作れる絵を利用した日本語レベル別指導例

たとえば図 3.26 のような絵を用いて作文力をつける場合、初級の子どもには語彙や文型を使う学習と並行して文を書く練習が進められます。また、中級の子どもには文構成を考えた印象の表現が期待できます。

図 3.26　駅の絵

(1) 学習できること

● 位置関係の語彙と「〜には〜がいます／あります」

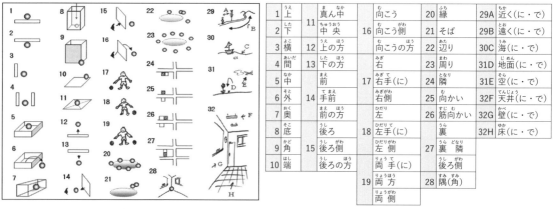

図 3.27　位置関係語彙図　　　　表 3.24　位置関係語彙表　（位置関係を示す言葉でない名詞には(に)をつけて教える）

● 動詞のテ形「○○は〜ています。」

下記のような駅に関する言葉や動詞語彙語彙表を準備すると、学習が進みやすいです。

表 3.25 駅の絵関係言語一覧

言葉一覧（駅で見えるもの）

構内		プラットホーム	ぷらっとほーむ
		白線	はくせん
		ベンチ	べんち
		ごみ箱	ごみばこ
		売店	ばいてん
		時刻表	じこくひょう
		時計	とけい
		駅名表示	えきめいひょうじ
		階段	かいだん
		乗車位置	じょうしゃいち
駅の下	えきのした	枕木	まくらぎ
		線路	せんろ
		待避場所	たいひばしょ
列車	れっしゃ	急行列車	きゅうこうれっしゃ
		各駅停車	かくえきていしゃ
電車	でんしゃ	3両編成	さんりょうへんせい
		パンタグラフ	ぱんたぐらふ
売店	ばいてん	品物	しなもの
		(お)弁当	(お)べんとう
		カウンター	かうんたあ
		レジ	れじ
持ち物	もちもの	鞄	かばん
		手提げバッグ	てさげばっぐ
		ショルダーバッグ	しょるだあばっぐ
荷物	にもつ	リュックサック	りゅっくさっく
		花束	はなたば
		杖	つえ
服装	ふくそう	シャツ	しゃつ
		スカート	すかあと
		ズボン	ずぼん
		制服	せいふく
		腹巻き	はらまき
		ワンピース	わんぴいす
景色	けしき	山	やま
		太陽・日・陽	たいよう・ひ・ひ

動詞活用一覧

	～を（他動詞） ～が（自動詞）	辞書形	これから 何をする？ どうなる？	これから 何をしますか。 どうなりますか。	もう 何をしましたか。 どうなりましたか。	いま 何をしていますか。 どうなっていますか。
五段活用動詞	を	おく	置く	置きます	置きました	置いています
	を	のぞく	のぞく			
	を	はなす	話す			
	を	だす	出す			
	を	わたす	渡す			
	を	かう	買う			
	を	おもう	思う			
	を	もつ	持つ			
	を	まつ	待つ			
	を	うる	売る			
	を	すわる	座る			
	を	のむ	飲む			
	を	よむ	読む			
	を	よぶ	呼ぶ			
	が	たつ	立つ			
	が	のる	乗る			
	が	はしる	走る			
	が	のぼる	昇る			
	が	ある	ある			
	が(を)	ならぶ	並ぶ			
上一段	を	みる	見る			
	を	おきる	起きる			
	を	すぎる	過ぎる			
	が	いる	いる			
下一段活用	を	かんがえる	考える			
	を	かける	掛ける			
	が	ねる	寝る			
	が	みえる	見える			
	が	きこえる	聞こえる			
	が	あける	明ける			
カサ変変	を	する	する			
	が	つうかする	通過する			
	が	くる	来る			

(2) 初級指導の場合

　作文を書かせようと無理強いしないことが大切です。書き出しが難しいと感じる子どもが多いので、簡単に全体を語ることから始めさせます。次に主人公を決め、その周辺の様子を言える範囲で綴るようにさせます。

指導目標
　① 文づくりに必要な語彙・文型に関心を持たせる。
　② 主語・述語に留意する気持ちを持たせる。
　③ 位置関係を考えながら客観的な叙述を試みる態度を身につけさせる。

評価の観点
　① 言葉や表現方法に興味を持って、作文に挑戦できたか（興味関心・態度）。
　② 登場人物の動作を適切に表現できたか（必要な動詞語彙量と動詞の諸相）。
　③ 位置関係を考え情景を的確に表現できたか（文の組立て・客観的な情景描写）。

表3.26　駅の絵　初級指導案

	学習内容		指導上の留意点	時間
	子どもの活動	指導者の活動		
導入	**作文の書き出しを決める** 朝の山田駅です。	簡単な言葉で全体を語らせる。 　ここはどこですか。 　いつですか。	作文が難しいと思わないよう、話したことをすぐに書き留めさせる。	10分
展開	**絵を見て作文の核（中心）を決める**（主題＝何について書くか） 一番気になる人を選び、その位置関係と動作を発表する。	どんな人がいるか発表させる。 情景描写の作文に必要な要素を知らせる。 ①どこ　②だれ（主人公） ③何をしました。しています。	発表できない子どもに必要な援助を見定める。 指示について理解できない子どもには、必要に応じて辞書・母語を使って指示を徹底する。 間違いを恐れず書き進めるよう留意する。 ・在日年数の長い子ども 　参考資料をできるだけ使わないよう指示する。 ・動詞の活用が未習の子ども 　動詞の活用表を参考にさせ、簡単な説明を加える。	20分
	主人公の動作を表現する（気になることを全体から捉えて書く） 絵を見て、主人公について作文する。	作文の要素に注意しながら文を書かせる。 資料から使った言葉には○をつけるよう指示する。 必要な子どもには、動詞語彙・場面語彙の参考資料を使わせる。		
	周りの様子を詳しく表現する（細かいことまでたくさん書く） 書いた文から、駅全体が見えるように表現を加える。	他の登場人物の位置関係を確認させる。	必要に応じて辞書を使わせる。 表現力の差を考慮し、各児童生徒に適した書き加えができるよう、個人差に応じた適切な助言ができるよう留意する。	20分
	登場人物の心情を表現する（表情や動作の理由を書く） 校正行を利用し、人物の思いや、主人公の感想を付け加え、推敲する。	早く書けている子どもには、吹き出しやヒントを加え、豊かな表現に変革させる。		

(3) 中級指導の場合

絵を見た印象や考えを出すための方法を学ばせます。

指導目標

① 主人公を決めて、位置関係を考えながら文を作る態度を身につけさせる。
② 登場人物への感想や、各人物の思いを加えると内容が豊かになることを知らせる。
③ 書き出しと、いつ・どこの場面設定を考えさせる。

評価の観点

① 駅の情景を的確に表現できたか。(文の組立て・客観的な情景描写)
② 意見や理由、各登場人物の様子や思いを表し、文を構成できたか。

(文の組立て・主観的な心情描写・論理的な考察)

表3.27 駅の絵 中級指導案

	学習内容		指導上の留意点	時間
	子どもの活動	指導者の活動		
導入	**文構成の理解**(作文は難しくないことを理解する=話すように書く)			10分
	身近な出来事(直前の授業の様子など)を発表する。	友達や家族に話すように発表させる。		
	・思い浮かべて、最初に思ったこと(言いたいこと)を話す。 ・感じたこと・思ったことを大切に話す。 ・理由を話す。 ・まとめ方を考える。	文の組み立てを考えて結論につなげることを知らせる。 ① 具体的事実(主人公や駅の様子)→意見(考え) ② 具体的事実(主人公や駅の様子)→意見(考え)→結論(主張) ③ 結論(駅の印象や意見)→理由・事実(根拠) ④ 意見→具体的事実→結論(序論→本論→結論) ⑤ 意見→説明→転換→結論(起・承・転・結)		
展開	**絵を見て、作文の核と組み立てを作る**(序文=主題を決めて書く)		間違いを恐れず書き進めるよう留意する。	30分
	素材の「駅風景」の絵を選ぶ。	素材の「駅風景」の絵を提示する。	できるだけ資料を参考にせず、書くように配慮する。	
	絵を見て、最初に感じた印象や気になる人に対してどう考えたかをメモする。	位置関係・動詞・場面語彙を参考にできることを知らせる。	動詞の「て形」の活用については、理解が不十分な場合も、日本語力診断のために、説明を加えないでおく。	
	文の組み立てをメモする。	資料から使った言葉には○をつけるよう指示する。		
	内容を深める表現をする(本文=表情、動作や理由で、思いを書く)		必要に応じて辞書を使わせる。	
	書いた文から、主人公の様子や、周りの雰囲気が伝わるように表現を加える。	吹き出しを利用し、「どう思っているか」「なぜそうなのか」など考えや思いが出やすくなるよう配慮する。	机間巡視を行い、適切な段階で指示が加えられるようにする。	
	自分の生活と比べて自分ならどうするか、自分の経験との類似や違いを加える。	必要な登場人物の位置関係を確認させる。	校正行を利用し、必要な表現を付け加え、推敲させる。	
	文をまとめる(結び)		表現力の差を考慮し、各児童生徒に適したまとめ方ができるよう、個人差に応じた適切な助言ができるよう留意する。	10分
	時間の経過、最初の印象への強調、反論などで、創意のある結論へ導く。	まとめ方のヒントを提示する。 早く書けている子どもには、表現の推敲をさせる。変革させる。 敬体か常体かで統一させる。		
	句読点や文末表現に注意する。 題材を決める。	同じ文末が何回も続いていないか確かめ、文末表現に気づかせる。		

3-5-5 思いっきり書く作文が人を変える

日本語作文は書けるようになったとき、思いっきり書くことが大切

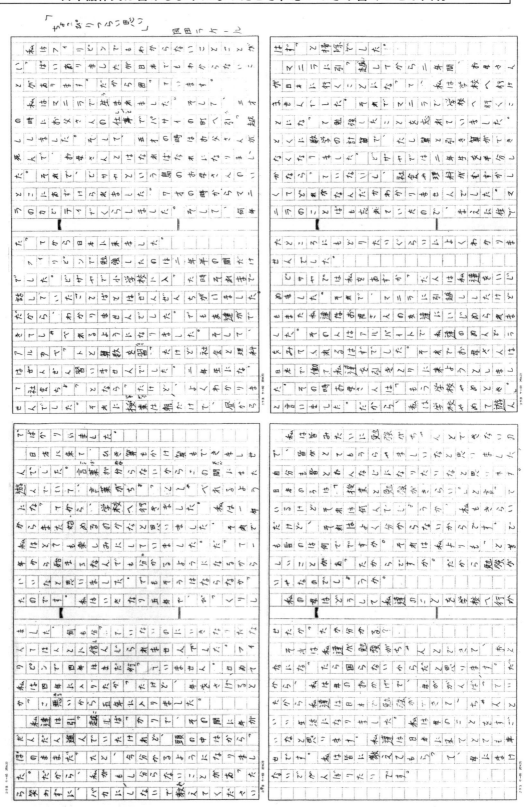

本人の了解を取って、その内容を日本語指導者が担任や学年の子どもに知らせることで作文が生きてきます。

　ラケールさんはみんなの前での発表の機会を持ちました。発表の後、自らも体験を述べ苦しみを乗り越えようとする生徒や、他人を思いやる気持ちを身を持って感じた生徒など、発表しようとする勇気に刺激を受けた生徒が書いた感想で、作文集が出来上がりました。

　ラケールさんは自分のことを皆に早く分かって欲しくて、ずいぶん前からタガログ語で作文を書こうとしていましたが、うまく書けなかったようです。書けるなら、もっと早くにタガログ語で書きたかったのですが、もう、日本語で書いた方が上手に書けるようになってしまいました。こんなに長い作文を書いたのは初めてです。書き上げた時、日本語教室に来て初めて、本当に心から嬉しそうな顔をしてくれました。ずっと、日本で皆に聞いて欲しかったことが初めて言葉になって、人に伝えられるようになった喜びだったと思います。

　日本に来てから長い月日がたって、ラケールさんが自分の過去を話そうとするのは、日本語を覚えて話せるようになる今日まで、フィリピンのことや、その辛さを友達にも上手に話せなかっただけではありません。日本の幸せな友達の生活と同じになって日本語を話せるようになった今も、日本で生まれ育った皆とは違う経験をしてきたために、勉強が分からず困っているのだと、気がつくようになったからです。同じ言葉でずっと続けて学習する機会が持てなかったことが、どういうことかわかってもらいたいという思いをくみ取ってあげてください。

　作文にもあるように、ラケールさんの場合、幼稚園に入った４才までタガログ語で生活していました。５才の時、セブヤーノ語の島で小学１年生になり、言葉が分からず学習内容が十分に理解できないまま２年になりました。その後タガログ語の地域に戻りましたが、２年間学校に行けず、９才になって、幼稚園以来すっかり忘れてしまったタガログ語の読み書きで、小学３年生の学習をすることになったのです。だから、小学校ではほとんど何も勉強できないままで、日本に来ることになったのです。

　400年余りの植民地支配の後独立したフィリピンでは、経済がまだ十分豊かとは言えません。その国で5歳の時にお父さんが亡くなりました。お母さん一人で４人の子どもを育てるのは大変なことです。ラケールさん兄弟姉妹は５年間母親とも別れて暮らしました。他人の家で気を遣い家事を手伝い、学校では言葉がわからずとても辛い思いをしたのです。日本のお父さんと巡り会って、日本の国籍も取れるようになり、やっと家族皆が一緒に暮らせるようになりました。

　小学校で６年間きちんと勉強してきた日本の中学生には、算数のひき算もかけ算も簡単なことですが、他の国の言葉で計算するのはその国の言葉がかなり話せる人でも難しいことです。例えば、日本人が英語で数字の読み方を習っても、頭の中で英語でかけ算をするのは難しいのと同じです。

　何度も転校して、その度に学習言語が変わったラケールさんにとっては、日本に来てようやく今、日本語で算数や理科や社会をちゃんと１から習えるスタート台に立ったのと変わりありません。日本語が分かるようになったと言っても、それは簡単な日常会話で、まだまだ分からない言葉や表現もたくさんあります。数字もその一つです。日本人の皆が簡単に使っている各教科の言葉も、まだこれから勉強しなくてはなりません。例えば実験に使う器具の名前や、簡単な薬品の名前、日本の山や川、土地の名前も、日本人のように聞き慣れていないので、覚えるのは大変です。

　だから、日本の先生や、先に学習した日本の生徒の皆さんから、ラケールさんは少しでもたくさん詳しく教えてもらいたいと願っているのです。

　それに、今まで、何もきちんと習えていないから、わかるのも覚えるのも時間がかかります。日本で考えたり覚えたりすることに慣れない間は、自分がわかる言葉で説明してもらったことをメモしないと、すぐ忘れてわからなくなります。辞書を引いてもその説明がわからないことも多いです。だから、何回も詳しく教えてもらわなければなりません。それを皆に頼むのは気が引けて辛いことです。ばかにされないか不安です。

　どうぞ、日本で勉強ができて本当に良かったと思えるように力を貸してあげてください。

　ときには母語作文が日本語力を伸ばすことに大いに役立ちます。翻訳できれば、書きたい内容を日本語と比較させることができます。また、本当に言いたいことがまだ日本語で言えないときは、心の解放につながります。母国の様子を他の子どもに伝える国際理解にも一役買います。

日本語学習終了直前に書く　日本語作文は指導者を変える

　日本語学習が自分にとってどうかについて反省や感想を書いて、日本で学ぶことを振り返る機会にしたいものです。これは指導者の反省にも励みにもなり、1つの評価となります。

　右の作文は、アメリカから来て初歩の日本語から1年間、とよなか国際交流協会の「子ども日本語教室」で学んだ小学6年生、リマショーン君が自ら下書きをし、本著のために自力で校正し、清書してくれた作文です。

　「子ども日本語教室」は研修を重ねたボランティア指導集団「とよなかJSL（Japanese for School Life）」によって週3回子どもの日本語指導を行い、日本語力・学力の保障を目指しているものです。

　これは交流協会の意向によって育て上げられた集団で、日本語学習が必要な児童生徒を支援するために、地域の実態に即した、子どもの日本語指導者を育成し、学校、大学、行政とのネットワーク体制を確立しながら、児童生徒の日本語力や生活力

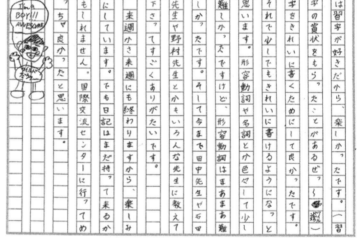

を高めていけるシステムづくりを目指しています。ボランティアとはいえ、指導計画を立て、毎回指導案を書き、複式で記録をとりながら研鑽を深めている熱心な指導陣によって成立しています。

　活動の中で、日本語を学べていなかった子どもが疎外感やトラブル、学習に苦しんでいる実態がいかに多いか改めて驚きました。幸い、教育委員会や学校との連携がとれるようになって、連絡帳での担任の先生方の声は学級での子どもの交流を感じられる嬉しいものが多く、子どもたちの自信のある声と笑顔が復活するのを見ていると、日本語指導者と担任との連携で救える子どもも多いことを改めて知ると共に、日本語をより確実に指導したいと強く感じます。

　このリマショーン君は担任の理解にも恵まれました。この作文は、指導に当たったボランティアの喜びをより大きくしてくれた1つです。

第4章
教科と日本語

第1節　算数・数学とのつながり ——— 130

4-1-1　算数がわかることと日本語がわかること［加減乗除と日本語］
4-1-2　多様性への対処が必要な四則計算
4-1-3　日本語文型と計算を、概念形成の方法として一緒に教えるもの
4-1-4　日本語での抽象能力を高める、算数・数学との接点
4-1-5　基礎となる抽象的な言葉は体験を通して学ばせる
4-1-6　文型から学習幅を拡げて、基準を教える［感覚を鍛えて学習経験を補う］
4-1-7　数学でも書く・読む力をつける［習慣がつくまで繰り返す］
4-1-8　基礎学力の補充が必要な中学生の数学の指導

第2節　理科学習のために ——— 146

4-2-1　理科への導入
4-2-2　日本語学習で、理科の学習理解に近づける
4-2-3　自・他動詞の学習で、実験を言葉で理解

第3節　言語の整理のために ——— 152

4-3-1　基礎英語の補充が必要な生徒の英語と日本語
4-3-2　英語・母語の力を借りて学力を高め、日本語力を伸ばす
4-3-3　文型の比較学習
4-3-4　指導効果

第1節 算数・数学とのつながり

4-1-1 算数がわかることと日本語がわかること
[加減乗除と日本語]

　大人の日本語指導では、会話中心であっても既に母語で培われた思考力で、抽象的な表現も簡単に理解し習得することができます。中学校で来日する高学力の子どもは、日本語での学習方法を身につけることで大人と同じ域に達します。

　しかし、中学生として編入しても、母語での抽象的な思考力が十分に発達していない子どもも多いです。小学校で来日し、特に低学年で日本語を学ぶ子どもは、日本語で抽象的思考を身につける手立てがないと、学力が伸びないばかりか、日本語習得にも限界が生じます。加減乗除の学習は、見えないものを頭の中で考え組み立てるという操作の出発点であり、抽象思考への入り口のようなものです。計算方法はわかっていても使い方を学習してこなかったため、実際場面で使えない子どもがいます。たとえば次のようなケースです。

> **引き算**
>
> 　量や程度の副詞を学習しているときに、どの学年でもよくあることです。
> コップに水をたくさん入れて、
> 　「少し飲みます。」と言って、実際飲んで見せ、
> 　「どれだけ残っていますか。」と尋ねると、
> 　「かなり残っています。」と答えることができます。
> 　ところが、コップを見せないで同じように、
> 　「たくさん水が入っていました。少し飲みました。どれだけ残っていますか。」
> と質問をすると、答えは
> 　「少し残っています。」となってしまいます。
>
>
> 図 4.1

　目に見える状態のときは、見たままの状態を答えられても、目に見えない状態では、頭の中で操作をして、引き算した結果を答える必要があります。引き算の概念がすでにでき上がっている子どもにとっては、聞いた言葉から操作のイメージをつかむだけで造作もなく答えられることです。しかし、引き算の計算ができる子どもでも、さまざまな言葉を使って実際の計算を経験していないと、頭の中でそれが引き算に置き換わりません。

> ### 掛け算
>
> 　小学2年生の後半期に掛け算を学習します。ある子どもは、学校で、『1さらに 〜こずつ 〜さら分で 〜こ。』という言い方を学習していました。
> 　1皿にいちごを3つずつのせた絵を4つ描くと、その子は即座にこう言いました。
> 　「知ってる、それ。1さらに3こずつ4さら分で12こ。」
> 　「そう、よく覚えているね。学校で習ったのね。」
> 　その日、日本語指導者は「3こ1くみ」「4人分」というような、助数詞のさまざまな言い方を教えようとしていました。
> 　「3こ1くみ」
> と言う言葉を口にすると
> 　「ちがう。3つずつ、って言うの。」

　算数の授業の強烈な印象に負けてしまいました。
　子どもは新しい言い方を学習することを拒否したのです。しかし、『ずつ』の意味や『分』の意味は理解せずに覚えていたようで、学年が変わって分数を学ぶようになってから、連絡帳には、算数の文章題が解けないとの担任の記述がありました。
　「じどうしゃが4台あります。ぜんぶでタイヤの数はいくつですか。」「3人1組で5班作ります。全員で何人ですか。」案の定、文章の意味はつかめていませんでした。その時点でも、□こずつ □□分という言い方だけが掛け算として認識されていたのです。
　低学年では、徹底した文型指導が簡単な会話のレベルアップにつながりやすいですが、日本人の子どもより言い方の変化を多様に経験していないため、せっかく習った掛け算の概念も、応用が利かずに過ぎてしまう結果を招きかねないのです。

> ### 割り算
>
> 　母親が日本人と再婚したことを機に、A子さんは中学1年で来日しました。知人に預けられていたA子さんは学習の機会に恵まれず、掛け算ができませんでした。そこで在籍校の協力を得て、九九で覚え直しましたが、なかなか割り算ができるようになりませんでした。
> 　日本語がある程度話せるようになっても、増える・減る・分けるといった算数に関係する表現がなかなか伸びませんでした。そして、面談時にそのことが話題になりました。
> 　「A子は割り算できますよ。お菓子を分けるのも、家中でも、一番上手ですよ。」
> 　「それは、どういうふうにして分けていますか。」
> 　「みんなにこういうように順番に1つずつ配っていくんですよ。」
> 　「最初から5つずつとか、6つずつとか決めて分けませんか。」
> 　「いいえ。そんなことしません。トランプ配るみたいに、順番にですよ。上手ですよ。」
> 黙って聞いていた父親が慌てて、しかしきっぱりと答えました。
> 　「私が、家でも、今日から割り算を教えます。」

4-1-2　多様性への対処が必要な四則計算

　記号や図形は指導を忘れがちです。計算ができると言うことで、記号を日本語で読めないまま授業に臨んでいて、1年たっても「たす・ひく」という言い方を知らず、授業内容は周りの動きと直感力で捉えていたという例もあります。

　記号や数字の意味を表す言葉は下表4.1のように、多岐にわたります。また、アルファベットの書き方も読み方もそれぞれの国で少しずつ違っている場合があります［第❻章第3節 6-3-9 参照］。そのため、教科書では理解できても、授業内容が聞き取れないという子どももいます。

文字・記号の読み

　等式を学習していた日、$2x = 12$と板書しましたが、ある生徒はxが読めません。

　「エックスって知っているかな。エイ、ビー、シーの。」

　「知ってる。でも、そんな字じゃない。」

前に出てきて彼は"×"と書きました。

　そこで$2x = 12$の意味を聞くと、$2 \times x = 12$と板書しました。

　「そう。じゃあ、これはどう読むのかな。」と問いかけると、

　「にエックス、エックスは12」

　別の生徒が

　「僕、知ってる。にかけるエックスは12。

でも、イックスだよ。日本人の発音おかしい。」

　でも、$2x - (-x) = 12$と書かれた次の問題では

　「にイックスひいくひいくイックスは12」でした。

図 4.2

　数字の読み方、単位を表す助数詞、記号の読み方、日時に関する言葉などは言葉として取り扱い、その言い方の種類をまとめて、覚え、言い慣れさせると定着が早いです。

表 4.1　四則計算によく使う言い方

足し算(加法)	引き算(減法)	掛け算(乗法)	割り算(除法)
3 ＋ 5 ＝ 8	8 － 5 ＝ 3	4 × 2 ＝ 8	8 ÷ 4 ＝ 2
3 たす 5 は 8	8 ひく 5 は 3	4 かける 2 は 8	8 わる 4 は 2
3 と 5 で 8			
3 に 5 を足すと 8	8 から 5 を引くと 3	4 に 2 を掛けると 8	8 を 4 で割ると 2
3 に 5 を加えると 8	8 から 5 を除くと 3	4 と 2 を掛けると 8	8 を 4 で分けると 2
3 と 5 を合わせると 8	8 から 5 減ると 3	4 の 2 倍は 8	8 の $\frac{1}{4}$ 倍は 2
3 に 5 増えると 8	8 から 5 減らすと 3	4 を 2 倍すると 8	8 を $\frac{1}{4}$ 倍すると 2
3 プラス 5 イコール 8	8 マイナス 5 イコール 3		
3 と 5 の合計は 8			
3 と 5 の和は 8	8 と 5 の差は 3	4 と 2 の積は 8	8 を 4 で割った商は 2
足し算(加法)の答	引き算(減法)の答	掛け算(乗法)の答	割り算(除法)の答

下記の表4.2は小学校の教科書で加減乗除の指導によく使われている表現です。たし算と掛け算に比べ、引き算と割り算の文章で使われている表現の方が多く複雑です。

表現の多様性に対応できるように日本語学習が進んでいないと、辞書が使えず母語でも四則計算の概念が形成できていない小学校低学年では、四則計算をどこでどう使うか身に付かないということになります。学んだ語句で短文の問題を作らせてみると理解が深まります。

表4.2　加減乗除で使われる表現

加法（たし算）	減法（引き算）	乗法（掛け算）	除法（割り算）
1. 全部で〜ありますか。	1. 〜より〜	1. 〜ずつまとめます。	1. 〜をいくつに〜分けました。
2. 合わせて〜ですか。	2. 〜の内〜	2. 〜に〜ずつ、〜分で	2. 〜を〜で分ける
3. 〜の集まりが〜	3. 違いは〜	3. 〜ずつ増えます。	3. 〜ずつに分けます。
4. 〜を〜集めた	4. 〜多く	4. 〜ずつ配ります。	4. 〜ずつに区切ります。
5. 〜と〜を合わせた	5. 残りは〜ですか。	5. 〜の〜分	5. 〜に〜ずつ
6. 〜と〜で	6. どちらが〜ですか。	6. 〜がいくつ分	6. 〜分は〜
7. みんなで〜	7. どれだけ〜でしょうか。	7. 〜ごとに〜	7. 〜人で同じ数ずつ
8. 買いたしました。	8. あといくつで〜になりますか。	8. みんなで	8. 〜余りますか。
9. 〜つなぐと〜になります。	9. あと何個	9. 〜分の長さ	9. 〜人で等分すると
10. もらいました。	10. あげました。	10. 〜を〜集めた数	10. 等分した1〜分
11. 残りは〜です。初めは〜	11. 使いました。	11. 〜倍すると	11. 〜日かかりますか。
12. 全部で〜	12. 比べましょう。	12. 〜円の〜を〜個買いました。	12. 〜時間必要ですか。
13. 合計は〜	13. 全部で〜です。初めは〜	13. 〜を〜つなぐと〜になります。	13. 〜で割った数は
14. 合計を計算	14. 〜残りますか。	14. 〜の面積は何m²ですか。	14. 〜で割ると
15. 〜増えました。	15. 〜から〜まで	15. 円周の長さは	15. 〜個分になりますか。
16. 〜に〜を加えると	16. 掛かった時間は		16. 〜に分けられます。
	17. 〜減りました		17. いくつとれますか。
	18. 〜と〜の違いは		18. 〜倍ですか。〜倍になりますか。
	19. 中身の重さは		19. 〜を元にすると〜は何倍ですか。
	20. 等しいでしょうか。		20. 〜は元の〜倍になりますか。
	21. 〜とどんな数を合わせた		21. 全体のどれだけ
			22. 割合はどれだけですか。

4-1-3　日本語文型と計算を、概念形成の方法として一緒に教えるもの

下記の資料[表4.3, 4.4, 図4.3]は助数詞の学習から掛け算や分数に導く方法例です。『ずつ』『分ける』、『〜分』『〜組』といった算数の掛け算・割り算・分数で使う言葉・助数詞は、意味を理解して自在に使えることが、高学年児童や中学生にとっても、数の操作を柔軟にする基本となっています。

単に助数詞を学ぶのではなく、数え方の多様性に触れることが、抽象概念の形成のスタートになるということに留意が必要です。

表4.3　数助詞・あります

	いすに	（人が）	2人ずついます。
	2人がけの	いすが	2脚あります。
	6本1箱の	鉛筆が	3箱あります。
	鉛筆6本入りの	箱が	3箱あります。
	6こ1袋の	あめが	7袋あります。
	あめ6こ入りの	袋が	7つあります。
	2こずつの	おかしが	5皿あります。
	2こ1皿の	おかしが	5人分あります。
	3本1皿の	串団子が	4皿あります。
	4こ1串の	団子3本が	4人分あります。
	ラケットとボールが	セットで	4組あります。
	ラケットとボールが	1つずつ	4セットあります。

表4.4　いくつずつ・何人分

	2人		2人ずつ
	りんごが2つ		りんごが2つずつ
	皿1枚		皿2枚
	1人に皿1枚 1人分の皿1枚		（1人に）皿1枚ずつ 1人に対し皿1枚ずつ それぞれ皿1枚ずつ
	皿にりんごが2つ		皿にりんごが2つずつ
	皿に1人分のりんごが2つ		皿に1人分のりんごが2つずつ
	1人分のりんご2つ		1人分のりんご2つずつ
	半分にする 1つのものを2つに分ける 2つに分けた1つ分 2分の1にする		半分ずつに分けます 1つのものを2つに分けた1つ分 2つに分けた1つがぼくの分 2分の1ずつにする

問題　次の文の[ ]に適当な文字や数字を書き入れ、絵の内容と合う問題文を完成しなさい。また、できた問題の式と答えを書きなさい。

(1)  [ ]で[ ]組にします。鶏は全部で何羽ですか。
式　　　　　　　　　　　　　　　答

(2)  [ ]が[ ]できます。全員で何人ですか。
式　　　　　　　　　　　　　　　答

(3) 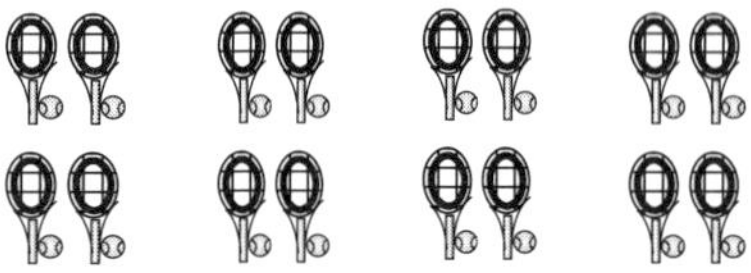 ラケットとボールは[ ]ずつ[ ]にし、8組作りました。
ラケットとボールはそれぞれ何こずつありましたか。
式　　　　　　　　　　　　　　　答

図 4.3　助動詞を用いた掛け算指導

4-1-4　日本語での抽象能力を高める、算数・数学との接点

　算数学習の多くの部分が習得できていない子どもは、抽象能力・論理的な考え方を構築する力等が形成されていない場合が多いです。

　母語でも、日常会話の域を出ない子どもは、A＝B、B＝Cはそれぞれ理解できても、A＝B、B＝CのときA＝Cとなることが理解できないことが多いです。こうした場合、日本語会話ができるようになっても、算数・数学で学習する論理的な思考過程が理解できません。

　日常会話ができても、2語文・3語文での会話が中心になっている生徒は、複文・重文など文が長くなると、聞き取り・読み取りができません。それに、母語でも十分な思考力が形成されていないと、日本語での長い文章にはなかなか頭が働くようになりません。

　図4.4では日本語学習と数学・抽象概念理解の基礎がどうつながっているか示しました。抽象概念理解の基礎となる、0(ゼロ)、－(マイナス)、＝(イコール)、x・y(文字式で扱う変数や定数)等がわからない子どもは日本語学習と並行して算数・数学の学習を進めることが、日本語理解を速めます。逆に、図中の日本語指導の項目では算数も取り入れた、指導が必要です［4-1-5, 4-1-6はその例］。

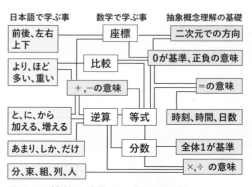

図 4.4　算数・数学と日本語の関係

4-1-5　基礎となる抽象的な言葉は体験を通して学ばせる

　数詞(1本、1日)、上下・左右・前後・順序・順番などについて、日本語で充分学習ができていないと、日常生活において数字を伴う文についての聞き取りや読み取りが必要な時、日本語で思考できません。低年齢からの長期在日児童生徒にも、この部分の日本語力が欠落している生徒が多く、交友でのトラブルの基にもなりやすいのです。

> **位置関係**
>
> 「えっ、太陽がある方が南？」と南米出身の生徒が声を出しました。
>
> 　日本語学習でお互いの家の方位を確かめようとしましたが、数人の中国の生徒も、地図上ではどちらの方角かを確認できません。そこで運動場に、大きな十字を描いてその中心に立ち、家の方角を指さしながら、地図を確認しました。
>
> 　ついでに、家までの距離も地図で見ながら運動場に家の位置を描きました。友達の家と正反対、等距離であるのを見て、ある生徒が突然別の発見をしました。
>
> 　「やったあ。分かった。原点について点対称っていうの、これと同じ。ようやく分かった。」

図 4.5

> **数字と位置**
>
> 　小学校低学年から日本で生活している、数学が苦手な生徒に、放課後、友達が座標の説明をしていました。けれども、なかなか思うように理解を得られず、その友達は本棚から参考書を利用しようと思いつきました。「ねえ、後ろの本棚の、上から2段目の右から3冊目の本、取って。」
>
> 　しかし、立ち上がって本棚を眺めるものの、彼は身動きできずにいます。「どれ？」「上から2段目！」「右から3冊目、右から！」何回も聞き直してようやく探し当てました。

図 4.6

　この後、その生徒は「右へ2歩、左へ3歩」「座席当て」「道案内」数字の出てくるゲームをいっぱい練習することで、数字入りの文章を聞き取ることに成功しました。

　図 4.7 はその1つです。紙に升目をつくり、中央を0点とします。そこを基点として、

「右へ3歩、上へ2歩、左へ6歩。今どこにいますか。」

「左へ3歩、上へ3歩の所」

「東へ3歩、北へ2歩、西へ6歩。今どの方角にいますか。」

「北西」

「x 軸を＋へ3移動、y 軸を＋へ2移動、x 軸を－へ6移動。今の座標は。」

「$(-3, 2)$」

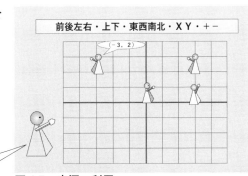

※ 板書で示すときに使う、四角錐の底にマグネットを貼り付け、片手だけを取り付けた立体人形。

図 4.7　座標の利用

4-1-6　文型から学習幅を拡げて、基準を教える
[感覚を鍛えて学習経験を補う]

基準には前述[図4.7]のように0を基準にするものと、下記のように1を基準にするものとがあります。分数や単位を持つものは1を基準にするので、まずそれに慣れることが必要です。

もとにする（基準にする）のは何か知ろう。

a．「ボイス君は'えらぶん'より背が高い。」
　　もとにする（基準にする）のは えらぶん
　　比べられる（比較相手）のは ボイス君
　　＊主語が基準ではないので、まちがいやすい。

b．「ボイス君は1mより背が高い。」
　　もとにする（基準にする）のは 1m
　　比べられる（比較相手）のは ボイス君
　　＊基準が人間ではないので、まちがいやすい。

c．「お父さんの背は'えらぶん'の何倍ですか。」
　　もとにする（基準にする）のは
　　　えらぶんの身長 80 cm
　　比べられる（比較相手）のは お父さんの身長 180 cm
　　1mを1とする ことから、小数と単位の概念ができているかを確かめる。

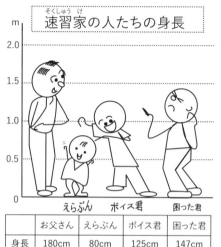

図 4.8　基準を考える

	お父さん	えらぶん	ボイス君	困った君
身長	180cm	80cm	125cm	147cm

※「学校教育における JSL カリキュラム　中学校編（数学科）」2007(H.19).3 文部科学省に記載

また、教科学習では、いくつもの言い回しで文型の意味を正確に理解して考える力が要求されます。下記のように高学年の子どもには比較の種類を増やし、一気に文型の違いを教えることで学習速度を上げます。

基本文
(1) 釣竿は　傘より　長いです。
(2) バットは　傘ほど　長くないです。
(3) バットと　旗は　同じ長さです。
(4) 杖は　傘と　同じくらい　長いです。

応用練習
(5) 旗は　1m　より____cm ほど　短いです。
(6) ____は　釣竿より____cm ____です。
(7) 1mは____や____より____cm 長いです。
(8) 傘とバットの長さの差は____cm ぐらいです。
(9) _____はラケットの2倍の長さです。

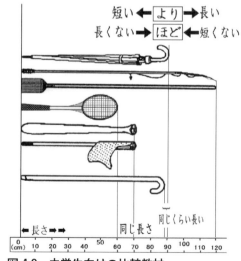

図 4.9　中学生向けの比較教材

一方、学習経験が少ない子どもや低学年の子どもは一度に多種の文型を理解することが難しいです。

したがって、学習速度の遅い子どもには図 4.10 のように比較方法を簡素化し、指導時期をずらして分割指導し、一つ一つの文型を確実に定着させます。

その上で、学習力を強化するためには、各文型の違いを使い分けられるように指導することが望まれます。

1 メートルとの比較、「より（肯定文）・ほど（否定文）」の使い方の区別、「同じ・同じくらい」「〜倍」等の違い等です。さらに応用編として、使い分けの学習幅を重さや量などに広げる必要があります。

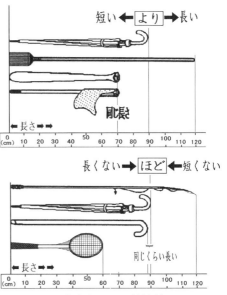

図 4.10　小学生向けの比較教材

> 表とグラフ
>
> 　数日前から、「関数が分からない」としきりに嘆いていた生徒が、分からない宿題がいっぱいあると、重そうな鞄を抱えてやってきました。まず、社会科の教科書の帯グラフを指さして、「これ何？」と尋ねました。よく聞くと、棒グラフしか習っていませんでした。理科の教科書の降水量のグラフも読みとれませんでした。そこで簡単な折れ線グラフや帯グラフ、円グラフを自分で作って勉強することにしました。ところが、表をグラフに置き換えることができません。「棒グラフは習ったけど、見方だけだ」と話してくれました。

表やグラフを十分に学習していないと、時間割表は読めても、各欄の数字の意味や合計の意味がわからないこともあります。表をグラフに書き換えられなかったり、グラフの座標や x 軸と y 軸の関係が説明を受けてもよくわからなかったり、といったケースも見られます。数学は得意な生徒でも、関数がわからないというときになってこうしたことに気づくこともあります。

表 4.5　表の理解

	男	女	合計
読んだ	19	20	
読まない	20	21	
合計			

4-1-7　数学でも書く・読む力をつける ［習慣がつくまで繰り返す］

> 学習ノート

生徒は、説明の言葉がよくわからないときは、辞書で母語の意味を引き、ノートに書き加えるか、わかる範囲の日本語で自分の言葉に直してノートに書き込んでおく必要があります。わかったときは安心感があるのでついメモを怠りがちになりますが、慣れない日本語はすぐ忘れてしまうため、必ずわかったときにその言葉で書き込むことが最も大切な作業です。図 4.11 の資料はP君のノートですが、P君の場合もノートは数学用語には赤ペン、操作の方法には青ペンを用いるなど、自分のノートが教科書になるようきちんと整理しながら書くことが最初の学習事項でした。

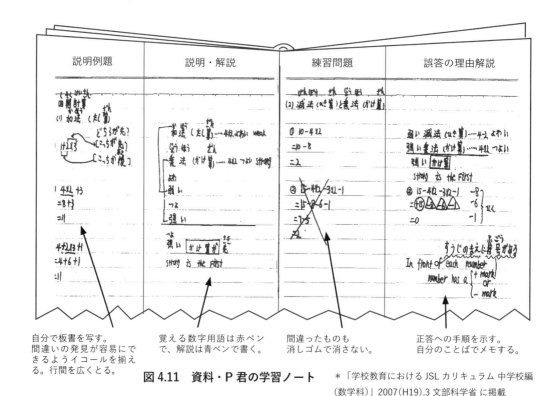

図 4.11　資料・P君の学習ノート　　*「学校教育におけるJSLカリキュラム 中学校編（数学科）」2007(H19).3 文部科学省 に掲載

文字式の文章題にする、読解力以外の手立て

下記の内容をできるようになるまで繰り返し指導すると、算数・数学の文章題の問題文は読みこなせるようになります。

1. **わからない言葉の意味を知る。**
   使われる文型・言葉にはある程度パターンがある。
   距離・価格・面積等に使う語彙を身につける［表4.6 参照］。
2. **長い文では、必要な部分にアンダーラインを入れる。**
   分割して必要な部分を読みとる読み方を練習する。
   グラフ（関数）・図形は、図上の記号を指で押さえながら読む。
3. **文字の代わりに数字を入れて考える。**
   x、y等を簡単な数字に置き換えて考える。
   文字式のxでつまずいている場合はまず、それを理解する。
4. **図や表を作ってみる。**
   計算に使う部分を表にまとめ、2種以上の関係を整理して加減乗除を判断する。
5. **揃える必要があるときは、単位を揃えてから計算する。**
   cmとm、mとkm、時と分など、単位を揃える方法を把握する。
6. **何算か、加減乗除を考える。**
   加減乗除に使われる文型・言葉に慣れる。
7. **答えの単位を忘れない。**

表4.6 文章の読み取りに必要な言葉例

金銭を扱う文字式の文章題にある言葉		
言葉	読み	説明
～余る ～残る	～あまる ～のこる	100円 － 80円 ＝ 10円 10円　20円余る（残る）
～足りない ～不足する	～たりない ～ふそくする	100円 － 130円 ＝ 10円 10円 10円　30円足りない（不足する）
合　計 平　均	ごうけい へいきん	26 31 12 ＋15　4つの数　　26、31、12、15 ─────　　　合計　　4つ　平均 　84　←合計　　　割る 　　　　　　　　84 ÷ 4 ＝ 21
金　額 支払う	きんがく しはらう	お金はどれだけいるか。買うときに必要なお金
原　価	げんか	原価…工場…(80円) 元の値段（仕入れ値） 　　　　　　　　　　仕入れる
定　価	ていか	定価…店……(100円) 決まっている値段
価格・値段 値・売値	かかく・ねだん ね・うりね	価格｛ 　　…客　(150円) 値上げ・(50円) 値下げ 　　　　　売買時（売る・買う時）の金額
代　金	だいきん	**代金**　客が払う金額
利　益	りえき	**定価**（100円）－**原価**（80円）＝**利益**（ 20円）　店は20円の**利益**
損　失	そんしつ	**売値**（ 50円）－**原価**（80円）＝**損失**（－30円）　店は30円の**損失**
値上げ	ねあげ	売値を定価より高くすること
値下げ	ねさげ	売値を定価より低くすること
消費税	しょうひぜい	お金を使う時（価格）につける税金で、国のお金になる

出典　資料集「テストで使う言葉を学ぼう」（中学校編　田中薫・加藤健太郎(2003)）

4-1-8　基礎学力の補充が必要な中学生の数学の指導

(1)　学習面全般での問題点

　直感力・理解力共に、他の生徒と同等の能力があっても、母国で学習環境が整っていなかった生徒は、自己学習力を培わなければそれ以外の潜在能力を顕在化することが難しいです。編入後卒業するまでの短期間に、教科の理解に近づくためには、まず学習姿勢の形成から開始することが必要です。

　まず、日本語指導開始後、指導が軌道に乗るまで教科学習を多岐に広げず、日本語学習に集中させ、Ⓐ集中力の育成、Ⓑ記憶力の向上、Ⓒ学習習慣の形成に相当期間をとること、が数学科の理解を速めるのにも有効です。特に、読み書き、語彙量の増強を楽しませることが、学習自体に興味を持たせる大きな鍵となります。

⑵　数学の授業として教える必要があるもの

　中学の数学指導に当たって、小学校の算数で学習するもののうち、四則計算、分数計算、小数計算、表・グラフの読みとり、図形の面積は先に学ばせることが必要です。

　掛け算・割り算ができない生徒には数字が少し読めるようになった時点で、九九表の読み方とカセットテープ・ＣＤも併用して9週間以内に覚えさせるようにします。これは数字の定着をも速めます。

　中学1年生の数学では、負の数（−）の概念、等号（＝）の意味、比例と反比例ではグラフのX軸Y軸の持つ意味などに特に指導の配慮が必要です。

⑶　日本語力と数学・算数学力

　数学の学力判定は編入時またはできるだけ日本語開始時点で行うことが望まれます。特に小学校低学年で日本の学校に編入した子どもたちは、十分な日本語や教科の学習ができていないケースが多く、中学校に入っても数学でつまずいていることが多いです。

　表4.7は外国人生徒の日本語力の各レベルにおける、5教科の平均点数を示しています。その中で数学の基礎補充が必要な生徒を▨で表したものです。中学校で編入した子どもは、早期に数学指導を開始したため、日本語レベルが4に至る段階では他教科に先立って数学の点数も上がっています。これは、数学の学習経験が乏しい子どもでも、生活経験がそれをカバーする力を持っていることと、他の面での思考力が母語で養われていることからでしょう。小学校で十分学んでこなかった子どもは、日本語のやり直しのスタートが遅れると同時に、母語での思考力も低い場合がほとんどで、学力が上がる前に学習力を身に付けるのに時間がかかり、数学のスタートも遅れてしまいます。

表4.7
［外国人を保護者とする生徒における数学の基礎補充必要度］

数字は定期テスト5教科の点数の幅

能力試験	簡易診断カード	日本生まれ	小学校低学年で編入	小学校高学年で編入	中学校で編入
2級	Level 5	50以上	50以上	40〜60	50以上
2級	Level 4	40以下	20〜50	—	—
3級	Level 5	—	10〜40	40以上	40以上
3級	Level 4	10〜40	10〜30	10〜30	20〜30
3級	Level 3	—	10〜30	10〜30	20前後
4級	Level 4	10〜20	20以下	20以下	30前後
4級	Level 3	10以下	—	10前後	10前後
級外	Level 2	10以下	数学の基礎補充が必要		

　能力試験は、『日本語能力試験（旧）』（独立行政法人国際交流基金・財団法人日本国際教育協会）を用いて280/400点（平均70点）到達者を各級で表しています［第❺章第2節5-2-3表5.7参照］。簡易診断カードは本書第❷章第1節の簡易基礎日本語力診断を用いています。

　たとえば能力テスト2級であっても、簡易テストでレベル4の生徒の場合、5教科の点数も低く、特に理数科で点数を下げている場合が多いです。

(4) 算数・数学学力の判断

算数・数学の基礎補充が必要かどうかの判断は右図のような基本的な診断をしてみます。四則計算と分数と小数の関係が理解できているか、分数の計算ができるかが、主な判断の基準です。

図 4.12　算数・数学の基礎学力

(5) 数学学習面での問題点

中学編入時に下の資料程度の計算力を持った生徒を対象に数学指導を開始するためには、数学の基礎になる学力の育成が必要です。しかし、日本語が十分にわかっていない時期に、日本語で説明し、理解させ、短期間に必要な基礎を身に付けさせるためには、次のような配慮が必要です。

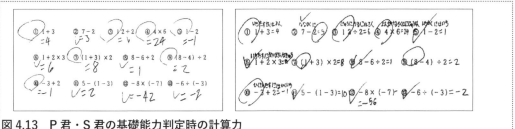

図 4.13　P君・S君の基礎能力判定時の計算力

① 指導内容の精選を図る必要があること

特に難しいのは、小学校で学ぶ掛け算や四則計算のなど数年分の学習を半年から1年で終了しなければ、卒業までに自信を付けさせることはできないことです。しかし、短時間に指導できる最少の内容に絞ることで、経験上の知識を整理することにつながり、生活上学んでいることが上乗せされ、かえって理解を速めるということがわかってきました。

② 必要に応じて指導手順を変えなければならないこと

わかりやすいことから順に進め、他の日本人生徒と同じ学習ができる部分に触れながら進める必要があります。特に中学2・3年生は、小学校での学習部分だけがわかるようになっても間に合いません。そのため、数学で学ぶものと算数で学ぶものを織り交ぜて教科書に近づけながら指導する必要があります。

③ 説明に用いる言葉の精選が必要であること

説明が長ければ長いほど、日本語でつまずいてしまいます。また、抽象能力や関係把握力が十分育っていないため、指導時に抽象的な説明が使えません。さらに、母語においても学習用語が理解できていない場合が多いです。以上を考慮し、余計な説明を省き、生徒にわかる簡単で必要な言葉だけで説明し終わることが肝要です。

④ 学習内容の定着を図る手立てが必要であること

　ノートはその生徒の教科書になります。ノートを見直すとき、自分にわかる言葉で意味がわかるように書き取ってあることが復習の基本です。しかし生徒はわかる言葉の量が少ないことから、ノートには特に、簡潔で平易な言葉と図示が必要です。

⑤ テスト問題に慣れる必要があること

　日本のテストに慣れていない生徒は、学習したことが即テストの点数に結びつきません。そのため、テスト問題の読みとり方に指導が必要です。

(6) 言葉の学習段階に合わせた数学科への導入

　基礎の補充が必要な中学生の数学指導は、概ね次のような日本語学習段階で実施できます。

表 4.8

	日本語指導	数学指導	クリアする問題点
	数学基礎能力判定テスト		
1週間	五十音の発音 これは〜です		
1〜2カ月	あります・ありません 単位（助数詞） 形容詞文型	数字の聞き取り・読み書き	四則計算を使う場面の理解
3カ月以内	動詞文型	四則計算の解き方	
	日時・週・月・年に関する言葉の読み書き		時計が読める 時間の計算ができる
6カ月以内	テストの設問に出る言葉	九九を覚える	9週間で九九が言える
9カ月以内	四則計算に関わる言葉比較 （より、ほど、どれだけ）	正の数・負の数 等式と文字式	符号（＋）（−）の意味 虫食い算（逆算）ができる xのある等式がわかる
		分数・小数	乗法・除法と分数の関係 分数と小数の関係
1年以内	図形関係の簡単な言葉 図形の学習法 （先に覚える事柄を知る）	対象図形、二等分線、垂線、平行線の作図、平面・空間図形・合同図形	コンパス・定規が使える 証明問題を考える手順を知る
6〜8時間の補習		線対称・点対称・比例・反比例・一次関数・二次関数	グラフが読める

(7) テストの設問や教科書の文末表現と助詞の扱い

　テストの設問の言葉は取り出して学習する必要があります［第❺章第2節5-2-2 表5.4参照］。テストの設問では、説明部分が常体（である・する）で書かれていても、問いかけの部分は敬体（ですか・ますか）が多く、命令形が使用される場合もあります。さらに、数学では助詞の扱いや答えの要求の仕方にも独特の言い回しがあります。そこで、表現が違っても同一に扱うものはできるだけまとめ、日本語文型が未習の時点でも、それらの多彩な設問の読み取りに慣れさせる必要があります。

表 4.9

式	を に で	書きましょう。 表しましょう。	書きなさい。 表しなさい。	書け。 表せ。	書き 表し	⇒ 式を 書きます。
	を で	言いましょう。 述べましょう。 示しましょう。 考えましょう。 作りましょう。	言いなさい。 述べなさい。 示しなさい。 考えなさい。 作りなさい。	言え。 述べよ。 示せ。 考えよ。 作れ。	言い 述べ 示し 考え 作り	
答え 値 数	を	計算しましょう。 答えましょう。 求めましょう。 言いましょう。 出しましょう。 入れましょう。	計算しなさい。 答えなさい。 求めなさい。 言いなさい。 出しなさい。 入れなさい。	計算せよ。 答えよ。 求めよ。 言え。 出せ。 入れよ。	計算し 答え 求め 言え 出し 入れ	⇒ 答えを 書きます。
式	を	解きましょう。	解きなさい。	解け。	解け	
? 定価 価格 値段 代金 おつり	は	何円ですか。 いくらですか。 どれだけですか。	何円になるでしょうか。 いくらになりますか。 どれだけになりますか。	何円か いくらか どれだけか		⇒ ?の答えを 書きます。
	を	求めましょう。 出しましょう。 計算しましょう。	求めなさい。 出しなさい。 計算しなさい。	求めよ。 出せ。 計算せよ。	求め 出し 計算し	

⑻ **説明の言葉を減らして指導する。**

生徒の言語生活における興味の範囲で、わかる言葉だけを使って算数・数学の基礎を早期に指導し、日本語で考える習慣を付けることが大切です。

学習経験がないと虫食い算では答が言えても逆算の式が作れません。

このような場合、＝の意味や x の意味がわからない生徒がほとんどです。

□と x は同じだと横並びに書けば説明はいりません。

紙幅の都合上、等式の性質（等式の両辺に同じ数を加えても、引いても、掛けても0でない同じ数で割っても等式は成り立つ）には触れていません。表4.10の指導の後、この指導を加えるとなおわかりやすいです。

表 4.10 説明の言葉を減らす指導

学習語彙	①整数の計算	②虫食い算（逆算）	③文字式
加法 （足し算）	$7+4=$	$□+4=11$ $□=11-4$ $□=$	$x+4=11$ $x=11-4$ $x=$
減法 （引き算）	$11-4=$	$□-4=7$ $□=7+4$ $11-□=7$ $□=11-7$	$x-4=7$ $x=7+4$ $11-x=7$ $x=11-7$
乗法 （掛け算）	$7×4=$	$□×4=28$ $□=28÷4$ $□=\dfrac{28}{4}$ $□=7$ $7×□=28$ $□=28÷7$ $□=\dfrac{28}{7}$	$4x=28$ $x=28÷4$ $x=\dfrac{28}{4}$ $x=7$ $7x=28$ $x=28÷7$ $x=\dfrac{28}{7}$
除法 （割り算）	$28÷4=$	$\dfrac{□}{4}=7$ $□÷4=7$ $□=7×4$ $\dfrac{28}{□}=$ $28÷□=7$ $□=28÷7$ $□=\dfrac{28}{7}$	$\dfrac{x}{4}=7$ $x÷4=7$ $x=7×4$ $\dfrac{28}{x}=7$ $28÷x=7$ $x=28÷7$ $x=\dfrac{28}{7}$

（吹き出し：$28÷4$ と $\dfrac{28}{4}$ は同じだよ）

（吹き出し：カケル×は書かないよ　ボイス君）

(9) 日本語学習途上の生徒への数学の指導方法例

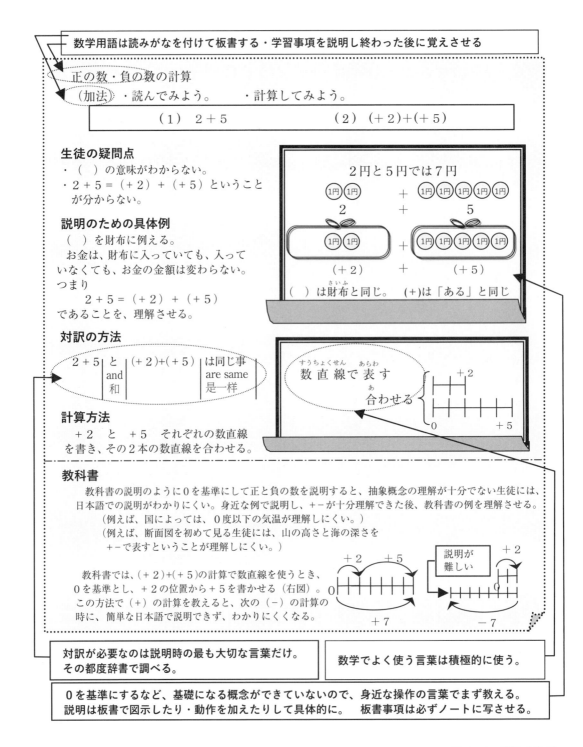

図 4.14 指導方法例

⑩ 学習効果

ある年度に、142ページに示した表4.8の指導手順を使った学習内容で8名の生徒を指導しました。その成果は図4.15に示すとおりで、これは各自の在籍校でのテスト結果です。

日本語学習を始めて2年以内の中学2,3年生で、1名を除き、四則計算ないしは分数の理解に補充が必要だった生徒を対象としています。韓国の1名(U)は、編入事情で1年飛び級となっていたため本人の希望でいくつかの分野の基本指導を加えたものです。また、掛け算の九九から指導した生徒は3名(S, T, Z)です。

右のテスト結果は1～2学期間のテスト結果を示すものですが、春休みまたは夏休みの集中指導後に大きく伸びている生徒が多いです。また、右のテスト結果は中間・期末・実力テストの区別をしていません。したがって指導内容とテスト範囲が食い違っていた場合はその学習効果は必ずしも反映されていません。グラフ上で点数が下がっているところは、補習時間が十分にとれていない分野の出題が多かったときです。

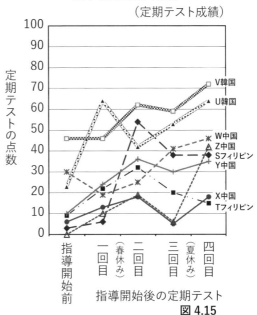
図 4.15

基礎学力の補充で希望を見出した生徒もいます。母国フィリピンで中学1年を終了し、中学2年生の4月に日本語学習を五十音から始め、掛け算があやふやだったS君は、日本語学習を始めた当初、分数・小数の計算もできませんでした。

アメリカとフィリピンの数学の教科書を使った学習を試みましたが、英語の説明文が正確には理解できませんでした。そこで、日本語で九九を覚えることから始め、3年生の1学期の数学期末テストで50点に達しました。これを契機に他の学習にも積極的になり、学級でも自信を持って行動できるようになりました。S君の場合、2年間の日本語指導期間に、中学校の数学は丁寧に説明すれば理解できる程度に到達しました。

S君は日本に来て数学がわかるようになってきたことが嬉しくて、日本の高等学校で英語力を回復させ、母国で数学の先生になりたいと思い始めるようになりました。

第2節 理科学習のために

4-2-1 理科への導入

　理科は自然との関わりが強く、日常の子どもの会話には使われない言葉や現象が学習対象になっているので、語彙の確保が学習の必須条件です。また、実験や観察は、経験の少ない子どもには戸惑いも多いですが、その学習の道順を知ることは他教科の理解の仕方に共通します。

　理科の理解で最も困難なことは自動詞・他動詞の区別です。ただし、その使われ方が理解できれば、理科で扱われる文章は、論理的でわかりやすいです。最初に大きな疑問を提示し、解決へ導く道筋が理解できれば、結論としてそうなる原因が見える仕組みで教科が理解できます。これは日本語で論理的に語る方法を学ぶことに大いに役立ちます。

(1) 導入の時期

日本語の習得に合わせた学習導入が必要です。

表 4.11

導入の時期	レベル	学習の柱	有効な補助教材
初期	レベル3以前	図の単語	よりわかりやすい図示
動詞の活用学習後	レベル3以降	重要語句を意味理解	語彙の対訳
自・他動詞学習後	レベル4～5	意味理解と要点の把握	漢字の読みがな
読解力養成のために	レベル5～6	要点の把握と整理・考察方法	読みやすい読み物教材

(2) 必要な語彙は先に覚える

　授業中の説明を早く聞き取れるようになるためには、実験時に使用する器具名、薬品名、学習対象となる生物名、また学習する生物の部位名等を先に覚えるのが効果的です。

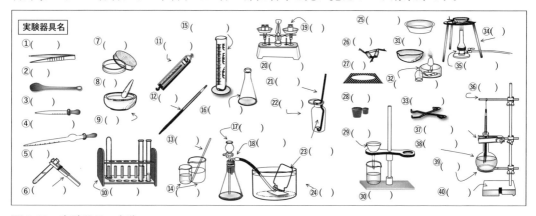

図 4.16　実験器具の名称

(3) 生物分野の知識は大から小へ

　生物分野は、学年を追って細部へ進んでいく傾向があります。高学年の子ども、特に中学生は、低学年で学習している言葉を先に学習していないと理解できません。

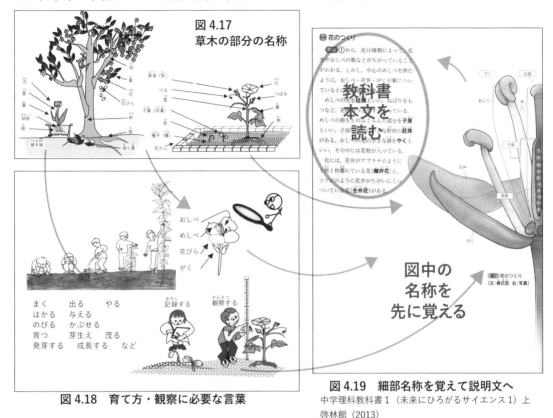

図 4.18　育て方・観察に必要な言葉

図 4.19　細部名称を覚えて説明文へ
中学理科教科書1（未来にひろがるサイエンス1）上
啓林館（2013）

(4) 頭に入りにくい言葉の種類を明確にする

　語彙の予習をせず観察や実験などの作業を通して学習するとき、集中して作業することに気を取られて言葉を覚えられないことが多いです。

　下記の文章は小学3年生の植物分野の理解を確かめたものです。日本語を学習中に、植物の名詞（たね、葉、子葉）について学習していた子どもで、1.と4.の設問に正解し、よく理解できていると感じた子どもがいました。

　しかし、設問を 2. 3. 5. のように変えると、何をした後にどうなったかと言う順序の言葉には理解が及んでいませんでした。また、その子どもは子葉の特徴も答えられませんでした。

1. ＿＿＿をまいたあと、さいしょに出てきた＿＿＿を＿＿＿＿＿と言います。
2. たねを＿＿＿＿＿あと、さいしょに＿＿＿＿＿葉を　子葉と言います。
3. たねをまいた＿＿＿、＿＿＿＿＿に出てきた葉を　子葉と言います。
4. ＿＿＿＿は、みどり色で、2まいあって、少し細長かった。
5. 子葉は、＿＿＿＿色で、＿＿まいあって、少し＿＿＿＿＿＿。

　これは、作業を通して学習する場合、作業中に流れて消える言葉（例えば図4.18で示した

ような動作を表す言葉)や、作業で使うが目に見えない言葉(例えば、作業手順を示す言葉や使用器具名など)は頭に残りにくいからです。したがって、動詞(まく、出てくる)や、前後関係を示す言葉(あと、さいしょ)が記憶に留まっていなかったのです。

また、観察と言う作業の意味を理解できていなかったため、特徴を表す言葉(みどり、細長い)は要点として感じられなかったようです。学習内容の特徴に合わせた語彙の学習が必要なことがわかります。

4-2-2 日本語学習で、理科の学習理解に近づける

(1) 理科教材を日本語学習に取り入れる

学んだ文型の応用で理科に関係する表現を増やしておくことは、理科の授業に自然に馴染む要素になります。会話を中心とした指導の後に、学習への応用を練習として加えておきます。たとえば、温度を教材にするといろいろなことを学ぶ機会を提供できます。

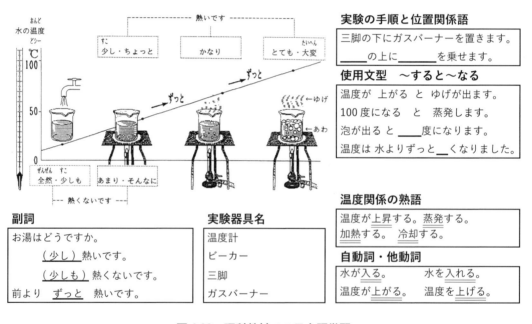

図4.20 理科教材での日本語学習

(2) 日本語で学習した言葉をもとにまとめる

理科で比較するものが多い分野では、急に大量の言葉と、その違いを区別しなければならなくなります。このとき、図や表にまとめた経験の乏しい子どもは、語彙の多さと、比較する力の不足と、図表の理解で三重苦が生じます。

たとえば、中学で学習する気体の発生の部分は学習する気体の種類が多く、その特徴も煩雑です。しかし、副詞や初期の形容詞さえわかれば、理解できる部分は表4.12のほとんどに達します。これは単元全体の半分近くに該当します。

また、第❶章第4節法則1で述べたように集中して覚える力が付いていれば、液体名を覚えてから実験すると、その後では、図4.21の理解は十分できる力が期待できます。
　さらに下表のように表の区分を色分けなどではっきりさせ、軽いか重いかを明確に区別するために風船で視覚化するなどの工夫で、気体の集め方との関係がより明確に見えてきます。

表4.12

気体	空気を1としたときの質量の比重	水に溶けるか	集め方
アンモニア	0.597 軽い	非常によく溶ける	上方置換 水に溶けやすく空気より軽い気体を集める方法
水素	0.0695 非常に軽い	溶けにくい	水上置換 水に溶けにくい気体を集める方法
窒素	0.967 少し軽い	溶けにくい	
酸素	1.05 わずかに重い		
二酸化炭素	1.268 重い	少し溶ける	下方置換 水に溶けやすく空気より重い気体を集める方法
硫化水素	1.190 重い		
塩化水素	1.529 重い	溶けやすい	
塩素	2.486 かなり重い		

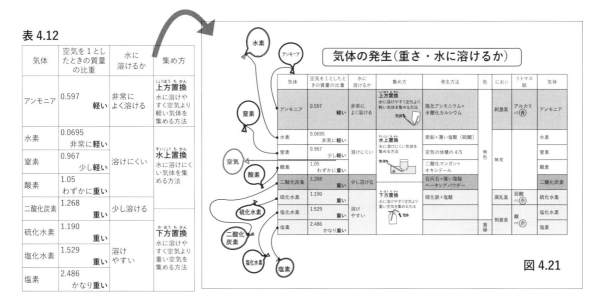

図4.21

4-2-3　自他動詞の学習で、実験を言葉で理解

　初期の日本語学習では、他動詞をより多く学びますが、理科の実験が含まれる分野では自動詞も多用されます。自動詞と他動詞の区別は必須課題です。

　下記は小学3年から6年までの教科書で、電気に関係する領域でその学年になって初めて使われた動詞語彙を抽出したものです。小学3年では、生活科から初めて理科という教科に変わることもあり、自動詞の語彙数も他学年と同様豊富になるので注意したいです。

		3年		4年		5年		6年	
自動詞		(あかり)が	つく	(モーター)が	回る	(人)が	ぶらさがる	(音)が	出る
		(電球)が	つかわれる	(向き・どこ)が	ちがう	(安全そうち)が	はたらく	(部分)が	こわれる
		(線)が	切れる	(ようす)が	わかる	(はり)が	ふれる	(向き)が	変わる
		(電気)が	ながれる	(はり)が	しめす	(電流)が	流れる	(フィラメント)が	切れる
		(通り道)が	できる	(けん流計)が	こわれる	(回転)が	進む	(豆電球)が	光る
		(どう線)が	むける	(はり)が	動く	(コイル)が	見つかる	(電気)が	たまる
		(どう線)が	おおわれる	(大きさ)が	かわる	(電磁石)が	包まれる	(実験)が	終わる
		(糸)が	まかれる					(あかり)が	消える
		(スイッチ)が	入る					(大きさ)が	決まる
		( )に	あてはまる					(電熱線)が	冷える
他動詞		(あかり・豆電球)を	つける	(モーター)を	回す	(どう線)を	まく	(電気)を	送る
		(かん電池ホルダー)を	使う	(はたらき)を	調べる	(人)を	つるす	(電気)を	起こす
		(つなぎ方・金ぞく)を	さがす	(はたらき)を	くらべる	(電気)を	とめる	(電灯)を	光らせる
		(豆電球)を	ねじこむ	(向き)を	かえる	(向き・強さ)を	変える	(電車)を	動かす
		(豆電球)を	つかう	(大きさ)を	はかる	(条件)を	整える	(電車)を	とめる
		(豆電球)を	光らせる	(スイッチ)を	入れる	(計画)を	立てる	(電車)を	なくす
		(どう線)を	たどる	(スイッチ)を	おす	(まき数)を	ふやす	(生活)を	支える
		(どう線)を	あてる	(電流)を	流す	(スイッチ)を	おす	(オルゴール)を	鳴らす
		(どう線)を	ねじる	(目もり)を	読む	(性質)を	挙げる	(使い方)を	知る
		(どう線)を	つなぐ	(光電池)を	向ける	(ぼう磁石)を	もどす	(ハンドル)を	回す
		(どう線)を	よじる	(光)を	弱める	(はたらき)を	使う	(ちがい)を	比べる
		(電気・糸・紙)を	通す	(光)を	あてる	(あな)を	あける	(向き)を	決める
		(もの)を	つなぐ	(おもちゃ)を	作る	(たんし)を	かえる	(音)を	出す
		(どうか)を	しらべる	(モーター)を	のせる	(目もり)を	読みとる	(時間)を	はかる
		(おもちゃ)を	作る	(タイヤ)を	つける	(クリップ)を	引きつける	(コンデンサー)を	つなぐ
		(電流)を	ながす	(向き)を	調べる	(クリップ)を	つり下げる	(はかる・さわる)のを	止める
		(電流)を	切る	(モーター)を	はりつける			(熱)を	出す
				(かん電池)を	集める			(切れこみ)を	通す

図4.22　教科書の自他動詞　『たのしい理科3～6年』大日本図書 (2011) より

(1) 自動詞・他動詞の語彙数を増やす

① 理科の教科書・参考書から動詞を拾いだします。この作業は教科書を読み慣れるのにも役立ちます。

② 動詞の前に「が」、「を」のどちらが付くかで自他動詞を見分けて、自動詞と他動詞を一対にしたカードを作ります。

③ 自動詞か他動詞の一方しかわからないときは、一方だけを書き入れます。他動詞しかないものや受身形のものも、一緒に書き出し、対になる自他動詞の違いは⑤の作業の中で教えます。

④ 自動詞⇔他動詞の語尾変化が共通するものを集めます。

⑤ 自動詞⇔他動詞の変化の規則ごとに集めて、動詞語尾のタイトルカードを作り、分類して変化の仕方に馴染ませます。この段階で、自動詞か他動詞の一方しかわからなかったカードが完成できるようになります。

　50組以上のカードを動詞の活用の種類ごとに並べます。すると、未習の動詞も自動詞か他動詞のいずれかがわかれば他方も予想できるようになります。下記の一覧表はまとめ方の例で、表は子ども自身が作り、組み合わせの規則を作業を通して理解すると感性を通して身につくので覚えが早いです。なお、この表は見せて覚えさせるためのものではありません。

⑥ カードを真ん中で折り曲げるか、切り離して、自動詞を見て他動詞を、またその逆を言えるようにします。

図 4.23　自他動詞の抽出
「たのしい理科6年1」大日本図書 (2011) より

表 4.13

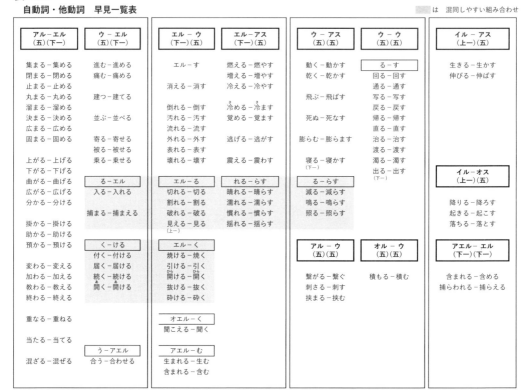

自動詞・他動詞　早見一覧表　　　　　　　　　　　　■ は 混同しやすい組み合わせ

(2) 第1分野の読解の実際

中学校理科の第1分野、小学校高学年の理科の実験では自動詞・他動詞をふんだんに使って表現してあります。

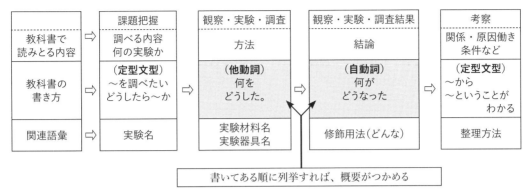

図 4.24 理科第1分野理解のための言語構造

教科書に書かれている内容を、上図のように書かれている順を追って捉えると内容が理解しやすいです。また、その教科書の読解の手順は次のように進めます。

① 必ず単元の一番最初の所から始めます(最初に出てきた言葉をその単元の後ろのほうで使うからです)。
② 読めない漢字にアンダーラインを入れます。
　 漢和辞書を引きます(量が多い場合は友達や先生に尋ねます)。
③ 文中で示された図を、指で押さえながら読みます。
④ 意味のわからない言葉に印を入れます。
⑤ 何の実験かを示した、文の要点を探します［～かどうか、～を調べたい］。
⑥ 主語［何が］と述語［どうする・何をする］で実験内容、
　 主語［何が］と述語［どうなる］で実験結果を把握します。
⑦ 言葉の意味を示す文を読み取ります［～という］。
　 (ア) キーワード(同ページで何度も使われる言葉や太字)で文中に説明があるものは、教科の専門的語彙で辞書を必要としません。
　 (イ) 教科の専門的語彙で説明のない言葉は、同分野の教科書の索引を引いてみます。
　 (ウ) 索引にないものは、母語辞書で確かめたり、友達に尋ねます。

第3節 言語の整理のために

4-3-1 基礎英語の補充が必要な生徒の英語と日本語

　公用語が英語であっても、母語である地域の言葉が記載された英語⇔母語辞書がなく、英語の学習自体がさほど進んでいなかった子どももいます。

　日本語⇔母語辞書がなく英語の辞書が唯一の拠り所なのに、英単語も数多くは知らない子どもは、辞書のいくつかの例文を見比べながら日本語・英語双方の意味理解を推測する場合が多く、いずれの言葉も正確に把握できないときがあります。

　教科の学習で十分に辞書を利用できない生徒にとっては、他の日本語学習生徒より大きな苦痛を伴うことになります。そうした生徒に、英語の復習で母語や日本語と比較し、言語への感覚を確かなものとし、思考力を養うことはぜひとも必要な学習だと言えます。

(1) 学習ノートの作成

　英語科の学習は、初歩の生徒も学習経験がある生徒も、ノートを活用することによって英語だけでなく日本語の理解の向上が図れます。図4.25はその学習ノートの1例です。

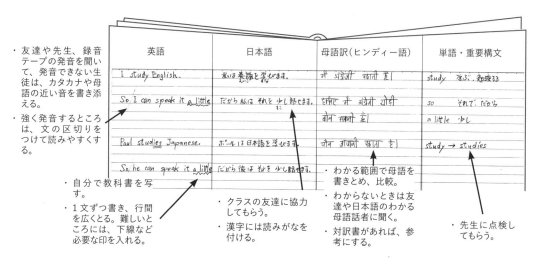

図4.25　英語ノート

　ノートは、英語・日本語・中国語など母語の対訳を常に付けていく努力をさせると、母語と日本語と英語の違いが理解しやすくなります。母語訳が困難な場合も、できる範囲でノートを作っておくと、母語と日本語の関係が後日わかるようになります。

一方、全く英語の学習経験のない生徒は、日本語の五十音を学び終えた後に英語のアルファベットを覚えさせるほうが、発音の混乱が少ないです。また、形容詞・動詞文型が少し進んで、日本語がどんなものか少しわかるようになってから、日本語の文型を追いかける形で英語を学ぶように教材を変え、ノートをとると翻訳にも困ることが少ないです。

(2) 日本語・英語共通の教材の利用

　日本語指導で、形容詞文型を現在形・過去形・修飾用法・形容詞文のつなぎ方（大きくて丸い・大きいし軽い・大きいが古い、など）も比較的初期の段階で指導すると便利です。形容詞を使うと楽しい会話が組み立てやすく、交流に役立つからです。

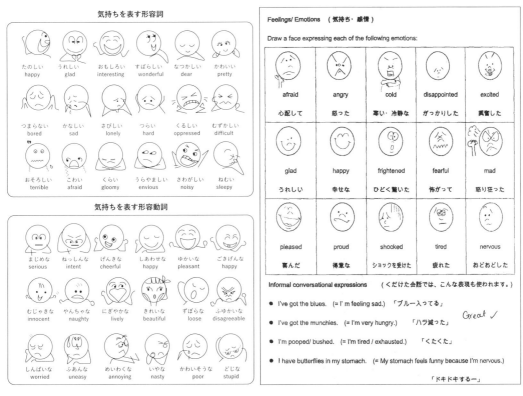

図4.26　教材「気持ちを表す言葉」　　図4.27　書き込み生徒作 "Feelings・Emotions"

　また、形容詞だけでなく、品詞ごとに言葉を整理した教材は記憶力を高めるのにも役立ちます。この方法は英語の学習語彙数が少ない生徒や、英語の生活会話ができても、品詞の使い方に誤りのある生徒にも有効です。

　図4.26は初期の学級生徒との心の交流や、作文指導のために作成した教材「気持ちを表す言葉」です。また、これを参考に英語科でAssistant Language Teacherの協力のもとに作成した英語版の授業教材が、図4.27の"Feelings・Emotions"です。これは、○の中に生徒自身が表情を書き込むもので、日本語学習が初期段階の生徒でも、日本語と英語を覚えながら楽しく日本人生徒と交流ができる教材です。

また、このような共通の資料を比較させると、たとえば、日本語の動詞文型「私は怒った。」に対して、英語ではＳ＋Ｖ＋Ｃ文型“I was angry.”になるものがあることなどもわかりやすいです。英語の教科書や参考書にもたくさんの絵があり、カタカナの学習などにも利用すると、日本語学習と共通する部分で興味深く学習させられます。

4-3-2　英語・母語の力を借りて学力を高め、日本語力を伸ばす

⑴　導入の時期

たとえば、Ｓ君のように正確な構文で話すことや、時制を考え順序立てて話すことに慣れていない場合、基本的な時制は理解ができていた生徒でも混乱が起きます。「〜している、〜してある、〜してくる」などの表現と組み合わさるという、複雑に絡み合う使い方に接した段階でわからなくなることが多いのです。

Ｓ君の作文

校正メモ　〰部分は日本語で指導
＿＿部分は母語と合わせて指導する部分

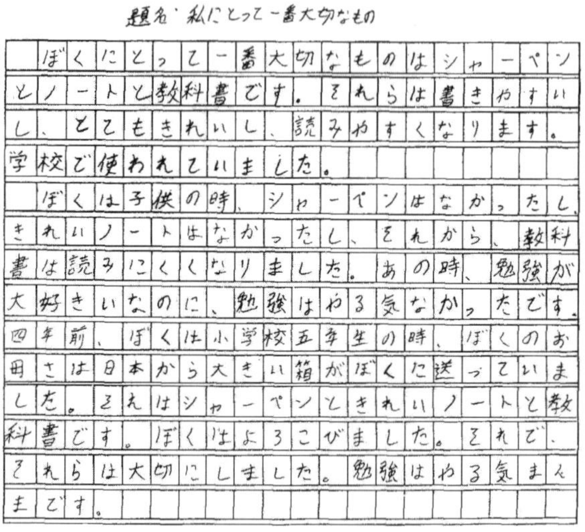

ぼくにとって一番大切なものはシャーペンとノートと教科書です。それらは書きやすいし、とてもきれいだし、読みやすくなります。(それは日本の)学校で使われていました。
ぼくが子供の時、シャーペンはなかったし、きれいなノートはなかったし、それから、教科書は読みにくくなっていました。あの時、勉強が大好きいなのに、勉強をやる気はなかったです。四年前、ぼくが小学校五年生の時、ぼくのお母さんは日本から大きい箱をぼくに送ってきました。それはシャーペンときれいなノートと教科書です。ぼくはよろこびました。それで、それらは大切にしました。勉強はやる気まんまんです。

図 4.28　英語・母語との比較が有効な時期の作文

作文は、ちょうどその時期に書かれたものです。これまで複数の事象を捉えて考察する機会にあまり恵まれていなかった生徒にとっては、短時間でさまざまな組み合わせを整理することが難しいのです。また、母語自体や会話で習得した母語の時制が曖昧な場合が多いです。このような場合、英語、あるいは母語と比較整理することを助けることが、日本語学習を進めるための有効な手段となります。そこで、ここでは、日本語と英語を比較確認しながら学習する方法について述べます。

(2) 動詞の活用と時制の比較学習

　小学生の時から会話を中心とした英語学習をしてきた生徒や、国内で2つ以上の公用語がある国の生徒などの場合、文型の基本が未整理であったり、生活が簡単な現在形と過去形だけの会話であったりします。

　英語圏からの帰国生でも、母国で学習した英語力が弱い場合、たとえば、前ページ作文の事例S君のように学習の機会が制限されていたり、保護者と離れて生活し、自分の考えや意志を人に話すことが少なかったりする生徒もいます。彼らは忍耐強く、素直な受容ができる点において優れていますが、日本語を学ぶ際に言葉を使って自己表現をしたり、比べて話したり、考えを組み立てていく力が育つまでに長い時間がかかります。

　こうした生徒に最も必要なことは、生きていく自信です。そこで、生徒が求めている、学習がわかりたいという願いに応え、やればできるという達成感を与えることで、生きていく自信につながるように、短期間に成果の上がる指導方法が必要です。

　このような生徒は、日本語と英語の文型を、動詞あるいは文ごとに一覧にまとめる作業を通して、日本語・英語の助動詞、日本語の常体と敬体・英語の人称などに注意しながら、時制をしっかり捉えなおす練習をすると、双方の言語の特徴が理解しやすいです。

表 4.14　英語と日本語の動詞活用の対照表

			未来形	習慣・現在形	過去形	現在進行形	完了形 (経験・結果・継続)	受身
和文	肯定文	常体	書くつもりだ 書くだろう	(を)書く	書いた	書いている 書いていた	書いたことがある 書き終わったところだ ずっと書いている	書かれる
		敬体	書くつもりです 書くでしょう	書きます	書きました	書いています 書いていました	書いたことがあります 書き終わったところです ずっと書いています	書かれます
	否定文	常体	書かないだろう	書かない	書かなかった	書いていない	書いたことがない 書き終わっていない	書かれない
		敬体	書かないでしょう	書きません	書きませんでした	書いていません	書いたことがありません 書き終わっていません	書かれません
英文	肯定文	1・2人称,複	will write	write (O)	wrote	am (are) writing	have (has) ever written have (has) already written	be written
		3人称				is writing	have (has) written 〜 from 〜	
	否定文	1・2人称	will not write	don't write	didn't write	am (are) not writing	Have (has) never written have (has) not written yet	be not written
		3人称		doesn't write		isn't writing		

　表4.15は、活用表表4.14を利用して練習を開始する前に、既習の日本語の範囲内で、知っている英単語を使って、生徒が自由に記述したものの一部です。これは日本語学習6ヵ月の3年生で、在籍校英語中間テスト30／100点未満の時の記述です。

表 4.15　動詞活用の対照表　中国Nさんの自由記述例

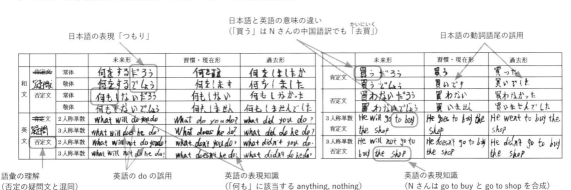

ここでは比較することで間違いが容易に発見できるため、指導の手だてが立てやすいです。また、母語が他の言語である場合にも同様の表を活用すると、それぞれの言語の特徴を目で区別することができます。特に日本語の初歩が終わった段階では、この方法が有効になります。基本の文型がきちんと理解できたら、表4.16のように、「疑問文を疑問詞に置き換える」「可能・受身・過去完了等に換える」などの表現へと発展させやすいです。

表4.16 英語・母語・日本語の文型の対照表

（例）「私は手紙を書く」を基準としたもの

いつ・どこ等、疑問詞に置き換える

		1・2人称, 複	3人称	常体	敬体
未来形	疑問文	Will you write a letter?	Will he write a letter?	書くつもり？	書くつもりですか？
	肯定文	I will write a letter.	He will write a letter.	書くつもりだ	書くつもりです。
	否定文	I will not write a letter.	He will not write a letter.	書かないつもりだ	書かないつもりです。
習慣現在形	疑問文	Do you write a letter?	Does he write a letter?	書く？	書きますか。
	肯定文	I write a letter.	He writes a letter.	私は手紙を書く	書きます。
	否定文	I don't write a letter.	He doesn't write a letter.	書かない	書きません
過去形	疑問文	Did you write a letter?	Did he write a letter?	書いた？	書きましたか。
	肯定文	I wrote a letter.	He wrote a letter.	書いた	書きました。
	否定文	I didn't write a letter.	He didn't write a letter.	書かなかった	書きませんでした。
進行形	疑問文	Are you writing a letter?	Is he writing a letter?	書いている？	書いていますか。
	肯定文	I am writing a letter.	He is writing a letter.	書いている	書いています。
	否定文	I am not writing a letter.	He isn't writing a letter.	書いていない	書いていません。

可能・受身・過去完了等に換える　　　　　　S.V.O.C.以外の修飾用法を付け加える

(3) 作文練習ノートの活用

日本語習得が初期の段階では、英語圏学習者でも和文英訳や英文和訳にはかなり困難を伴いますが、日本語習得が相当進めば、英語の学習経験がある生徒の場合、次第にこの困難度が解消されるのが普通です。

しかし、日本語習得が進んでも、英語の在籍校の定期テストが40～60点で伸び悩む生徒は、日本語の文型と英語の文型との間で混乱が起きていることが多いです。これは2・3年生の日本語学習生徒によく見られる傾向です。日本語学習が進まないうちに関係代名詞や受け身など英語で先に学習することが多いことや、複雑な文型では、母語を介さないで日本語と英語を訳すことが難しいからです。

図4.29の資料は、混乱の原因を発見するために作成した、作文練習ノートです。これは、英語科授業で実施した日本人生徒の英作文や教科書の文章を参考に、穴埋め形式で簡単な作文が作れるようにしたものです。英語科での作文の点検と同時に、間違えた部分は自分で日本語に訳させ、その部分が日本語と母語との混乱か、英語の理解不足によるものかを知らせるようにしました。もちろん英文和訳や和文英訳は教科書や問題集、テストなどを利用しても、判断が可能ですが、本人の言いたいことを基に分析したほうが定着しやすいという効果があります。また、高校入試に向けて、国語科・英語科・母語のいずれかで作文が必要になる場合にも、日本語での作文練習と並行して進めることで、英作文からも、母語・日本語作文の要点を

つかませる一助とすることができます。

I'd like to talk about my dream. My dream is to become a chef in a Frenchrestaurant. I have this dream because I'm interested in cooking. But, it won't be easy to become a chef. So, I'll have to learn French and go to France to study at a chef's school. I know I'll have to study hard and hard.	私の夢について話したいと思います。私の夢はフランス料理店の料理長になることです。私がこの夢を持つのは料理に興味があるからです。 しかし、料理長になるの簡単じゃありません。フランス語を習い、シェフの学校で勉強するためにフランスに行かなければならないでしょう。私は一生懸命勉強するつもりです。
Composition 　スピーチ（目的への過程や気持ちをはっきりとさせる）	【私の夢】
スピーチの書き出し 　I'd like to talk about my dream.	スピーチの書き出し 　私の夢について話したいと思います。
将来の夢の書き出し 　My dream is to become（　何　）.	将来の夢の書き出し 　私の夢は（　何　）になることです。
理由 　I have this dream because I'm interested in（　何　）.	理由 　私がこの夢を持つのは（　何　）に興味があるからです。
困難な内容と理由 　But, it won't be easy to（　何になる、何をする　）.	困難な内容と理由 　でも、（　何になる、何をする　）のは簡単じゃないでしょう。
学習する内容や決意 　So, I'll have to learn（　何をする　）, I know I'll have to study hard and hard.	学習する内容や決意 　だから、私は（　何をすること　）を学び、一生懸命勉強しなければならないと思います。

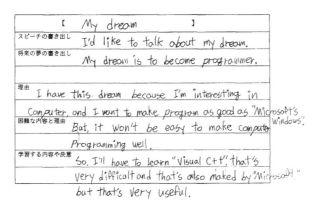

図4.29　英語作文練習ノート

4-3-3　文型の比較学習

　混乱の生じた文型は整理が必要です。そこで、日本語・英語、双方の文型を整理し、学習が不十分な語順、助詞（前置詞）、修飾節の訳し方などは一覧にすることが効果的です。

　これは、日本語学習時に、学習項目を類型化して学んでいる生徒にとっては、比較しやすい方法です。たとえば、図4.30の資料教材は語順と助詞（前置詞）に注目できるようにした例です。文の強弱や文の区切りの理解にもこの方法で対処できます。

　図4.31、4.32は語順と日本語訳に注目しやすくまとめた資料例です。これらは日本語の言い方に難しさがあるために、英語としてはわかっていても対訳でつまずきやすいものです。たとえば不定詞の「〜したがっている」と言う表現は一人称で扱うことは希で、"I wanted to"は「〜したい・〜したいと思っている」となるため、英語と語順が似ている母語をもつ生徒には、英語を参考に日本語の理解を図ったほうがわかりやすい場合もあります。

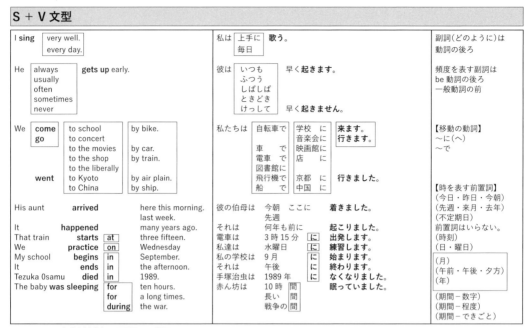

図 4.30 資料教材　語順と助詞

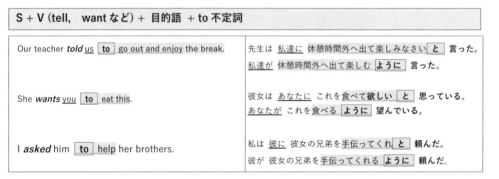

図 4.31 英語・日本語文型の対照表(to 不定詞)

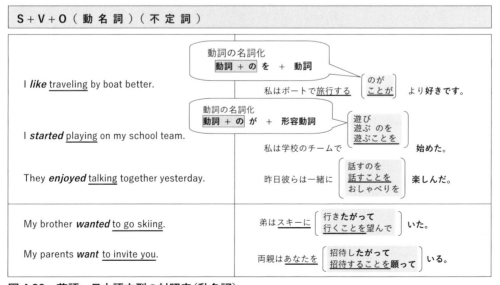

図 4.32 英語・日本語文型の対照表(動名詞)

4-3-4　指導効果

　下のグラフは、本節で述べた学習法を使って同時期に指導をした生徒 8 名について、各自の在籍校でのテスト結果を示したものです。これは母国で英語学習経験があり、日本語学習を始めて 2 年以内の 3 年生を対象としています。

　また、指導はいずれも定期テストの点数が下がった時点、すなわち B 中国、C 中国の 2 名は 2 年の学年末試験の結果を受けて春休みから、E 韓国は 1 学期中間後、D 中国、F 韓国、G フィリピン、H フィリピンの 4 名は夏休みから、A 中国は 9 月実力後すぐに開始しました。

　英語・日本語双方での語彙量が少ない生徒は、範囲指定のある中間・期末には効果が及びませんでした。しかし、実力テストでは向上に速度の差こそあるものの、指導前に比べ 20 点以上点数が上がる効果が見られました。

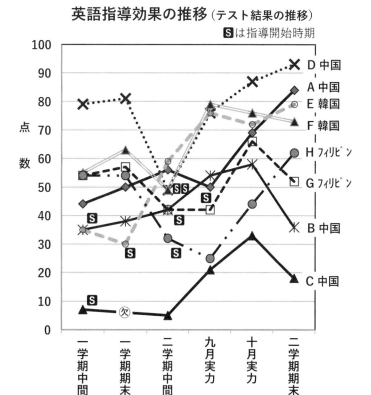

図 4.33

第 2 部
在籍校での援助体制のために

第5章
在籍校体制における配慮

第1節　編入と指導体制 ──── 164

5-1-1　編入学年の決定
5-1-2　編入時の学力測定方法
5-1-3　授業への導入のための学校体制を整える
5-1-4　学習指導上の一般的な留意事項

第2節　在籍校でのテストを受ける準備 ──── 172

5-2-1　テストへの導入［日本語力に応じた導入］
5-2-2　設問語彙の理解と解答方法［必要な言語に慣れる］
5-2-3　配慮事項の決定［日本語力を知らせ、子どもも先生も共通の理解で］

第3節　通訳・対訳による援助 ──── 178

5-3-1　初期の通訳
5-3-2　問題解決のための通訳
5-3-3　日本語習得レベルに合わせた通訳の留意事項
5-3-4　学力に合わせた通訳による授業の援助
5-3-5　対訳集の利用

/

第1節 編入と指導体制

5-1-1 編入学年の決定

編入学年の決定は子どもの一生を左右するかもしれません。

小学校で編入した子どもは中学生になって、中学で編入した子どもは高校生や大学生になってから、親や学校、区役所で勝手に決められたと嘆く姿をたくさん目にします。

「日本語がわからなければ勉強ができない」という判断から、親の意思や学校の意向等で、必要以上の下学年に編入されているケースでは、友達関係や学習意欲にプラスに働かず、編入学年による生徒の悩みは月日を経過するほど大きくなります。

また、日本国籍を持っているからと、「学齢相当の学年」に編入させられた子どもにも、学習の重圧に苦しい思いを語る子どもがいます。

この問題の解決には、運営に関わる教育委員会の担当指導主事、区役所の窓口担当者が次々変わっても支障のない、適正な編入のシステムを整えることが取りわけ重要です。

編入学年決定に当たっては、校区や編入指定の学校で校長や指導主事と日本語指導担当者が立ち会い、本人の能力を確認します。日本語習得に必要な時間、教科学習上の問題、進路、友達との関係等、そのメリットとデメリットを提示し、やむを得ず学年を下げる場合、高学年の子どもについては本人の意思を尊重することが望まれます。

日本語指導者は子どもの学歴や力量を、自身が見極め全力で日本語を指導したら、編入後その子どもの会話と教科学習理解のためにどの程度の期間が必要か、指導者本人の力量に合わせて説明することが望まれます。

小学校低学年では、学習歴を全く持たなかったり、病気や発達の遅れがある場合を除いて、学年を下げる必要はほとんどありません。

図5.1 望ましい初期対応例

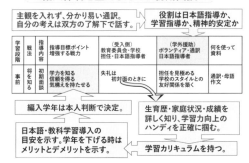

図5.2 望ましい初期対応例

編入学年決定のための判断材料

　来日時の年齢と編入学年の関係では、各国での教育年限が一定ではないことが、編入学年の決定を難しくしています。編入時に13才で6年過程の小学校を修了したと聞いても、何歳で小学校に入学したかによって、編入学年は必ずしも中学校とは限りません。4、5歳で就学し、途中で留年していたケースもあります。学年の始まりと終了月によっても、それは変わってきます。母国・在留国での落第・ドロップアウト、また転校の経験がある場合などは、学習力が定着していない可能性があります。また、教科の学習経験、母国や在留国での各教科の学習内容、来日前の学習環境も影響します。

　そこで、編入学年の決定に当たって、参考にしていただきたい子どもの声や、学習への必要な期間について記しておきます。

(1) **不満が出る、学年を必要以上に下げたケースの理由例**
　① 高等学校への編入が認められなかった。
　② 学校や親、区役所での判断で決められた。
　③ 先に日本で生活経験を持つ通訳、親戚の先輩が強引に勧めた。
　④ 編入先の荒れている学年事情で判断された。
　⑤ 一才年上の兄・姉が学年を下げて編入することを決めたため、同じ学年を避けた。
　⑥ 身体が小さすぎるので、下げられた。

(2) **学年を下げて編入したメリットの声（ゆとり）**
　① 母国で学習しなかったことをきちんと学べた。
　② ハードな学習が苦手でも、部活も習い事も十分に楽しめた。
　③ 年上だからしっかりした意見が言えて、みんなが頼りにしてくれた。

(3) **学年を下げて編入したデメリットの声（精神年齢の違い・進学）**
　① 進学が遅れた。
　② 地域の高校入試での配慮に来日後年限があり、配慮枠が受けられなくなった。
　③ 大学進学で一浪したので、ずいぶん年下の人たちと一緒になってしまった。
　④ 日本語習得が順調で、学習は母国で習ったことが多く、学年を下げたことを後悔した。
　⑤ 母国の友だちが先に高校生になったので悔しかった。
　⑥ 自分の年齢が上なのにばかにされるのでプライドが傷ついた。喧嘩など友だち関係が崩れたとき、勉強がうまくいかなかったときにそう思った。
　⑦ 思春期になり、周りで「誰が好き？」と言う話題がよくあったが、年下の日本人の男子は幼稚で好きになれず、その話題にも興味が持てず、友達とうまく付き合えなかった。
　⑧ 部活の試合で年齢制限に掛かり、試合に参加できないことがあった。

⑷　学年を下げないで編入したメリットの声（友だち・精神面の向上）
　①　同年齢の子どもと一緒で、精神年齢も等しく、気持ちが通いやすい。
　②　勉強で忙しかったけれど、それを乗り越えたので、プレッシャーに強くなった。
　③　やればできるという自信がついた。
　④　母国との半年の差で、飛び級みたいになったが、早く卒業できたのでよかった。

⑸　学年を下げないで編入したデメリットの声（学習・余裕のなさ）
　①　日本語学習と学校の勉強がハードで、毎日が学習で手一杯だった。
　②　高校に進学できたけれど、勉強がよくわからず留年した。
　③　中学校では部活に入るのが遅くなって、レギュラーになれなかった。

⑹　全日制公立高等学校の進学希望生徒に必要な指導時間

　日本語指導を必要とする子どもが高等学校に進学し、高等学校での学習ができる状態までに指導するには週5～6時間の日本語指導で1～2年必要です。かなり基礎学力の補充が必要な生徒も3年あれば、学習が理解できるようになります。

　全く学習経験を持たずに来日した子どもで、いきなり中学校に編入した子どもについては高校（定時制高校を含む）に入学後も、丁寧な指導をお願いする必要がありました。

表5.1　進学希望生徒に必要な指導時間

（指導期間は第❷章第4節表2.8～表2.11による・学力は次ページの学力判断による）

	漢字圏			非漢字圏		
	高学力	普通学力	低学力	高学力	普通学力	低学力
	英・数 85以上	全科平均 65以上	全科平均 60以下	英・数 75以上	全科平均 65以上	全科平均 60以下
中学校　終了	8ヵ月間	1年間	1年6ヵ月	－	－	－
中2相当終了	8ヵ月間	1年3ヵ月	2年間	1年間	1年間	3年間
中2半期中退	1年間	1年6ヵ月	3年間	1年間	2年間	3年間
中1相当終了	2年間	2年間	3年間	2年間	2年間	3年間
中1半期中退	2年間	2年間	3年間	2年間	2年間	3年間
小6相当終了	3年間	3年間	かなり困難	3年間	3年間	やや困難
小5相当終了	3年間	3年間	かなり困難	3年間	3年間	かなり困難
小4以下終了	－	－	極めて困難	－	3年間	極めて困難

※　表の見方

　上記の表は編入学年を下げずに、学齢どおりに大阪市の中学校へ編入して著者が指導した生徒の日本語・教科学習期間です。

　　　　の網掛け部分は日本語での数学指導を並行して進めた場合で、その生徒たちの日本語指導は2年間が平均です。母国との教育システムの差や諸事情で、飛び級の形で学年相当に編入した子どもたちが不安とハンディーを乗り越えるためには算数・数学の指導が欠かせませんでした。数学指導を必要としない生徒の日本語指導は1年半以内で、終了後の在籍校での指導期間も含んでいます。

　　　　の部分は国際科・英語科等、大阪府市の特別入試制度（英語・数学・母語か日本語での作文）の利用を含んでいます。

　　－　　の部分は該当する生徒がありません。

5-1-2　編入時の学力測定方法

　子どもの将来に影響する編入学年の決定への判断を行うためにも診断が必要です。この診断は、指導のスピード、方法等への配慮など、指導を効率的に行うためにも参考になるものです。なお、診断はその必要性を説明してから行う必要があります。

(1) 学力判断の方法

① 日本語で通訳を通して本人や保護者に質問する方法

　日本語が話せる保護者や通訳がいる場合は、調査すべき内容をあらかじめ書き出しておき、各教科等の学習内容や授業形態をできるだけ詳しくつかむようにします。

② 日本語の話せない生徒に、直接質問する方法

　該当学年かそれより１年下の学年の教科書を見せながら絵や図で学習分野を確認します。また、中学生の場合、小学校高学年の教科書を用意し、学習していない分野や小学校でのみ学習する分野については遡って調べます。この場合、「わかる」「わからない」の簡単な質問方法を考えてみる必要があります。図5.3のようなものを用いて、「わかる」「わからない」の日本語を学習させ、答え方を与える方法もあります。

図 5.3　理解の確認

③ テストによる方法

　各教科等で学力をより正確に知りたい場合には各校で学力テストを行うことも可能ですが、日本語が不十分な場合には実際の学力が現れません。こんなとき、図・絵・写真等を用いたテスト問題を作成し、学習に必要な生物名、地名、用具名を母国語で答えさせたり、数字・図・記号などを用いて授業への基礎知識の習得状況を答うことは可能です。

　・地理……世界の国名が母国語で言えるか

　・理科……実験器具を使ったことがあるか

　・国語……辞書の扱いの確認・母語の作文力がわかるとより確か

(2) 学力判断の基準

　学級人数・学級数……学年規模が大きいと、学力の信頼度は高くなります

　　　　　　　　　　（非常に小さな学校の場合があるので注意が必要です）。

　教科の成績……100点満点で何点ぐらいか教科ごとに尋ねるとわかります。

　学級成績の順位……何番ぐらいか問います。自己申告でも突然の質問には大きな嘘はつけません。

　家庭での学習習慣と学習量……宿題や家庭学習を何時間ぐらいしていたか問います。

教科の好き嫌い……国語や第二外国語・算数数学への好き嫌いが日本語に影響します。
学習歴……何歳から何歳まで学習してきたか、日本の教育制度との違いを把握します。

中学生の場合

・英語……日本の教科書を少し読ませるなどして、英語力も確かめておきます。
（2・3年に編入生徒……ごく簡単な会話と問題）
（3年に編入生徒……編入後、ひらがなを覚えてから、設問用語彙を学習させ、学年相当のテストで、和訳英訳以外の部分でかなり正確な判断が可能です。）
・算数・数学……簡単なテストをします。
（小学校の復習程度の簡単なもの［第❹章第1節 4-1-8 図 4.12 参照］）
（編入後の生徒……ひらがなを覚えてから、設問用語彙を学習させ、学年相当のテストでかなり正確な判断が可能です。）
・地理……世界の国名が母国語で言えるか調べます。
・理科……実験器具を使ったことがあるか調べます。

(3) **帰国生の編入、日本語が少しわかる子どもの転入時に必要な日本語力判定方法**
　① 第❷章第1節……日本語基礎レベル診断カードを利用します。
　② その他面接時の方法……表 5.2 は短時間での面接で判断する必要があるとき、有効です。

表 5.2　転・編入時の日本語力判断

使用材料	判断方法	スタート位置
数人が何かをしている絵で「○○さんは何をしていますか」の質問をする。	テ形で答えられない。	用言の基礎からやり直したほうがよい。
小学2年程度の国語教科書 200 字程度の抜粋を学年相当の漢字に置き換えたものを読ませる。	概要が言えない。	日本語をかなり基礎からやり直す必要がある。
小学4年程度の国語教科書抜粋で、学年相当の漢字に置き換えたものを読ませる。	概要が言える。	日本語レベル 4 程度で、教科学習は辞書を引けば可能である。

(4) **低学年の子どもの編入**

低学年の子どもの編入では、言葉にどれだけ親しんでいるかを知ることが、指導の参考になります。

　① 兄弟、姉妹の有無と年齢差
　② 家庭での使用母語
　③ 大人との日本語会話の機会や家庭での会話時間
　④ 保育所・幼稚園等、集団生活経験の有無
　⑤ 描画や文字を書く経験の有無
　⑥ 母語ないし日本語の絵本との接触
　⑦ 積極的に話すか

5-1-3 授業への導入のための学校体制を整える

(1) 教科学習時の座席の配置

日本語の理解が不十分な場合、座席の配置によっては、学習に興味を持てなかったり、学習に参加できないことがあります。先生の目の届きやすい前列の席で、すぐ近くに気軽に言葉をかけられる級友がいる席を考えるのが望ましいです。ただし、最前列は慣れてくるまで緊張を強いられるので留意を要します。

来日した子どもにとっては、どの教科も日本語習得の場になり、教科学習の言葉を覚えることで興味関心が高められるので、慣れるまで、1時間に1～2語、身に付くよう指導に配慮してほしいです。

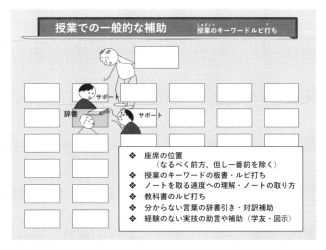

図5.4　初期の援助

(2) 日本語指導体制を整える

日本語指導との時間配分を考え、取り出し授業や補習等で、日本語や教科の指導時間を生みだします。個別指導は国語、社会や理科の授業から子どもを抽出する場合や、早朝、または、放課後の場合が多いです。しかし、学年を下げて編入した中国の中学生など社会は理解しやすかったり、慣れない日本で体力的に放課後が厳しい生徒もあるので、子どもの個々の状況に鑑みて取り出しや補習が望まれます。

表5.3は取り出し時間の目安を示したものですが、学習する子どもの側から考えると、授業の理解できない入門期には日本語取り出し授業が多い方が嬉しいようです。初期から中期には、週3回位が勉強しやすいようです。

また、連絡帳の作成などで、学級や教科の状況と日本語の進度について、日本語指導者と学級・教科担任との、相互の認識を深める配慮が必要です。

表5.3　学習対応までの必要な指導時間の目安

	取り出し	期間	抽出教科の選択	教科連携
入門期	2～4時間×週5回	50音が読み書きできるまで	全ての教科から	・通訳補助 ・対訳単語・辞書指導
初期	2～3時間×週3回	簡単な応答ができるまで	小学生…実技教科以外 中学生…英・数・体以外	・テスト導入
中期	2時間×週2～3回 毎日1時間	授業理解が可能になるまで	国語・社会・理科から、ないし、全ての教科から偏りなく	・算数・数学の補充 ・教科書のルビ打ち ・授業の流れ
後期	週2～4時間	日本語能力試験2級まで	国語 放課後	・予復習方法 ・弱点強化の方法

5-1-4　学習指導上の一般的な留意事項

　日本語習得上の問題が学習に影響するだけでなく、日本の学習に馴染むまでの過程で身につけなければならない習慣も学習に影響します。

　また、在留国での文化や生活環境の違いから、教科指導上、編入当初だけでなく継続して留意すべき特徴が見られることがあります。そのため、来日して数年を経て日常会話に支障がない生徒の場合にも、個別指導や援助が必要とすることがあるので注意したいです。

⑴　**学習指導上留意しなければならない、生じやすい問題点の特徴**
　①　初期には、教科書やノート、副教材など準備物への理解に困難が多いため、授業準備が整いにくいです。
　②　漢字等の語彙の不足から学習内容が理解できなかったり、語彙の理解に相当時間がかかりします。そのため予習復習が十分できません。また、宿題ができなかったり、忘れ物があったりします。
　③　日本語の発音が不正確なため、他者の話の内容を聞き違えたり、言葉を間違って覚えている場合があります。
　④　外国語で考える習慣が強く、日本語の文脈に慣れないため、長い話が最後まで聞き取れません。また、興味が持続しないために、横道に逃れたり、自己主張が拡大したりすることもあります。聞く姿勢が身についていない場合もあります。
　⑤　日本語の学習期間中は、自己表現が日本語学習文型の中心になっていることが多く、他者をかえりみる余裕もありません。そのため、身勝手な解釈や、自分のわかる部分だけで、判断してしまうことが多いです。
　⑥　わからないときに隣の級友の記述を写させていると、依頼心が生じ、カンニングの習慣がついてしまうことがあります。
　⑦　思考の方法や生活感覚のずれ、体験の違いから理解できない表現があります。
　⑧　教室で使用される指示用語の難しさや、教師の言葉の速度も理解を困難にする場合があります。

⑵　**学習指導上の対策の例**
　①　指導者自身が自然な日本語で、ゆっくりわかりやすく話すことが大切です。理解できないときは、まず、同じことを数回繰り返します。それでも理解できないときは、なお文を短くし、簡単な言葉に直してみることが必要です。生徒の理解を確かめるためには、どういうことがわかったか復唱させるといいでしょう。
　②　最初のうちは指導者側から声をかけ、いつでもわからないところを職員室に質問に行ける雰囲気を作っておくことが大切です。
　③　国語・社会・理科をはじめ、十分な語彙理解が必要な教科については、必要に応じて読みがなを打たせます。漢字が読めないと、まず漢和辞典で読み方を探し、その後で日本語を母語に対照させる方法が必要で、膨大な時間がかかるため、学習意欲を削がれます。日本語が不十分な時期には、学級の友達などの協力を得て、全教科の教科書に読み

がなを打つ必要があります。

　読みがなは、日本語学習を初めて早ければ１～３ヶ月位、子どもが教科学習に少し入れるようになれば、その時点から数学などで開始し、１教科ずつ様子を見て増やしていきます。予習のために打つので、協力する子どもの予習にもなりますが、長期間継続するのはなかなか大変です。無理にやらせて、級友との人間関係を潰さないよう、なぜかな打ちが必要かよく理解させ、進んで協力できるボランティア精神のある子どもを育てたいものです。同じように漢字で苦労している日本人の子どもには、来日した子どもが小学校数年間のハンディーを乗り越えて理解しようとし、覚えようと努力しているその姿こそが励みにもなるはずです。

　さて、半年も続けると、来日外国人児童生徒自身がわからない漢字に下線を入れることで、かなを打つ漢字を減らすことができます。１年もたてば、普通の生徒は漢和辞典でも補えるぐらい、かな打ちの必要度は低くなるものです。なお、縦書きの教科書は漢字の左に、横書きの教科書は漢字の下に読みがなを打つと、復習させやすいという説もあります。

　読みがなを打ってもらっても、「教科書をまったく見ていない」とか「教科書を忘れる」という苦情が出るほど学習に目を向けられない子どももいます。級友の協力が無にならないよう、来日児童生徒には学習方法をきちんと指導し、学習に背をそむけないような配慮が必要です。

④　話の内容や教科書の内容をメモする練習や、作文・日記で文章力を付けさせます。日記には感想を加え、心の交流を通して指導してあげてください［第❸章第５節参照］。

⑤　日本語が不自由な生徒は、語彙の不足から、日常生活でも表現できなかったり反応が遅かったりします。そのため、聞き手にも根気が必要であり、ともすると話し相手が少なくなりがちで、表現学習が一層遅れる結果になります。友達との会話を相槌だけで済ませていないかよく観察してみたいものです。積極的に日本語を使い会話から語彙量を増やすだけでなく、教科のわからないところを尋ねられる友達を得られるよう、援助をしておくことが必要です。

第2節 在籍校でのテストを受ける準備

5-2-1 テストへの導入 ［日本語力に応じた導入］

　日本語がよく理解できない間に受けるテストは、子どもにとって大きな不安であり、日本語がわからないことへの悔しさや、悲しさが著しく増大する可能性をもっています。また、日本のテスト経験がない子どもは、テスト用紙を見ただけで上がってしまうようです。

　テストの実施は授業の理解度を図るために行うので、授業への導入より、さらに時期を遅らせることが望ましいです。また、テストを受けさせるためには、いくつかの手順が必要です。授業がわかるようになるまでのそれぞれの段階で配慮できる事項をあげてみます。

(1) **日本語学習初期**
　① 日本語で精一杯の児童生徒にはテスト導入は無理があります。しかし、学年を下げて編入している子どもには可能な教科もありますので、テストを受けるかどうか本人の意志を確認し、受けてみたい教科があれば受けさせます。その場合も、返却に当たっては、皆の前で恥ずかしい思いをするようなことがないよう配慮したいものです。
　② テストを受ける意志がある場合も、テスト問題によく出る言葉など事前指導が必要です。テスト問題の漢字には読みがなが必要です。
　③ 教科のテストが不可能な場合、テスト時間を日本語力のテスト・基礎学力テストなどに置き換えるのが良いでしょう。
　④ テストをした場合も評定はテスト結果に頼らず、別に行います。
　⑤ 後日、学習の遅れを補うときに力を試せるよう、この時期から問題用紙と解答用紙はファイルで保存させます。

(2) **授業導入期（テスト準備段階）**
【既習事項の確認に留め、ショックを与えない方法を考える】
　① 口頭で理解力を確かめるなど、日本語の読解力によらないテスト方法で実施します。
　② 国内の児童生徒とは問題を変え、基本的な事項に絞ったり、日本語の読解力の影響の少ない問い方を考えます。
　③ 読みがなを打ったテスト問題を持ち帰らせ宿題でやらせてみます。
　④ 小テストを他の生徒のいない場所(別室、放課後、家庭)で実施し、慣れさせます。
　⑤ テストを受ける意志がある場合は、テスト問題によく出る言葉など事前指導をし、設問の漢字に読みがなを打って、辞書持込みで受けさせます。
　⑥ テストをした場合も評定はテスト結果に頼らず、別に行います。

(3) 辞書を用いて予習ができる段階（テスト導入段階）

【テストに慣れさせる】

① テストに慣れることが目的なので、点数が悪くても、決して気にしないように話しておきます。

② テスト問題の設問のパターンをある程度指導しておきます。

③ テストすることが本人にとって学力の確認になることがはっきりしてきた時点で、国内児童生徒と同じテストを受けさせます。授業中や宿題などから、ある程度理解の状況をつかんでおくことが重要です。

④ 漢字になれない間は、テスト問題の漢字に読みがなを打ちます。

⑤ 母語との対照辞典を持ち込ませ、学級児童生徒と同室でテストを行う場合、他の児童生徒への遠慮があるため、皆の了解が必要です。

しかし、辞書使用には辞書引きのための時間が必要なので、中学生の定期テストではテスト時間の延長や、別教室で実施する配慮が望まれます。ただ、辞書使用に慣れていない子どもにとっては意味がないので、日ごろから辞書を使わせるよう指導が必要です。また、教科によって辞書の必要度に差があることにも留意したいです。

⑥ テストの点数は読みがな打ちの影響を受ける部分に配慮が必要です。評定・学習評価をテストの得点と直接結びつけず、学習状態全体から把握が必要です。

(4) 予習が無理なくできるようになった段階（一般テスト実施段階）

【テストに慣れ、自己の学習方法を確認させる】

① 帰国・来日した子どもは問題集や参考書を持っていないことが多く、どういう形で出題されるのかわからないことが不安です。また、予習に多くの時間をとられているため、授業が少しわかるようになっても、復習の要点をつかめない児童生徒も多いです。事前に問題集を与えたり、例題を練習させて、テストの形式に慣れさせておくことが必要です。

② 日常、教科書の漢字に読みがなが打ってあれば、学習内容の範囲の小テストや中学生の定期テストでは、問題の漢字に読みがなを打たなくてもいいでしょう。ただし、学習範囲の広い実力テストでは読みがなが必要です。

③ 実力テスト等、設問の語彙がわからない場合があるので、母語との対照辞典の持ち込み許可があったほうがよいと判断される場合、学級の児童生徒に理解を求めておく必要があります。

④ テストの後に学習がどのように進んでいるか、本人に確認してください。その場合、本人の勉強方法を聞き、改善できる点を知らせることが大切です。

⑤ テストの点数は他の子どもと同じ付け方で行います。学習評価・評定は日本語の理解度、本人の努力の状態を加味して行います。

5-2-2　設問語彙の理解と解答方法　［必要な言語に慣れる］

学習した内容が理解できても、日本でのテスト経験がない子どもは、設問が読み取れないために解答できなかったり、どこにどう答えればよいのかわからなかったりします。

(1) 問題文に慣れるために必要な手順

【母国でテストに慣れていない生徒】……問題文の構造を知らせます。
【日本語のテストに初めて臨む生徒】……問題文によく出る言葉を教えます。
　　　　　　　　　　　　　　　　　　問題を実際やらせてみます。

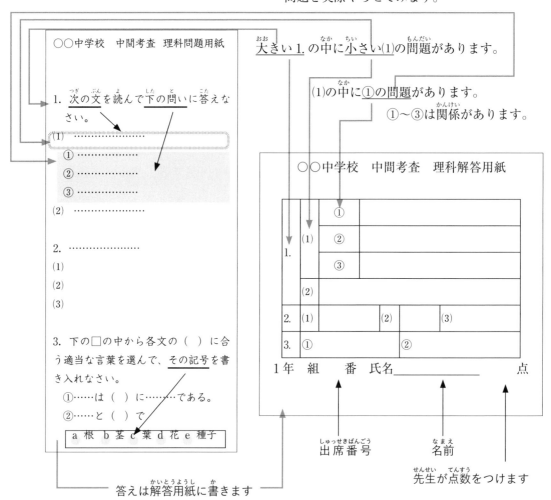

図 5.5　設問への理解

小学校と中学校では問題形式も違うので、小学校高学年から日本語学習を始めた子どもには、中学校では改めて問題構造を知らせることが必要です。

(2) テスト全般の設問に使う言葉

　テストの設問には独特の使われ方がされるものがあり、事前に理解がないと、授業でわかっていても点数に結びつかないことがあります。たとえば下表5.4に示すように、答えを書くための指示にも10種以上もあります。これに慣れることが必要なので、まとめて知らせるほうがわかりやすいです。

表5.4　テストの設問に使う言葉

① 部分を示す言葉

	言葉	読み	母語訳	メモ
1	次の	つぎの		
	下の・下から	したの・したから		
	上の・上から	うえの・うえから		
	右の・右から	みぎの・みぎから		
	左の・左から	ひだりの・ひだりから		
	□の・□から	しかくの・しかくから		
	□の中の	しかくのなかの		
	（　）の・（　）から	かっこの・かっこから		
	（　）の中の	かっこのなかの		
	（　）内の	かっこないの		
	「　　」の	かぎかっこの		
	下線部の	かせんぶの		

	言葉	読み	母語訳	メモ
2	数字	すうじ		
	番号	ばんごう		
	記号	きごう		
	符号	ふごう		
	字・文字	じ・もじ		
	語・単語・言葉	ご・たんご・ことば		
	語句・言葉	ごく・ことば		
	文・文章	ぶん・ぶんしょう		

3	1つずつ	ひとつずつ		
	2つずつ	ふたつずつ		
	各・各々	かく・おのおの		
	それぞれ(の)	それぞれ(の)		
	部分	ぶぶん		
	総て・全て	すべて・すべて		
	全部	ぜんぶ		

② 同じ意味を示す言葉

4	適当な(もの)	てきとうな(もの)		一番良いもの
	適切な	てきせつな		
	適する	てきする		
	相当する	そうとうする		
	合う	あう		
	当てはまる	あてはまる		
	該当する	がいとうする		
	最も良い	もっともよい		
	一番良い	いちばんよい		
	いいと思う	いいとおもう		
	ふさわしい	ふさわしい		
	正しい(もの)	ただしい(もの)		

5	～を表す(もの)	～をあらわす(もの)		～と同じ意味
	～を示す(もの)	～をしめす(もの)		
	～を意味する(もの)	～をいみする(もの)		

6	～(と・が)同じ(もの)	～(と・が)おなじ(もの)		同じ
	～と一致する(もの)	～といっちする(もの)		
	違う(もの)	ちがう(もの)		ちがう
	異なった(もの)	ことなった(もの)		

7	～を補いなさい	～をおぎないなさい		足りない
	～を完成しなさい	～をかんせいしなさい		

8	～順にしなさい	～じゅんにしなさい		並べる
	並べなさい	ならべなさい		

9	例のように	れいのように		例の方法で
	例に従って	れいにしたがって		
	例に倣って	れいにならって		
	例を見て	れいをみて		
	例のごとく	れいのごとく		

10	答えなさい・答えよ	こたえなさい・こたえよ		答えを書く
	書きなさい・書け	かきなさい・かけ		
	表しなさい・表せ	あらわしなさい・あらわせ		
	示しなさい・示せ	しめしなさい・しめせ		
	言いなさい・言え	いいなさい・いえ		
	述べなさい・述べよ	のべなさい・のべよ		
	記入しなさい	きにゅうしなさい		
	記入せよ	きにゅうせよ		
	書き入れなさい	かきいれなさい		
	書き入れよ	かきいれよ		
	考えなさい	かんがえなさい		
	考えよ	かんがえよ		

11	選びなさい・選べ	えらびなさい・えらべ		選ぶ
	選択せよ	せんたくせよ		
	どれですか・どれか	どれですか・どれか		
	どちらですか	どちらですか		
	どちらか	どちらか		

12	指示に従って	しじにしたがって		書換え
	置き換えなさい	おきかえなさい		

175

5-2-3　配慮事項の決定　［日本語力を知らせ、子どもも先生も共通の理解で］

　学習者本人、周囲の子ども、先生が共通の理解でテストの受け方について理解している必要があります。

　中学生の場合、定期テストには全教職員への連絡が必要です。また、テスト範囲のある中間・期末テストと、テスト範囲が広く未習事項の多い実力テストとでも配慮が違っているべきです。以下は在籍校に様々な条件の外国関係生徒が在籍した学校で2年間何度も職員会議を経て決定した配慮体制です。

(1)　テストの配慮事項

① 辞書持込(解答については、漢字・読みがな等の得点に関わるものを配点から除外するか否か教科で判断し、あらかじめ本人に知らせる)

② 問題に読みがなが振ってある。
(問題用紙の拡大コピーなどで)読みがなは教科担任が振る。

③ 教科担任の判断で別問題が可。

④ 読解力を必要とする問題文など、一部配点軽減(15分相当＝点数の30％以内を配点から削除等)……実力テスト以外の定期テスト

⑤ 時間延長(入試と同じ1.3倍＝15分)……実力テストのみ

※　対象生徒は新規来日の日本語学習生徒に限る。他校での学習経験者、また、編・転入までの基礎学力や学習意欲の喚起など、指導上基準外の考慮を要する場合については学年・教科・日本語指導者からの申し出があれば、学年と日本語指導担当で協議し、配慮事項の変更を決定する。

※　別室のテスト監督は教務部が学年のローテーションで割り当てる(例　1限1年、2限2年、3限3年)。

※　各生徒の配慮事項の変更は日本語レベルの変化に合わせて職員室内連絡板で掲示。

(2)　「職員室内連絡板（配慮事項の変更）」

表5.5　テスト配慮事項の変更掲示例

2学期9月実力テスト　　　　　　　　　　　　　　　　　　　　●印は配慮必要

備考	氏名(仮名)	組	級	①辞書	②読みがな	③別問	④比重配点	⑤時間延長	別室	受験教科
中1・7月来日	池内 レイ	1-1	入門	●数	●	●	●	●	●	英・数
小5・6月来日	鄭 守理	1-1	3級	●	●					全科
中2・6月来日	道場 ローレル	2-1	4級	●	●		●			全科
小5・4月来日	韓 承彦	3-1	3級	●	●					全科
中1・7月来日	徐 賢純	3-1	2級							全科
中1・7月来日	森元 カーター	3-2	初級	●	●		●			全科

2学期10月中間テスト　　　　　　　　　　　　　　　　　　　●印は配慮必要

備考	氏名(仮名)	組	級	①辞書	②読みがな	③別問	④比重配点	⑤時間延長	別室	受験教科
中1・7月来日	池内 レイ	1-1	入門	●数理	●	●				英数理
小5・6月来日	鄭 守理	1-1	3級							全科
中2・6月来日	道場 ローレル	2-1	4級	●	●					全科
小5・4月来日	韓 承彦	3-1	3級							全科
中1・7月来日	徐 賢純	3-1	2級							全科
中1・7月来日	森元 カーター	3-2	初級	●	●		●			全科

(3)「定期テスト時の対応と評価」

表 5.6　定期テスト時の対応と評定例

<table>
<tr><th colspan="2">受験基準</th><th>実力テスト以外の定期テスト</th><th>実力テスト</th></tr>
<tr><td rowspan="6">テスト時の対応</td><td>来日後
1ヵ月以内</td><td>1. 受験が不可能と判断できる場合、日本語学習をする。
2. 受験への本人の意志を確認し、設問用語を事前指導の上、希望教科を別室受験させる。
（①辞書 ②読みがな ③別問可 ④比重配点 の配慮をする）</td><td>1. 設問用語を事前指導の上、英・数を別室受験させる。その他の教科のときは日本語学習をする。
2. 受験への本人の意志を確認し、設問用語を事前指導の上、希望教科を別室受験させる。
　（①辞書 ②読みがな ③別問可 ④比重配点 の配慮をする）</td></tr>
<tr><td>来日後
初受験</td><td>設問用語・学習法を事前指導の上、受験可能教科のみ別室受験をさせる。その他の教科は日本語学習に当てる。
（①辞書 ②読みがな ③別問可 ④比重配点 の配慮をする）</td><td rowspan="2">1. 別室受験をする。
　（①辞書 ②読みがな ③別問可 ④比重配点 ⑤時間延長 の配慮をする）
2. 同室受験をする。
　（①辞書 ②読みがな ③別問可 ④比重配点 の配慮をする）
1を原則とする。ただし本人の意見を尊重し、相談の上決める。</td></tr>
<tr><td>日本語検定
4級未受験
4級不合格</td><td>設問用語・学習法を事前指導の上、受験可能教科のみ同室受験をさせる。その他の教科は日本語学習に当てる。
（①辞書 ②読みがな ③別問可 ④比重配点 の配慮をする）</td></tr>
<tr><td>4級合格
半年を超え
4級不合格</td><td>同室受験をする。
（①辞書　②読みがな　④比重配点　の配慮をする）</td><td></td></tr>
<tr><td>3級合格</td><td>同室で同一問題をする。（配慮はしない）</td><td>同室受験をする。
（①辞書　②読みがな　の配慮をする）</td></tr>
<tr><td>2級合格</td><td>同室で同一問題をする。（配慮はしない）</td><td>同室で同一問題をする。（配慮はしない）</td></tr>
<tr><td>評定</td><td colspan="2">来日3ヵ月（原則として本校において3ヵ月履修）以降について、評定人数にいれる。
編入・転入時期、日本語学習のための未習教科等により、通知票について、配慮を必要とする場合、評定を記入の上、文章表記について学年で協議の上決定する。</td><td>来日3ヵ月（原則として本校において3ヵ月履修）以降について、評定人数にいれる。</td></tr>
</table>

※ 上記の日本語検定は下記『日本語能力試験(旧)』（独立行政法人国際交流基金・財団法人日本国際教育協会）を参照

(4)「テスト受験基準として参考にした日本語検定」

表 5.7　試験の構成及び認定基準

（小学5年〜中学3年で280点／400点を各級の合格基準にしています）

<table>
<tr><th rowspan="2">級</th><th colspan="3">構成</th><th rowspan="2">独立行政法人国際交流基金・財団法人日本国際教育協会の認定基準</th><th rowspan="2">小5〜中3の子どもの本著での指導結果</th></tr>
<tr><th>類別</th><th>時間</th><th>配点</th></tr>
<tr><td rowspan="4">1</td><td>文字・語彙</td><td>45分</td><td>100点</td><td rowspan="4">高度の文法・漢字(2,000字程度)・語彙(10,000語程度)を習得し、社会生活をする上で必要であるとともに、大学における学習・研究の基礎としても役立つような、総合的な日本語能力(日本語を900時間程度学習したレベル)</td><td rowspan="4">日本語学習も自力で継続でき、学習のために特段の日本語指導を受ける必要がない。</td></tr>
<tr><td>聴解</td><td>45分</td><td>100点</td></tr>
<tr><td>読解・文法</td><td>90分</td><td>200点</td></tr>
<tr><td>計</td><td>180分</td><td>400点</td></tr>
<tr><td rowspan="4">2</td><td>文字・語彙</td><td>45分</td><td>100点</td><td rowspan="4">やや高度の文法・漢字(1,000字程度)・語彙(6,000語程度)を習得し、一般的なことがらについて、会話ができ、読み書きできる能力(日本語を600時間程度学習し、中級日本語コースを修了したレベル)</td><td rowspan="4">日本語を(10〜14ヵ月)、計200〜300時間程度学習し、授業がわかり、教科の学習も自力で理解できる程度。中学生の場合、高校入試に対応できる程度。</td></tr>
<tr><td>聴解</td><td>45分</td><td>100点</td></tr>
<tr><td>読解・文法</td><td>90分</td><td>200点</td></tr>
<tr><td>計</td><td>180分</td><td>400点</td></tr>
<tr><td rowspan="4">3</td><td>文字・語彙</td><td>45分</td><td>100点</td><td rowspan="4">基本的な文法・漢字(300字程度)・語彙(1,500語程度)を習得し、日常生活に役立つ会話ができ、簡単な文章が読み書きできる能力(日本語を300時間程度学習し、初級日本語コースを修了したレベル)</td><td rowspan="4">日本語を(6〜10ヵ月)、計120〜200時間程度学習し、小学4年生程度の国語の教科書が理解でき、小学校高学年・中学生も辞書を使って予習すれば授業がわかる程度。</td></tr>
<tr><td>聴解</td><td>45分</td><td>100点</td></tr>
<tr><td>読解・文法</td><td>90分</td><td>200点</td></tr>
<tr><td>計</td><td>180分</td><td>400点</td></tr>
<tr><td rowspan="4">4</td><td>文字・語彙</td><td>45分</td><td>100点</td><td rowspan="4">初歩的な文法・漢字(100字程度)・語彙(800語程度)を習得し、簡単な会話ができ、平易な文、又は短い文章が読み書きできる能力(日本語を150時間程度学習し、初級日本語コース前半を修了したレベル)</td><td rowspan="4">日本語を(3〜6ヵ月)、計60〜120時間程度学習し、学習する教科の基礎知識があれば少し授業がわかる程度。</td></tr>
<tr><td>聴解</td><td>45分</td><td>100点</td></tr>
<tr><td>読解・文法</td><td>90分</td><td>200点</td></tr>
<tr><td>計</td><td>180分</td><td>400点</td></tr>
</table>

第3節　通訳・対訳による援助

　日本語がほとんど理解できない間は、教科の指導に通訳や対訳集の援助があれば、子どもにとって教科学習の遅れや不安が取り除かれる要因になり得ます。

　しかし、通訳を通して理解することになれていないのは、大人も子どもも同じであり、編入時、問題発生時、懇談や進路相談時など、場面ごとに通訳者による弊害も生じることを知っておかなくてはなりません。教科指導の援助に通訳がつくことになった場合にも、いくつか注意すべき点があるので挙げておきます。また、対訳集に頼り切ると学習力が思うように伸びません。上手に使うよう、適切なアドバイスが求められます。

5-3-1　初期の通訳

(1) 初期対応時の通訳の留意事項

　初期対応では、学校・保護者・編入する本人が相互理解を深める大切な機会です。ところが、お互いに通訳を通して会話することに慣れていません。そのため、たくさんの内容を一気に話し、通訳者自身の考えに沿った意訳で、伝えている風景によく出会います。

　また保護者の方から、学校・区役所・教育委員会・日本語指導者・担任と何ヵ所かで同じ質問を繰り返される様子もよく聞かされます。通訳者と各機関は連携を取って、できる限り情報を繰り返し語る面倒を省略したいものです。

図5.6　通訳者への助言資料1

　さらに、編入時の準備物等、多くを一度に説明する場合は、プリントやメモに番号を打って、子どもやその親にわかりやすく伝えてあげてください。

(2) 初期の学校生活での通訳

　通訳に対する安心感は依頼心の増幅につながりやすいです。まず、通訳者は自分がいないと何もできない子どもにしない心がけでお願いしたいです。子どもが自分でできることを少しでも早く増やせるように、通訳者が手助けすることが学力にも大きく影響していきます。

　担任は通訳が入れば、全てを通訳者にお任せとなってしまうケースが多いです。そのため、

通訳のいない日には、学友はどうしていいのかわからなくなって、本人は孤立した状態になっていたり、落ち着かず、不安で学習に身が入らなかったりしているケースがあります。

むしろ高学年では、通訳なしでスタートした子どもの方が周りの協力が多く、日本語を話し始めるのも学級に馴染むのも早いのです。

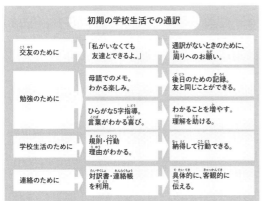

図 5.7　通訳者への助言資料 2　　　　　図 5.8　教室での配慮

特に授業の通訳に当たるときは図5.8のように、周りに日本人の子どものサポーターを作っておくことが望まれます。通訳しながら、周りの子どもへの補助の仕方を教えてあげられるからです。教室の後ろで通訳にだけに頼って授業を受けるようなスタイルが定着してしまうと、指導者が全体に向かって話している間は、それを聞こうとしない習慣が付いてしまいかねません。

できれば、さらにひらがなで読める字を5文字ずつ増やす気持ちで、本人の学習意欲を喚起してあげてください。

5-3-2　問題解決のための通訳

人間関係が順調であることは、学習に打ち込むための心理的支えです。

何かトラブルがあった場合、言葉が通じない子どもからの聞き取りは、他の子どもの意見より後になります。そのため、事情が多数派の言い分に偏ってしまう場合があります。

トラブルは往々にして、日本語の理解度が把握できていないことや、生活習慣の違いに起因していることが多いです。日本人も来日外国人児童生徒も気づいていないだけでなく、外国から来た子どもについて指導経験が少ない教職員も、そのことに気づかないことが多いのです。この場合、通訳者は初期対応などと違い、トラブルに遭遇した子どもの立場で、言語力や文化差、そのハンディーの中で暮らす心情も合わせて、教職員に助言しながら、みんなの納得のい

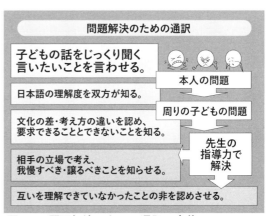

図 5.9　問題解決のための通訳の意義

く解決に向けて、冷静に客観的に尽力すべきです。

5-3-3　日本語習得レベルに合わせた通訳の留意事項

　日本語を学習する子どもは、日本語の理解に沿った特徴があります。本書の日本語力判断基準に照らし合わせてその特徴と留意点を簡単に示してみると以下のごとくです。レベル1,2では学年によって違いがありますが、通訳を必要とする段階は概ねレベル4までです。

表5.8　レベルごとの通訳時の留意事項　　　　　　　　　　　　　　○は特徴　　●は留意点

	どんな時期か	日本語から見た、特徴、問題点と留意点	有効な心得
レベル1	初めて日本語に接する。(陣を固める)	○あいさつができる。一人ぼっちにならない。みんなと同じことができる。ルールがわかる。無理なく体調を整える。 ●聞くことになれる。	学校のスタイルとの友好関係を築く
レベル2	片言で理解し始める。(体力を養う)	○まねて得た言動が、不適切に表現されたり、多発され、乱暴に見えたり誤解を生じることがある。適切な指導がないと級友との交流が難しくなる。 ●書くことに親しむ。	交流ができる助言 辞書の利用法
レベル3	簡単な日本語で応答でき始める。(味方を増やす)	○学校になれ、みんなと違和感なく行動でき、ふざけたりする。 ○印象の強い行動に慣れて間違いを起こしやすい。 ○行動規範とその理由を知る。 ●読むことに慣れる。板書が写せる。	辞書・対訳 自ら質問準備の助言
レベル4	習った日本語を試そうとする。(敵を知る)	○日常会話がかなりできるようになる。しかしわからない言葉があっても、文意が理解できていなくとも、わかった気になって返事をしてしまうことがある。誤解や相互理解の不足から人間関係が壊れやすい。 ○日本語はわかっているようなのに、やることが雑。話を聞く態度が悪い。放置すると習慣化する。 ●宿題に、テストにチャレンジする。	心の表現には母語作文の利用も有効 基礎の補充 予習方法の助言
レベル5	幅広い生活場面で日本語を使用する。(戦略を考える)	○会話には問題がないが、教科が伸びない。 ●複雑な文章、長い文章の理解力を高める。自己学習力を伸ばす。	日本語文章による交流 活躍の場の設定
レベル6	生活場面での日本語を理解できる。(攻め込む)	○文化や、日本独特の表現、抽象的な語彙に学習が必要 ●未修部分の強化	
レベル7	年齢相応の日本語を十分理解できる。(敵陣で陣取る)	○ほとんど自己努力で解決できる。	

[(　)内の敵・味方は、本人の日本語力・勉強法・友だち・担任の理解・通訳者自身かもしれません]

5-3-4　学力に合わせた通訳による授業の援助

⑴　**基礎学力がしっかりしている中学生・小学高学年児童**
　①　日本語学習初期
　　　予習に重点をおき、辞書の引き方を指導しながら、語彙数を増やすことに重点をおいた通訳をします。
　　　学習のキーワードは必ず日本語で覚えさせます。
　　　学習内容の把握は後日、自力で補充が可能になるので、内容理解に遅れをとらない程度のおおまかなものでかまいません。
　②　授業導入期
　　　できるだけ自力で辞書を用い予習させ、質問に応じてわからないところだけを通訳するほうがいいです。
　　　小テストを実施させ、問題の読み方を質問の形式に応じて対応できるよう、母語を用いて説明し、理解の確認の仕方を習得させておきます。
　③　辞書を用いて予習ができる段階
　　　できるだけ回数を減らし、自力で学習させるほうが日本語に早く慣れます。
　　　日本語での質問の仕方がわかるよう指導を加えます。
　　　予習が自力でできるようになったら、通訳での依頼心を増やさないよう注意が必要です。

⑵　**基礎学力の補充が必要な中学生・小学高学年児童**
　①　日本語学習初期
　　　学習分野の基礎用語、母国で学習していない部分の基礎知識を与えます。キーワードの予習、語彙数と基礎知識を増やすことに重点をおいて通訳します。
　　　学習のキーワードは必ず日本語で覚えさせます。
　　　学習内容の把握は、不安を取り除く程度の内容理解に留めます。
　　　学習の専門用語を直訳しても理解できない場合が多いです。母語でわからないと、さらに苦しくなるので、生徒の母語の力量にあわせた、わかりやすい簡単な言葉に直して通訳することが必要です。
　　　通訳した部分が、後日復習できる形に留められるよう少し配慮します。
　②　授業導入期
　　　できるだけ自力で辞書を用い予習をさせ、質問に応じてわからない所だけを通訳するほうがいいです。
　　　小テストを実施させ、問題の読みとり方を質問の形式に応じて対応できるよう、母語を用いて説明し、理解の確認の仕方を習得させておきます。
　　　単語集や学習メモを残させ、一人だけで学習する意欲を持たせます。
　③　辞書を用いて予習ができる段階
　　　できるだけ回数を減らし、自力で学習させるほうが日本語に早く慣れます。
　　　予習しても自力でわからない部分だけ説明を加えます。予習が無理なくできるようになれば通訳はいりません。

(3) 基礎学力の補充が必要な小学低学年児童
① 日本語学習初期
　　学習分野の体験・基礎知識を母国で経験したことに照らして説明をします。語彙数と理解できる体験を増やすことに重点をおいた通訳が良いです。
　　学習のキーワードは保護者も見ることができるよう、ひらがなと母語で書きとめ、覚えさせます。
② 授業導入期
　　わからないときには積極的に質問するように勧め、質問に応じて通訳するほうが望ましいです。
　　質問や指示を聞き取れているか説明させ、質問や指示の形式に応じて対応できるよう、母語を用いて説明し、理解の確認の仕方を習得させておきます。
　　単語集や学習メモを残させ、一人だけで学習する意欲を持たせます。
③ 授業内容が少し理解できる段階
　　できるだけ回数を減らし、自力で学習させるほうが日本語に早く慣れます。
　　自力でわからない部分だけ説明を、質問に応じて加えます。自ら授業に参加しようとする意欲が出てくれば、通訳はいりません。

5-3-5　対訳集の利用

　文部科学省、都道府県や市町村単位で、教科書や教科の語彙についての対訳が様々な形で出されています。インターネットで利用できるものもいくつかありますから、利用が可能な学校もあるかと思います。その利用に当たっては次のような注意が必要です。

(1) **日本語学習初期**
　学習の遅れをとらないよう、母語での理解を深めるために使います。
　学習の流れに必要なキーワードを日本語で言えるようにします。

(2) **授業導入期**
　日本語での理解の補助に使います。
　対訳集で理解できたことを日本語でたくさん拾えるようにします。

(3) **辞書を用いて予習ができる段階**
　まず教科書に目を通し、自力でわかる部分を増やしてから、対訳集で補います。
　できるだけ、辞書の利用を増やし、対訳集に頼らないようにします。
　日本語での学習力を高めるため、母語だけで理解できても、満足してしまわないよう注意します。

(4) **予習が無理なくできるようになった段階**
　対訳集は、日本語で理解できたことを、母語でも理解できるよう復習として使い、母語の保持や向上につなげます。

第6章
学級担任・教科担任による援助

第1節　担任ができる、日本語学習必要性への「気づきのチェックリスト」── 184

- 6-1-1　気づきのチェックリストとは
- 6-1-2　気づきのチェックリストご利用に当たって
- 6-1-3　気づきのチェックリスト調査用紙
- 6-1-4　分析用紙
- 6-1-5　分析手順と留意事項
- 6-1-6　分析例

第2節　学級指導のチェック ── 191

- 6-2-1　級友も一緒に教える日本語指導手順とは
- 6-2-2　応答と会話環境のチェックリストとは

第3節　教科指導者にも知っていてほしいこと ── 194

- 6-3-1　国語
- 6-3-2　社会
- 6-3-3　算数・数学
- 6-3-4　理科
- 6-3-5　音楽
- 6-3-6　美術
- 6-3-7　保健体育
- 6-3-8　技術・家庭科
- 6-3-9　英語

第4節　各立場への連携の提言 ── 212

第1節 担任ができる、日本語学習必要性への気づきのチェックリスト

6-1-1 気づきのチェックリストとは

　学級の外国人児童生徒や、帰国児童生で、学習や友達関係に困っている子どもがいませんか。それは日本語力が学習や生活に関係しているからかもしれません。日本語力のレベルによって起きやすい問題傾向があるからです。

　『気づきのチェックリスト』は、日本語力が子どもの学習や生活に関係しているか否か、日本語力の影響があれば、日本語力のどの辺りのレベルの問題に関係しているかを簡単に知るためのものです。日本語力そのものの診断ではなく、日本語力診断が必要か否かを判断するものです。

　『気づきのチェックリスト』は経験則から生まれたものです。

　小学校で編入した中学生・転校してきた生徒・何らかの日本語学習経験がある生徒等の初期面談や、生徒の担任、日本語指導者や保護者からの教育相談では、相談内容に潜む問題の原因が日本語によるものかどうか判断する必要がありました。そこで、日本語指導・学習指導の経験をもとに、やり直しの日本語開始レベルを推定し、さらに、日本語力診断をすることで、再指導内容を決めてきました。この『気づきのチェックリスト』はその積み重ねから生まれたものです。

　判断の根拠となるものは、表6.1のように、日本語習得の段階には、その学び方や使い方から生じる、その時期に発生しやすい独特の問題があることです。その時期に適切な対応・援助がないと、問題は持続・拡大しやすいです。また、適切な時期に問題を軽減できる学習導入がなされなければ、問題を助長することになります。こうした傾向を修正するには、日本語指導で学習力を高めることが解決に結びつきやすいのです。

表6.1　選出の対象となる顕著な問題傾向

発生レベル	転入生 選出の対象となる顕著な問題傾向	→	JSL児童生徒の問題の放置 拡大	→	小学校低学年で来日・日本生まれ 定住（長期日本在住）生徒の問題
L2,3	集中力が持続しない	→	学力不振	→	自信喪失
L2,3,4	乱暴で、暴力をふるうことがある	→	叱責を受ける	→	性格のゆがみ・反社会的行動
L3	学習障害などの医師の診断が必要に見える	→	母語形成不足・過保護	→	基礎学力・思考力の欠如・情緒障害
L3	大声で話す	→	話を聞いてもらえない	→	疎外・孤立・中傷
L3,4	黙っている→ 理解されない	→	不適切な話し方	→	自閉傾向
L4	わかっているふりをする	→	誤解	→	友達関係のトラブル
L4,5	よくしゃべるが、教科は理解できない	→	聴解力欠如→自己中心	→	全体や関係把握の喪失・学力不振

＊レベルはP.52, 53の日本語判定基準表による。その指導上の留意点はp.180 表5.8を参照

やり直しの日本語スタートレベルは学力とも密接に関係しています。表面化している問題には日本語力以外の要因も多分に含まれていますが、問題傾向が複数で、しかも日本語の多方面に関わる場合は、日本語を問題発生レベルまで遡って指導すると解決に結び付くことがわかってきました。また、これは小学生にも十分応用が可能です。

小学5年以上では本人の社会経験で学習理解を補えるため、日本語力を形成する基礎部分に戻ることで、比較的スムーズに問題解決に結びつくといえます。一方、小学4年以下の児童の場合、保護者や担任が気付いても、学習に対する意識を高めるのに相当の時間を要し、習得できる語彙量や抽象概念が形成できるレディネスの問題もあり、改善には難しさを伴います。

この基準の定め方は、初期対応での質問内容から判断基準を推定しているため、指導開始レベルは確定的なものではなく、多少のずれが生じます。しかし、簡単に日本語力診断ができない状況下でのおおよその判断には十分役立つと思います。

6-1-2　気づきのチェックリストご利用に当たって

担任と日本語指導者の方々へ
　　気づきのチェックリストの意義を正しくご理解いただき、実施してください。

1. この調査は、主に担任が子どもの学習や生活に日本語力が関係しているかどうかを知るためだけに用いてください。日本語力が関係している可能性があれば、それがだいたい日本語のどのレベルの問題かを把握し、子どもの指導に生かすために多数の子どもの傾向を分析して開発したものです。
   日本語指導者もご自身の指導力とは別に、子どもの日本語力が思うように伸びない場合や、言動に疑問を感じることがあれば使ってみてください。また、日本語指導者は初期対応の参考にお使いいただけます。

2. 子どもの日頃の状況を思い浮かべてください。子どもは自分の本来の能力を発揮できずに、困っているかもしれません。
   日本語力を直接測るものではなく、日本語が言動や生活に影響を及ぼしている可能性を探るものですから、日本語としての学習の必要度を的確に把握するために、質問項目の文言は問題点の現象を明確にしてあります。そのため言い切った表現が厳しく感じる場合もあると思いますが、子どもの人格、また担任や日本語指導者の指導力を判断するものではありません。

3. 質問項目に合致するか、それに近いと思える箇所に、担任や日本語指導者自身が判断し、☑を入れるだけの調査です。分析は手順に従って簡単に行えるように工夫してあります。

4. 子どもの現状に日本語以外の環境要因が大きく影響している場合、気づきのチェックリストで得られる推定レベルは、正確さに欠ける場合があります。日本語指導の必要性が判断できたら、できるだけ日本語力診断を実施し必要な日本語指導を探ってください。

6-1-3　気づきのチェックリスト調査用紙

日本語学習必要性への「気づきのチェックリスト」調査用紙

対象児童生徒学年：　　　年　　　　　　　　在日年数：　　年　　か月

●質問項目の表現に合致するか、それに近いと思える場合に細目の左端の欄に☑を記入する。

1. 友だち関係　　　　　　　　　　　　　　　　　　　　　　生活（聞く力・話す力）

	1	ひとりでいることが多い。
	2	言い争い、乱暴な言葉遣い、責任転嫁をなどが見られる。
	3	他の子どもに対して、手や足が出ることがある。
	4	他の子どもに対して、不平や不満をもらすことが多い。
	5	落ち着きがなく、イライラしていることが多い。
	6	他の子どもたちから避けられたり、嫌がられることがある。
	7	同じクラスの子どもから「時間や約束を守らない」と苦情がある。
	8	学校を休みがちである。

2. 教職員との会話　　　　　　　　　　　　　　　　　　　　生活（聞く力・話す力）

	1	聞かれたことに短く答えるので、追加質問が必要。
	2	話の内容がわかっているのかどうかが、判断しにくい。
	3	子どもの言っていることが、よく理解できないことがある。
	4	理由を聞くと話せない。
	5	自らの気持ちを話そうとしない。
	6	困っていることを伝えることがむずかしい。
	7	叱られると反抗的な態度や、わがままを通そうとする。

3. 懇談・電話での保護者の様子　　　　　　　　　　　　　生活環境（聞く力・話す力）

	1	保護者に伝えたい内容がうまく伝わらない。
	2	保護者が言っていることがわかりにくい。
	3	通訳の必要性を感じる。

4. 準備物　　　　　　　　　　　　　　　　　　　　　　　生活（読む力・基礎学力）

	1	忘れ物が多い。
	2	提出物が遅れる。

5. 授業中の様子　　　　　　　　　　　　　　　　　　　　　学習（聞く力・話す力）

	1	じっとしていられず、手遊びや脇見が多い。
	2	発言しようとしない。
	3	自ら学習道具をそろえることが難しい。
	4	指示通りに動けない。
	5	まわりの子どもの動きを見て、自分の言動を決定する。
	6	みんなと同じことができない。
	7	一斉授業では問題を解けないことが多いが、個別に説明を加えると理解できる。
	8	説明を周囲の人や先生に聞きなおすことが多い。

6. ノート・作文　　　　　　　　　　　　　　　　　　　　　　　　学習（書く力）

	1	紙やノートを正面において字が書けない。
	2	板書を時間内に正確に写しきることが難しい。
	3	書くことを嫌がる傾向がある。
	4	文字が不正確で読みづらい。
	5	作文内容の意味が読み取りづらい。
	6	漢字や、助詞(てにをは)の誤記が多い。
	7	つなぎの言葉や長い文が少なく、短文で書き並べる傾向にある。

7. 宿題・テストの成績　　　　　　　　　　　　　　　　　学習（読む力・基礎学力）

	1	授業中の質問に答えられるが、テスト結果には結び付いていない。
	2	計算はできるが、算数の文章題は解くのが難しい。
	3	自らの力だけでは、できない計算が多い。
	4	国語の教科書を自力で読めない。
	5	援助がなければできない宿題が多い。宿題を出さないことが多い。

8. 指導で配慮がいると思える教科はありますか

国	(理由：)
社	(理由：)
算・数	(理由：)
理	(理由：)
音	(理由：)
図・美	(理由：)
体	(理由：)
技・家	(理由：)
英	(理由：)
その他	(理由：)

6-1-4 分析用紙

✓ が入った項目から推測できる問題レベル
　　　1　2　3　4　5　6

1. 友だち関係　　　　　　　　　　　　　　　生活(聞く力・話す力)

		想像できる改善点	推定レベル
1	ひとりでいることが多い。		
2	言い争い、乱暴な言葉遣い、責任転嫁などが見られる。		
3	他の子どもに対して、手や足が出ることがある。		
4	他の子どもに対して、不平不満をもらすことが多い。		
5	落ち着きがなく、イライラしていることが多い。		
6	他の子どもたちから避けられたり、嫌がられることがある。		
7	同じクラスの子どもから「約束や時間を守らない」と苦情がある。		
8	学校を休みがちである。		
小計		生活(聞く力・話す力)	

2. 教職員との会話　　　　　　　　　　　　　生活(聞く力・話す力)

1	聞かれたことに短く答えるので、追加質問が必要。		
2	話の内容がわかっているのかどうかが、判断しにくい。		
3	子どもの言っていることが、よく理解できないことがある。		
4	理由を聞くと話せない。		
5	自らの気持ちを話そうとしない。		
6	困っていることを伝えることがむずかしい。		
7	叱られると反抗的な態度や、わがままを通そうとする。		
小計		生活(聞く力・話す力)	

3. 懇談・電話での保護者の様子　　　　　　　生活環境(聞く力・話す力)

1	保護者に伝えたい内容がうまく伝わらない。		
2	保護者の言っていることがわかりにくい。		
3	通訳の必要性を感じる。		
小計		生活環境(聞く力・話す力)	

4. 準備物　　　　　　　　　　　　　　　　　生活(読む力・基礎学力)

1	忘れ物が多い。		
2	提出物が遅れる。		
小計		生活(読む力・基礎学力)	

5. 授業中の様子　　　　　　　　　　　　　　学習(聞く力・話す力)

1	じっとしていられず、手遊びや脇見が多い。		
2	発言しようとしない。		
3	自ら学習道具をそろえることが難しい。		
4	指示通りに動けない。		
5	まわりの子どもの動きを見て、自分の言動を決定する。		
6	みんなと同じことができない。		
7	一斉授業では問題は解けないことが多いが、個別に説明を加えると理解できる。		
8	説明を周囲の人や先生に聞きなおすことが多い。		
小計		学習(聞く力・話す力)	

6. ノート・作文　　　　　　　　　　　　　　学習(書く力)

1	紙やノートを正面においで字が書けない。		
2	板書を時間内に正確に写しきることが難しい。		
3	書くことを嫌がる傾向がある。		
4	文字が不正確で読みづらい。		
5	作文内容の意味が読み取りづらい。		
6	漢字や、助詞(てにをは)の誤記が多い。		
7	つなぎの言葉や長い文が少なく、短文で書き並べる傾向にある。		
小計		学習(書く力)	

7. 宿題・テストの成績　　　　　　　　　　　学習(読む力・基礎学力)

1	授業中の質問に答えられるが、テスト結果には結び付いていない。		
2	計算はできるが、算数の文章題は解くのが難しい。		
3	自らの力だけでは、できない計算が多い。		
4	国語の教科書を自力で読めない。		
5	援助がなければできない宿題が多い。宿題を出さないことが多い。		
小計		学習(読む力・基礎学力)	

8. 指導で困る教科はありますか

国	理由:		
算・数	理由:		
社	理由:		
理	理由:		
音	理由:		
図・美	理由:		
体	理由:		
技家	理由:		
英	理由:		
他	理由:		
小計		自己学習力	

総合所見

小計の合計点数							推定レベル(レベル4以下は日本語力診断を検討)	総合所見
51項目の最大点数	42	68	79	61	23	10		
日本語レベル	1	2	3	4	5	6		

6-1-5　分析手順と留意事項

1. まず、分析用紙にチェックリストの☑を書き写します。診断するときに、それぞれの質問項目に対して答えた解答のレベルにチェックを入れられるようにするためです。最初から分析用紙に☑を記入してもかまいませんが、日本語との関係を気にせず☑を行う方がより正確に子どもを見ることになると思われます。分析用紙には、日本語の学習段階との関係がある部分を明暗で分けています。

2. ☑を入れた項目の右横の▨の部分には全て1点を、■の部分には全て2点と書き入れる。▨の部分は来日後1〜3ヵ月の子どもに見られる現象で、後々まで引きずることは少なく、■の部分は後々まで影響の残りやすいレベルと考えられます。

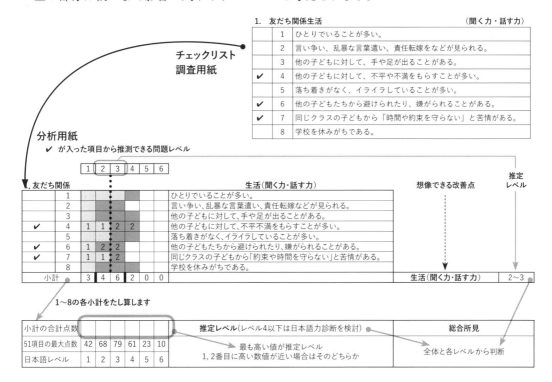

3. 点数を縦に合計し、小計欄に書き入れます。点数が高いところを推定レベルとして右端の囲みに取り出します。全て0〜1の場合は、レベル6と考えます。

4. 各小計をたし算し、全項目の合計点数を出します。合計点数の高いレベルが、問題発生時点からそのままになっている欠点の所在レベルの可能性が高いです。レベル4以下であれば、日本語基礎レベル診断が必要です。また6番の「ノート・作文」の項目で学習(書く力)の推定レベルが3以上の場合、日本語力調査が望まれます。レベル5・6に問題点がたくさんあれば、自他動詞、態の変換、読解、修飾用法など、中級の日本語が不足している可能性が高いです。

日本語の再指導のためには、第❷章第1節の『日本語基礎レベル診断』を実施することをお勧めします。ただし、来日後3ヵ月以内の子どもについては、高いレベルの結果が出ても、レベル1・2の問題点が残っていれば、その改善に全力を尽くす必要があります。

6-1-6　分析例

✔ が入った項目から推測できる問題レベル

		1	2	3	4	5	6		想像できる改善点	推定レベル
1. 友だち関係								**生活（聞く力・話す力）**		
	1							ひとりでいることが多い。		
	2							言い争い、乱暴な言葉遣い、責任転嫁などが見られる。		
	3							他の子どもに対して、手や足が出ることがある。		
	4							他の子どもに対して、不平不満をもらすことが多い。		
	5							落ち着きがなく、イライラしていることが多い。		
	6							他の子どもたちから避けられたり、嫌がられることがある。		
	7							同じクラスの子どもから「約束や時間を守らない」と苦情がある。		
	8							学校を休みがちである。		
	小計	0	0	0	0	0	0		生活（聞く力・話す力）	6以上
2. 教職員との会話								**生活（聞く力・話す力）**		
	1							聞かれたことに短く答えるので、追加質問が必要。		
	2							話の内容がわかっているのかどうかが、判断しにくい。		
	3							子どもの言っていることが、よく理解できないことがある。		
	4							理由を聞くと話せない。		
	5							自らの気持ちを話そうとしない。		
	6							困っていることを伝えることがむずかしい。		
	7							叱られると反抗的な態度や、わがままを通そうとする。		
	小計	0	0	0	0	0	0		生活（聞く力・話す力）	6以上
3. 懇談・電話での保護者の様子								**生活環境（聞く力・話す力）**		
	1							保護者に伝えたい内容がうまく伝わらない。		
✔	2	1	2	2	2	1		保護者の言っていることがわかりにくい。		
	3							通訳の必要性を感じる。		
	小計	1	2	2	2	1	0		生活環境（聞く力・話す力）	(2～4)
4. 準備物								**生活（読む力・基礎学力）**		
	1							忘れ物が多い。		
✔	2	1	1	2	2			提出物が遅れる。		
	小計	1	1	2	2	0	0		生活（読む力・基礎学力）	(3～4)
5. 授業中の様子								**学習（聞く力・話す力）**		
	1							じっとしていられず、手遊びや脇見が多い。		
	2							発言しようとしない。		
	3							自ら学習道具をそろえることが難しい。		
	4							指示通りに動けない。		
	5							まわりの子どもの動きを見て、自分の言動を決定する。		
	6							みんなと同じことができない。		
✔	7	1	1	2	2			一斉授業では問題は解けないことが多いが、個別に説明を加えると理解できる。		
✔	8	1	1	2	2	2		説明を周囲の人や先生に聞きなおすことが多い。		
	小計	2	2	4	4	2	0		学習（聞く力・話す力）	3～4
6. ノート・作文								**学習（書く力）**		
	1							紙やノートを正面において字が書けない。		
	2							板書を時間内に正確に写しきることが難しい。		
	3							書くことを嫌がる傾向がある。		
	4							文字が不正確で読みづらい。		
✔	5		2	2				作文内容の意味が読み取りづらい。		
✔	6		2	2	2			漢字や、助詞（てにをは）の誤記が多い。		
	7							つなぎの言葉や長い文が少なく、短文で書き並べる傾向にある。		
	小計		4	4	2	0	0		学習（書く力）	2～3
7. 宿題・テストの成績								**学習（読む力・基礎学力）**		
	1							授業中の質問に答えられるが、テスト結果には結び付いていない。		
✔	2	1	1	2	2	2		計算はできるが、算数の文章題は解くのが難しい。		
	3							自らの力だけでは、できない計算が多い。		
✔	4	1	1	1	2	2	2	国語の教科書を自力で読めない。		
	5							援助がなければできない宿題が多い。宿題を出さないことが多い。		
	小計	2	2	3	4	4	2		学習（読む力・基礎学力）	4～5
8. 指導で困る教科はありますか										
✔	国	1	1	1	2	2	2	理由： 読めない漢字が多い。内容がよくわからない		
	算・数							理由：		
	社							理由：		
✔	理	1	1	1	2	2	2	理由：		
	音							理由：		
	図・美							理由：		
	体							理由：		
	技家							理由：		
	英							理由：		
	他							理由：		
	小計	2	2	2	4	4	4		自己学習力	4～6

総合所見

							推定レベル（レベル4以下は日本語基礎レベル診断を検討）	総合所見
小計の合計点数	8	13	**17**	**18**	11	6		
51項目の最大点数	42	68	79	61	23	10	3～4	日常会話に問題がなく、聞く力・書く力が弱い。文構成・聞き取り等、長文の理解と漢字が必要
日本語レベル	1	2	3	4	5	6		

第2節 学級指導のチェック

　本節で扱う学級指導チェックは、帰国・来日児童生徒の会話が軌道に乗るまでの学級指導例を示したものです。

　学級の環境が、日本語習得を助ける温かい環境であるか否かは、積極的に聞いたり話したりする日本語学習への意欲を大きく左右します。また、日本で生活することへの意欲が持てるかどうかをも左右します。

　日本人の児童生徒にとっても、身近な外国を肌で知る貴重なチャンスとなります。そこで、そのヒントとなるようチェックを行い、どうすれば理想的な環境ができるのかについて、担任が目を向けてください。

6-2-1　級友も一緒に教える日本語指導手順とは ［192ページ］

　学級に来日した子どもが編入したとき、順調に学級に馴染む雰囲気を作るために、担任・日本語指導者・通訳と周りの子どもたちがどう関わればよいかというモデルを示したものです。

　子どもの日本語の進歩に合わせて、今どのように援助できるかをチェックできるように作成してあります。

6-2-2　応答と会話環境のチェックリストとは ［193ページ］

　学級担任の先生が来日児童生徒や帰国児童生徒が周囲に溶け込めていないと感じたとき、その原因がわかれば、指導の手立てが見つけられます。子どもの状態が順調でないと感じたら、その子どもの様子をちょっと詳しく見つめてください。

　これは、学級の周りの子どもの支援環境を変えるためのチェックに利用できるよう作成してあります。

級友も一緒に教える日本語指導手順（会話が軌道に乗るまで） 表6.2

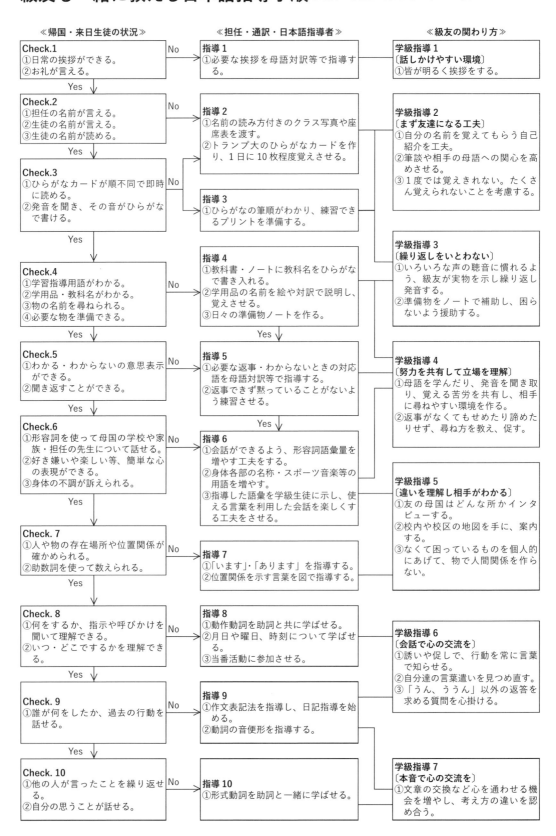

応答と会話環境のチェックリスト（会話が軌道に乗るまで）　表6.3

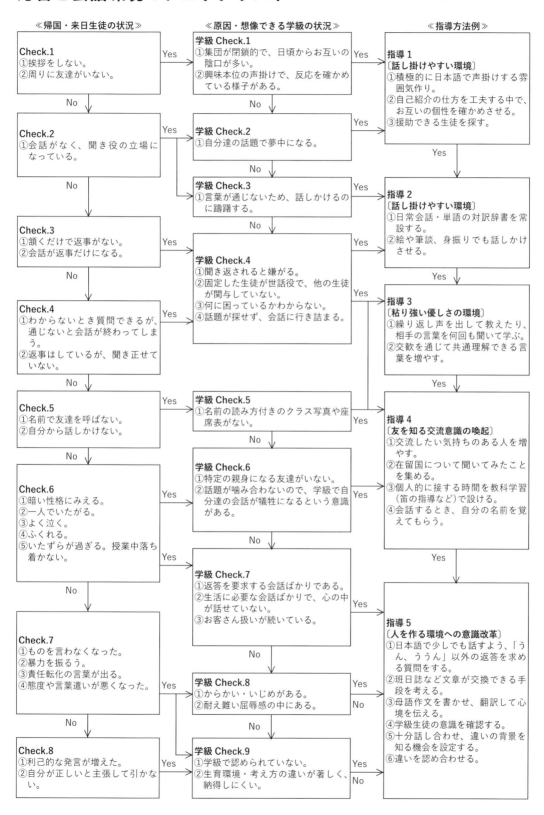

第3節 教科指導者に知っていてほしいこと

6-3-1　国語

　日本語の日常会話に支障がない児童生徒の場合、日本語力の不足が目隠しされてしまいやすいため注意が必要です。日本語がかなり習得できていても、1〜2年間の日本語学習期間で、本人にとって日本語がすぐに国語となるわけではありません。日本語をある程度習得した児童生徒が国語科の学習に臨むときも、指導者は、すでに長年の生活の中から得てきた国語力を持つ国内の日本人生徒への指導法とは、一線を画して行うべきことが多いです［第❶章第3節 1-3-3 参照］。

表 6.4

	小1	小2, 3	小4	小5, 6	中1, 2	中3
レベル1						
レベル2						
レベル3						
レベル4						
レベル5						
レベル6						
レベル7						

■ 日本語学習に置き換えが望ましい
▨ リライトなどの補助で多少参加できる
▧ 予習や、語彙理解への補助が必要
□ 配慮なしでも自力で学習が可能

レベルは、第❷章第1節 2-1-8「日本語能力判定基準表による日本語レベル」

　他の教科と比較すると、理解を必要とする文章が複雑で、授業の流れが理解できるようになっても、内容の説明が細部まで聞き取り理解できるまで相当の時間が必要です。

　特に抽象的な熟語の語彙が急増する小学4年生頃には、母語でも十分な語彙量を身につけていないため、和語からスタートする日本語学習から、熟語への理解の切り替えに時間がかかります［第❸章第2節、第❷章第3節 2-3-5 参照］。

　また、中学生では修飾用法の多い物語や小説よりも、論旨がはっきりした説明文や論説文の方が早く理解できるようになる傾向があります。

【日本語指導で解決したい言語・表現面の問題点】
① 拗音・長音・促音・撥音の発音や聴音、表記に問題が多いです。
② 母語の発声法から生じる発音・イントネーションが残ります。
③ 助詞、接続詞、副詞等の使い方が適切になりにくいです。
④ 常体と敬体、敬語の使い分けがうまくできません。
⑤ 語彙量が少ないです。
⑥ 用言の活用が不正確で、文章が正しく伝わりません。

【日本語指導で解決したい理解面の問題点】

① 長い話が最後まで聞き取れません。
② 文章の読み取りに時間がかかり、複雑な文章が理解しにくいです。
 ・語彙数の不足で、段落どうしの関係がわかりにくいです。
 ・擬音語、擬態語、副詞や修飾の多い文は、修飾する内容がわかりにくいです。
 ・二重否定、呼応、婉曲の表現、逆接の接続等の多い文は特に文の真意に近づけません。
 ・複雑な人間関係、授受、使役、受け身、敬語等を含む文はその関係がつかみづらいです。
 ・時間経過が前後する文では、その関係が捉えにくいです。

【言語・表現面の対策】

① 発音や聴音については根気強く指導することが大切です。録音を利用して、教師や友達の範読と比較して聞かせるのも一方法です。

　日本語は基本的には全て息を出して発音する有気音なので、濁音が出にくい無気音を持つ国（中国・韓国等）の子どもには、気づいたときに、第❸章第1節3-1-3を参照し、繰り返し指導が必要です。

　また、第❸章第1節表3.2の日本語発音表のように日本語の発音は「ら」行を除いて舌先が下を向く特徴を持っているので、舌先が上がりやすい母語の児童生徒には、この指導を徹底するとかなり早く発音が習得させられます。

② 日記や作文指導を長期間続けることが、国語力の欠点の発見、指導に大きな成果をもたらします。文章指導では朱を入れる添削だけでなく、所見などの温かい励ましで書く気を持続させることが肝要です。

　何度も同じ間違いを繰り返す文があるときは、第❸章第5節表3.21や右の表6.5のように作文を分析し、本人が理解しやすい方法で解説し指摘するといいでしょう。

③ 何よりも話す機会が多いことが、表現力増強の秘訣です。

　帰国・来日した子どもが話しやすい学級経営と、担任や国語指導者との対話時間を十分とるようにすることが大切です。

④ 漫画本の利用は、自然なアクセントやイントネーションの定着に効果的です。絵や会話の表現が簡潔で、児童生徒の生活会話に近いものが得やすい漫画を選び、読ませるといいです。また、4コマ漫画などは、文章作成の練習に利用できます。

⑤ カードを用いた漢字・文型・文法指導や、カルタ、クイズ等楽しみながら学習できるものを導入し、児童生徒の個々の状況に合わせた創意ある指導が必要です。

表 6.5

本人の記述	添削		気を付けること
七人電車にのって、電車には人が多かった。	七人で電車に乗ると	つなぎ	七人が（一緒に）電車に乗るのと――同一人物の動作とその人の動作と別のことが起きる
みんな全部立って	全員立っていた。	言葉の意味	全部＝みんな＝全員（人）
電車が淀川を見た。	ぼくは淀川を見た。	助詞	見る↓↔動く↓見た（上一段）動いた（五段）
ぼくが釣り人があります。釣り魚の人が	川の岸に釣り人がいます。魚釣りをする人がい	言葉の意味	側―右側―釣り人＝釣りをする人左側（方向を示す）
り川ます。の側	ます。ま魚釣りす。をする人がい	助詞	あります―人・物―動物

【理解面の対策】
① 非漢字圏の子どもに行う漢字指導は画数の少ない象形文字や指示文字からスタートし、会意文字、部首別に学習させれば早く漢字に馴染みます。その後、形成文字の音読みに注目し読解できる熟語を増やすと習得が早いです。毎日続けさせると1日3字でも年間1,000字になります(参考『漢字が楽しくなる本』太郎次郎社)。

② 文章の読み取りは、音読、速読、熟読を繰り返すことが必要です。結局、慣れないと読めないので、2～3行の短文から200字程度の文へ、和語で構成された生活文から修飾の少ない簡単な説明文へというように、徐々に文の長さや難易度を加えて指導し、自信を持たせることが大切です［第❸章第4節参照］。

　a．音読の奨励

　　　文に慣れることが日本語のニュアンスをつかむのに一番早いです。声を出して読むことで、発音を確実にするだけでなく、単語や文節と文の関わりにも注意が払われます。これは辞書を引けるようになるためにも必要です。さらに、リズムやイントネーションを確かにしていくと、文と文の関係が見えてくるようになります。

　b．想像力を鍛える速読の奨励(予備知識をキーワードに留める)

　　　外国語で文を読むとき、わからない言葉でつまずいて、読むのが嫌になってしまった経験はないでしょうか。キーワードを除くわからない言葉をとばし、細かいことにこだわらず、わかる言葉から文意を少しでも多く読みとる練習が必要です。

　　　生活会話では、ほとんどの生徒が無意識のうちに、そうした聞き方で社会の中に入り始めますが、文となると字が並んでいるだけで臆してしまい、細かいことにこだわって何もわからなくなる児童生徒が多いです。そこで、文の読み違えは気にせず、少々のわからない部分は自分の想像力を信じ、「主語と述語のつなぎの言葉がわかれば、残りはちょっとした飾りの言葉だ」という意識で読みとらせる練習が文に慣れるのに効果的です。

　　　文の意味を読点で区切られた一文毎や段落ごとに「何が」「どうした」か、自分の知っているわかりやすい話し言葉に置き直して説明させ、理解の度合いを確認し、間違いのおきやすい部分を把握させます。

　c．速読の後の熟読の奨励

　　　自分の読みとりが正しかったかどうか、わからなかった語彙を調べ熟読する習慣を付けると、語彙量、文に親しむ速度も一段と速まります。いきなり難しい文に出会うと、この意欲は持続できないのでくれぐれも注意したいです。

③ 辞書の引き方の指導は早期に開始することが必要です。

　a．辞書の選択

　　　最初の辞書選択に当たっては、学習初期にはできるだけ日本語の漢字に読みがなのついたものを選ばせたいです。また、家庭と学校に同じものを常備するか、それができないときは、持ち運びやすいものを考慮することが必要です。また、文例の豊富なものが望ましいです。

　b．辞書の引き方の指導［第❶章第4節1-4-2、法則3参照］

　　　活用のない普通名詞などで始め、次に用語を指導すると、文の中から主語と述語を見つけるのが早くなります。

活用のない自立語は比較的辞書で探しやすいです。けれども、動詞・形容詞・形容動詞等、活用のある用言は終止形（日本語教育では基本形・辞書形とも呼ばれています）に変えないと辞書から探しだせません。日本の子どもにとってこれは何でもない操作でしょうが、来日児童生徒にとっては難しいため、用言の活用のパターンをある程度認識できる状態まで日本語を学習している必要があります。

したがって、友達との会話から自然に学んだ日本語習得者の場合でも、動詞文型や形容詞・形容動詞文型の基礎から、用言の活用を復習することが必要です。

活用のない自立語でも、呼応のある副詞や形式名詞（補助名詞）は例文の書かれていない辞書ではわかりにくかったり、例文の見方を学習していないと、来日した子どもにはわかりづらい場合が多いです。対母語辞書の場合も、日本語の例文を見ながら、適切な訳になるよう援助が必要です。電子辞書は文例が一画面で収まらないため見づらいという欠点があります。

さらに、付属語や語彙量の多い単語、接頭語や接尾語があるもの、また、複合語や慣用句なども困難を伴うことが多いです。それぞれの辞書の表記法によっても、扱いが違ったりするので、子どもの持っている辞書で少しずつ使い方を説明することが望まれます。

6-3-2　社会

社会科は地理分野と歴史分野共に補助の有無によって、授業参加への意欲が大きく変わります。公民は日本語が多少理解できるようになってからは無理なくスタートできます。

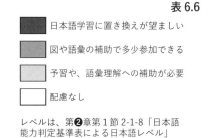

表 6.6

■ 日本語学習に置き換えが望ましい
▨ 図や語彙の補助で多少参加できる
▥ 予習や、語彙理解への補助が必要
□ 配慮なし

レベルは、第❷章第1節 2-1-8「日本語能力判定基準表による日本語レベル」

(1) 地理

帰国・来日した児童生徒が日本の地域社会に慣れ、その土地を理解するまでには時間がかかります。当初は、自分の家の間取りから道路状況や交通事情、商店・市場の様子なども在留国との違いが1つ1つ気になります。本やテレビで知識として知っていても、その日本と肌で感じる日本を一致させ、事実認識の不足を補うために時間と経験が必要です。

つまり、編入した子どもは、まず身近な日本を体験し、数多くの戸惑いや違和感を覚えながら日本全体を理解することになるわけです。とりわけ、情報量や交通機関の少ない国から来た子どもの中には、慣れるまで行動範囲が狭まりがちで、広範囲の地理にはなかなか関心が持てない場合があります。各国の教育状況が違うため、日本の地理だけでなく世界地理の基礎知識を持たない子どももいます。こうした地理の基礎学習を始めようとする子どもが持つ問題点を

考えてみましょう。

【問題点】

① 地図記号や地図の見方、簡単な地図の書き方を知りません。いろいろな大きさの地図を見慣れていないため、拡大や縮小の範囲がつかめません。

② 日本の地名やその位置がわかりません。また、出身国の外交状態や教育が異なり、世界の国名、地名を言われてもその国の存在や場所を知らない場合が多いです。在留国・母国の言葉では地名や国名を知っていても、カタカナで表される日本人の発音とかなり違っています。そのため、授業中の説明が理解できず、今どこを学習しているのかがわからない場合もあります。

③ 非漢字圏児童生徒は日本国内の地名が、また、漢字圏児童生徒にはカタカナが障害になりやすいです。特に、日本の特殊な地名の読み方や、ス ウェ ーデン・フィ ンランド・ヴェ トナム等のカタカナ表記が学習できていないと読めません。

④ 表やグラフの読みとりを学習していないと、生産高の表記、産物や輸出入の円グラフ、帯グラフ、気温や降水量のグラフが読みとれません。

⑤ 南半球や赤道付近から来た子どもは方位感覚が逆転することがあります。

⑥ 中学で編入する子どもは、国内の生徒が小学校で学習する、流通機構などのおおまかな日本の社会構造を知らないので、農業生産物、工業生産物などの関係がつかめません。

【興味関心を高める対策】

① 家族や友達の協力を得ること

街の中の散歩、買い物、旅行等を安心できる家族・親戚や友達と一緒に経験できると、戸惑いや違和感が半減し、体験した身近な社会を自然に受け入れることができます。ただ、あちらこちら歩くのではなく、海外との共通点や違いを話題にすることが認識を深めるのに役立ちます。

② 地図の活用

自宅から学校、駅への地図を書かせたり、地図をもって歩きながら自分の目で確認させたりすることが大切です。

国内の地名や地形名は漢字や日本語の文型学習と並行して、世界の国名はカタカナ学習と並行して早い時期に行えます。地図記号を学習させ、地図の範囲を次第に広げていけば習得しやすいです。たとえば、住所を利用し早い時期に、区・市・府県・地方の区分を知らせ、都道府県名を覚えさせ、その後に日本の地形の概要を把握させたりします。

また、地図帳・白地図を常に利用できるよう準備しておきたいです。

中学生には地図帳の検索の利用法を早く教えることも大切です。国内の子どもは聞き慣れていて、さほど必要としない場合も多いですが、来日した子どもにとっては地名だけが唯一の頼りという場合も多いです。

③ 見学会・遠足・校外学習などの活用

遠足の前日、持ち物や服装の確認だけでなく、目的地の地図上の位置や目的地までの行程をわかりやすく説明することも学習への興味付けになります。また、こうした学習体験の積

み重ねが大切です。
④　発表の機会を作る
　　子どもに海外のようすを発表させたり、海外と日本を比較しながら地理学習を進めることは帰国・来日した子どもの学習意欲を喚起するだけでなく、国内の子どもが来日した子どもとの親近感を高め、国際理解を深めながら地理学習を進める機会になります。また、在留国・母国の資料をもっている子どももいるので尋ねてみるといいでしょう。
⑤　視聴覚機材の活用
　　絵・写真・ビデオ教材は子どもの興味関心を高めるのに有効です。なお、解説はわかりやすい日本語に直して使うよう留意します。

(2)　歴史
　各国の学校では、歴史を学習する学年がさまざまなので、世界の歴史の知識が全くなかったり、在留していた国の歴史が浅く、その国を中心とした近代史以降の学習であったりします。こうした子どもは歴史への関心が薄い場合も多いです。
　また、日本の歴史については、歴史的地名・人物名等の漢字、その読み方等困難が多いです。その上、日本各地の地理要因も十分把握できていない段階では、授業への導入にも混乱が生じます。
　しかも、歴史の教科書は読解力の難度も高いです。歴史上の特別な用語が多い上に修飾部の長い文が多かったり、センテンスが長かったり、使役や受け身が入り込んでいて、来日児童生徒の理解の困難を招く要因がたくさん含まれています。したがって、編入直後、歴史の授業に参加するにはかなり無理があります。ある程度の日本語力がついた段階で、使役や受け身は能動態に直し、補習を行うことが望まれます。
　しかし、中国からの中学生で、中国や世界の歴史を学習してきた生徒の中には、教科書のひらがな部分を飛ばして読むことで、内容の大筋を理解できる生徒もかなり見られます。反面、そうした生徒は漢字部分を中国語の発音で理解するため、日本語の読み方がいつまでも覚えにくくなってしまう嫌いがあります。
　いずれにしろ、授業への導入の前に児童生徒の母国や在留国の歴史に興味を持ち、子どもの既習内容を知っておくことも大切です。
　日本と在留国・母国との関連がある場合には、外国から見た日本の捉え方が、日本での学習と違っている場合や、日本に対する積極的な意見を持っていることもあります。反面、在留国での学習結果、日本の立場に関する考え方が心理的なマイナスとなって定着している場合もあり、帰国・来日した生徒の既習状況や気持ちを大切にしながら、意見を受けとめる必要があります。

【授業への導入を速める対策】
①　歴史年表の活用や作成
　　地理学習は狭い範囲から広げていく方が理解は早いようですが、歴史学習の場合、在留していた国の歴史を復習しながら日本や各国の歴史年表を作るのが興味を持ちやすくします。
　　年表を作るとき、その国の歴史を在留国の授業で学習していない場合でも、子どもの持つ

断片的な知識なら引き出すことができます。また、その国の歴史を子どもと一緒に学ぶことは指導者にとっても、子どもの思考の背景を知るために重要です。

長い歴史を持つ国の子どもには、始めから長い年表を作成し、知っていることを埋めていくことから始め、短い歴史の国の生徒には、現代や近代を中心に、歴史を遡っていくように指導を始めると、速く流れをつかませられます。

② OHP(overhead projector)用のTP(transparency)シートで現代地図の活用

世界史も日本史も、地名に関わる部分では、現在の地理知識がまだあやふやな子どもには、ほとんど理解ができません。そこで、TPなどの透明なシートなどを用い、現在の国名や都道府県などを示した地図と学習している時代の地図を重ね合わせるなどして、学習している部分がどの場所の話かを明確にする必要があります。

③ 教科書のキーワードを拾い出す予習

大きい文字や太字でかかれた言葉・ルビが打ってある漢字・年代を表す数字・国名や地名・人の名前・カタカナで書かれた言葉と、動詞(述語)を書き出す練習をさせます。予習であらかた下表が作成できるようになれば教科書が読み取れるので、耳慣れない言葉も授業で聞き取れるようになります。日本語学習6ヵ月で少しずつ書けるようになります。

表6.7　歴史用語の語彙調べ

項目 (〜とは)	いつ	どこで	誰が 何が	誰を 何を	(どのように)	どうした

【興味関心を高める対策】

① 見学会・遠足・写生会等の活用

近郊への校外学習の機会には、事前に資料や写真を見せわかりやすく説明しておきたいです。また、学校の近辺に史跡がある場合は大いに活用するなど、地図に接する機会を増やすようにします。

② 学校図書の活用と充実

小学生が興味深く読めるような挿し絵の豊富な歴史物語、歴史漫画、伝記物語を学校図書に加え、無理のない時期に本人自身が選んで読めるようにします。また、授業で用いる文化財や歴史資料も、写真のしっかりしたものを学校図書に加え、補習授業で図書室を使うなど小学校高学年児童や中学生には見やすい雰囲気を作ることも大切です。

③ 国語便覧、美術史等資料集などの活用

中学生用の国語便覧には古典の用語の説明のため、日本の各時代の衣装や風俗が紹介されているものがあります。また、美術史の作品集でも理解を助けるものが多いです。学校の資料戸棚で眠っている資料集があれば、子どもに見せ、日本の文化に少しでも広く触れる機会を早くから持たせてください。

④　テレビの活用

　　帰国・来日してしばらくするとテレビを見る機会も多くなります。目に付きやすい衣装や持ち物の変遷などを簡単な年表とあわせて指導するなど、テレビ視聴について工夫します。

(3)　社会のしくみ・公民

　日本に来た直後に、日本の社会の仕組みを学習すると実感が伴いません。また、小学生は母国での流通のしくみについて知らない場合も多いです。しかし、母国との違いが見えてくるようになり、日本語を少し理解できるようになってから、社会の仕組みの違いをより明確に論理的にわかる子どももいます。また中学生の公民の分野は、学ぶ習慣が付いていれば、混乱することは少ない平易な記述です。

6-3-3　算数・数学

　高学年では算数・数学科の授業へは他の教科より比較的早く参加できる子どもが多いです。低学年では日本語の理解に妨げられて遅れをとることが多いです。

表 6.8

	小1	小2,3	小4	小5,6	中1,2	中3
レベル1						
レベル2						
レベル3						
レベル4						
レベル5						
レベル6						
レベル7						

■　日本語学習に置き換えが望ましい
▨　リライトなどの補助で多少参加できる
▢　予習や、語彙理解への補助が必要
□　配慮なし

レベルは、第❷章第1節 2-1-8「日本語能力判定基準表による日本語レベル」

　扱う数字や記号はほぼ万国共通であり、帰国・来日生徒にとって算数・数学は抵抗の少ない教科である場合が多いです。しかし、各国における学習水準や学習進度にはかなりの差があります。系統的な積み上げが必要な教科なので学習の有無を確かめ、不十分な点を個人指導で補充しなければなりません。詳しくは第❹章第1節を参考にしてください。

【比較的多い問題点と対策】

①　記号や図形は指導を忘れやすいです［第❹章第1節 4-1-2 参照］。

　　小学校の算数は教科書の絵も豊富で数に関する語彙、図形や単位等、数学用語の基礎や、生活と密着した日本語を学ばせるのにも役立つので、活用できます。

　　また、その授業で使う記号や単位、図形の理解に必要な用語は、その授業で知らせるよう、読み方をプリントでまとめるなどの配慮が必要です。

　メートル法や摂氏を使っていなかった子どももいます。フィートを使っていた子どもが身体検査で身長を測って、自分

【ヤード ポンド法】　　表 6.9　単位の違い

1 in.(インチ) = 1/12ft.	2.54 cm
1 ft.(フィート) = 1/3yd.	30.48 cm
1 yd.(ヤード) = 1/3mile	0.9144 m
1 mile(マイル) = 1760yd.	約 1.609 km

がどれぐらい伸びているのかわからなかったということもありますので、事前の調査も大切です。

② 数字を「あいうえお」と同じように日本語で扱えることが大切です。

1・2・3・4…と100まで数えることができても、2・4・6・8…と偶数だけで、あるいは奇数だけで数えられない、また、100・98・96と、数を減らしながら言えない子どもは算数に馴染みにくいです。合わせて10になる数が即座に答えられえない子どもは、2桁以上のたし算・引き算の繰り上げ・繰り下げでつまずきます。

数字がかなと同様に自由に言葉として扱えるよう、算数・数学の指導者が日本語指導者と協力して指導することが必要です。

③ 子どもが指導で身につけてきた計算の仕方は多様です。

たとえば、かけ算の九九は図6.1のように指を折って計算したり、フラッシュカードを用い、 $8×9$ 72 と、目で見て反射的に答えられるように覚える方法で習った子どももいます。割り算の筆算も違う方法で習っている子どもがいます。

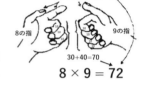

図6.1 指でのかけ算

計算の方法が違うために時間がかかることもあります。そのような場合、子どもが身につけてきた計算方法を尊重するとともに、具体的な操作活動を通して、計算の意味を知らせ、日本の方法を紹介して選ばせるなど、より適切な方法で理解させていくようにすることが大切です。

④ 図形・表・グラフなどの学習の未習領域が多いです［第❹章第1節4-1-6参照］。

表やグラフの学習をしていない子どもも少なくありません。図形学習では、用具にたよらず理論とフリーハンドで学習してきた子どもや、全く学習経験のない子どもがいます。定規・コンパス・分度器等の用具を扱った経験がない場合、初歩的な用語と平易な図形を用いて用具の扱い方を指導してください。面積や体積、円周率、計器の10分の1の目盛りが読めないこともあります。簡単なテストを用いるなど未習部分の早期発見につとめ、基礎学習の充填ができるようにしてください。

⑤ 文章題の読み取り方を指導します［第❹章第1節4-1-7参照］。

算数や数学の計算が得意でも、文章がいつまでも読みとれない子どもがいます。これは、他教科と違い、計算等の操作段階では先に身につけた母語で思考する傾向があるため、日本語との切り替えが利かず、文章の日本語にいつまでも馴染めないからです。また、ある程度の日本語学習が進まないと文章題を読みこなすことは難しいです。さらに、抽象的な言葉を使った表現も多いので、読み取り方の基本を知る必要があります。しかし、数学の基礎問題は、領域ごとにある程度のパターンがあるので、計算や作図の条件は何か、どんな操作が必要かを拾い出すことができる程度の日本語で、かなり早い時期に理解できるようになります。問題集など家に持っていない生徒が多いので、簡単な問題の数をこなし、問題に慣れさせるようにすることも必要です。

6-3-4　理科 ［第❹章第2節参照］

　理科は学習していなかったり、学習していても教材内容は大きく違っていたりします。また、日本とは自然環境が異なるため、動物・植物教材・天体や地質の分野では、指導目標は似ていても、教材はその国独自のものを使用するのが一般的です。これは、外国人児童生徒だけでなく、帰国児童生徒にも共通します。

表 6.10

	小3,4	小5	小6	中第1分野	中第2分野
レベル1					
レベル2					
レベル3					
レベル4					
レベル5					
レベル6					
レベル7					

■ 日本語学習に置き換えが望ましい
■ 語彙理解への補助が必要
■ 名称の記憶、何をしているか理解させる
□ 予習やまとめ、実験の自他動詞による整理
□ 配慮なし

レベルは、第❷章第1節 2-1-8「日本語能力判定基準表による日本語レベル」

【体験や学習経験による問題点と対策】

① 日本の生物・自然体験を通して学ばせます。
　日本の自然に触れていない高学年児童・中学生には、小学校低学年で学習する日本の動植物や季節感を、単に知識としてではなく、可能な限り実際の観察や栽培・飼育の体験を通して学ばせる配慮が望まれます［第❹章第1節 4-1-1 参照］。

② 子どもの在留国の気候風土を知り、学習条件の違いを考慮します。
　たとえば、北回帰線より南の国で学習してきた子どもに太陽や星を学習させるときも一考を要します。昼間、南の方に太陽が位置していなかったからです。さらに、日本語学習の必要な子どもは動物や植物などの名前から学習が必要です。特に初めて知る生物も多いので、詳しい説明が必要な場合もあることに注意したいです。

③ 実験への参加は学習経験のないことに配慮します。
　実験を伴う物理・化学の分野は学習経験のない生徒も多いですが、それだけに、帰国・来日児童生徒はより強い興味や関心を持ちやすいです。しかし、実験器具や薬品を扱ったことがないときには、日本語の指示もわからず、注意が聞き取れず、困惑することも多いです。したがって、下記のような、いくつかの基本事項を実験の前に押さえ、安心して楽しく実験できるよう配慮することが肝要です。数学と関連するところも多いので参考にしてください。

　ⓐ　実験器具や薬品の名前と、その取り扱い方法
　ⓑ　実験・観察に必要な理科の用語・記号 ［第❹章第2節 4-2-1 参照］
　ⓒ　実験・観察記録の仕方 ［第❹章第2節 4-2-2、4-2-3 参照］
　ⓓ　図やグラフの読みとり方 ［第❹章第1節 4-1-5 参照］

　帰国・来日児童生徒の中には、疑問点や問題意識を素直に前に出せる長所を身につけたものも多いです。日本語が少し話せるようになれば、実験についての意見や、学習分野と関連する海外での事象について積極的に発言させると、他の子どもたちの認識や視野をも広げることができます。

【授業への導入を早める対策】
⑴　実験器具や動植物名など絵や図の説明に使われる言葉を先に説明したり、辞書で調べ覚えさせてから授業に臨ませます。
⑵　子ども用の読みがな付きの理科関係図書は参考に使わせることができます。

参考例
『フレーベル館の図鑑 NATUR』全 12 巻（2004 年〜 2006 年、フレーベル館）
⑴こんちゅう・⑵しょくぶつ・⑶どうぶつ　ほにゅうるい／はちゅうるい・⑷きょうりゅうとおおむかしのいきもの・⑸とり・⑹さかなとみずのいきもの・⑺うちゅう　せいざ・⑻いぬ　ねこ　ハムスター　そのほか・⑼ひとのからだ・⑽ちきゅう　かんきょう・⑾たべもの・⑿はる　なつ　あき　ふゆ

⑶　理科の授業また教科書で使用される動詞は、他教科以上に自動詞と他動詞が混在しています。たとえば、「葉が落ちる－葉を落とす」「電流が通る－電気を通す」等、自然現象と人為的な動作の違いなどによって理解の仕方も代わってきます［第❹章第 2 節 4-2-3 参照］。

　　また、分野によっては複合動詞が多かったり、「〜している・〜していく・〜しておく」等動詞のアスペクトの違いで状態変化を示す言葉も多く、理解を難しくしています。そこで、移動や変化を表す表現、試すときの表現、状態を示す表現、条件を表す表現など、頻繁に使われる表現に慣れさせる必要があります。頻繁に使われる文型は取り出して、辞書を調べさせたり、例文をたくさん示して、文型の意味を早めに理解させるといいです。

⑷　中学生は小学校で学習していない分野を的確に把握させます。

　　水溶液、電気、磁石、てこ、音、光、空気、酸素や二酸化炭素、等各分野の未習部分は、簡単な説明が必要です。全く学習経験がなくても、生活経験が理解を助けてくれる場合が多く、小学生の学習時間と同等の学習時間は必要としない場合が多いです。

　　しかし、既に小学校で頻繁に使われた用語は、中学の教科書中での理解が期待できないばかりか、生活の中でもごく常識的に使われているので、日本語と並行してしっかり理解させて学ばせる必要があります。

⑸　教科書の中に説明があるキーワードを理解させます。

　　在留国・母国での学習内容が少ないと、日本語から母語を辞書で探しても役に立たないことが多いです。たとえば、「分子」を中国語で探し出しても、「分子」と、同じ漢字が並んでいるだけだったりします。未習の薬品や気体等、母語か日本語の国語辞書が引けないと理解の道が閉ざされるような気がするものです。しかし、新しく学習する語彙は太字（あるいはゴシック体）で書かれ、説明がその語彙の前後にあるので、「〜を〜という。」「〜とは〜のことである。」等の決まった言い方を抜き出す練習をさせると理解させやすいです。これは論理的文章になれるのと同じです。また、太字で書かれた文字は頻繁に使われるキーワードであることを十分理解させることが必要です。

6-3-5　音楽

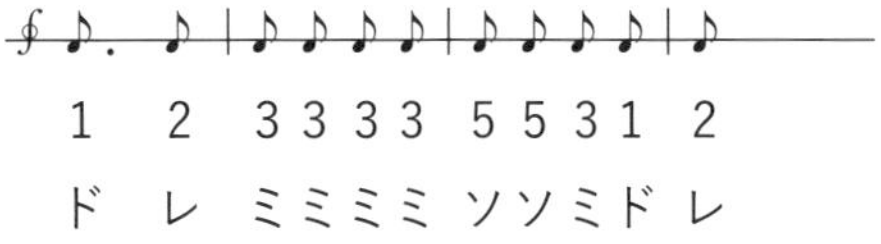

　音楽環境は様々であり、五線譜ではなく一線譜やコードで学習したとか、ド・レ・ミを用いず１・２・３で学習していたり、教科書や楽譜を使わなかったとか、楽器を持ったことがない場合もあります。また、学校外で特別な音楽教育を受けていた子どもや、現地の楽器を演奏する経験を持っていたり、その地の古典音楽や民族音楽など生の演奏の中で育って帰国・来日する子どももいます。

```
♩. ♪ | ♪ ♪ ♪ ♪ | ♪ ♪ ♪ ♪ | ♪
1   2   3 3 3 3   5 5 3 1   2
ド  レ  ミミミミ  ソソミド  レ
```
　　　　　図 6.2　一線譜

　リズムやメロディーを媒体とする音楽は世界のどの国々から帰国・来日した子どもにも共通し、取り組みやすい教科の一つです。また、日本の歌への興味は日本語学習の向上にもつながるので、楽しく取り組ませ、各自の学習背景を生かし、個性を伸ばすようにしたいです。しかし、日本語の発音学習で苦労することが多かったり、音感に自身がなく極度に音楽が苦手だったり、音楽自体に接した経験の少ない子どももいるので、導入時の十分な配慮が必要です。

【楽しく参加させるための対策】

① 音階や歌詞を読めるようにします。

　まず、子どもの学習背景をよく把握し、楽譜を使わず歌っていた子どもには、何回も聞き直せるように録音機器を利用するのが早いです。ただし、持ち帰らせる場合、プレイヤー等、再生機器が家庭にない場合があるので気配りが必要です。日本語がわからない子どもの場合でも、リズムやメロディーが付くと比較的覚えやすいものです。

　一線譜でリズム表示し音階を数字で学んできた子どもや、また、楽譜なしで学習してきた子どもには、五線譜でド・レ・ミの音階や、音符や休符の拍を指導しなければなりません。慣れない間は楽譜を数字に直したり、ひらがなで歌詞を書き込んで皆と一緒に歌えるよう配慮することも必要です。歌詞の内容が全くわからず皆と一緒に歌えないため、音楽に興味を失ったというようなケースもあるので留意したいです。

② 必要な楽器の演奏に参加できるよう援助します。

　アルト・ソプラノ笛など必要な楽器の演奏方法を知らない場合は、個人指導、友達の協力等で補い、楽しく学習させる配慮が必要です。ド・レ・ミの吹き方を教えても、いつまでも覚えない子どもは、楽譜や楽器に接したことのない場合が多いです。このような子どもは、笛を使った音楽そのものに勘が働きにくいうえに、日本語で学習しなければならず、音階やリズムにも慣れていないので、運指がなかなか思いどおりに行かない場合があります。ゆっくり丁寧に指導してください。

③ 楽譜の中の記号や楽器の名称、曲名や、作曲家の名前などを知らない場合が多いので、少しずつ無理のない範囲で理解させてください。

6-3-6 美術

　文字を通じて学習する教科に比べ、言葉のわからない子どもも気軽に取り組めます。学校の中で教科として美術を経験していないも子どももいますが、絵画はほとんどの子どもが描いた経験を持っています。しかし、様々な材料・用具を使用した造形表現は経験していない子どもも多いです。また、日本の美術作品を鑑賞する機会を与えたり、海外での芸術品の写真や民芸品を紹介する機会を与えるなども重要です。

【楽しく参加させるための対策】
① 表現を認め合うことを奨励してください。
　　在留国・母国の風土や文化の影響を受け、のびのびした明るい表現ができる子どもが多いです。美術の授業では、作品が全員の目に触れるので、心ない発言で傷を付けないようにしてください。本人が身につけた感性で、独特の雰囲気を表したとき、表現の違いをしっかり認め合える環境作りが大切です。
② 表現から訴えを知ることができます。
　　また、描画経験があっても、鉛筆等の線描が主流で、絵の具を経験していなかったり、デザインや複雑な技術を要する表現になれていない場合があると、表現が小さくなったりします。また、在留国や母国から来日し、環境の変化に情緒の安定が得られないときも、表現は小さくなったり、まとまりのないものになることがあります。描いたものを塗りつぶしたり、嫌な表現をするときは、学級で友だちがなくなったり、いらついたりしているかもしれません。言葉で話せない子どもの暗黙の訴えにも注意してほしいです。
③ 技能の指導で自信を持たせます。
　　海外では各国の学校の施設・設備や教材・教具も様々で、水彩絵の具や彫刻刀等・糸のこ、粘土を扱ったことがない子どももいます。造形経験の内容を確認し、必要に応じて材料・用具の基礎的な技能の指導をすることも欠かせません。造形経験の不足から自信を失わないよう丁寧な指導と、励ましが必要です。
④ 準備物の連絡を適切に行います。
　　家庭から持参するものがある場合、準備物を絵で示して、確認しておくことが大切です。来日まもない子どもの家庭では準備できないものがあったり、日本語がわからない家庭では、新聞紙などでも買わなければなかったり、知らない用具があったり、彫刻刀等でも経済的に無理をしないと買えない場合もあるので気をつけたいです。

6-3-7　保健体育

　一般にスポーツに関わる教育方針の違いや各国の気候等の自然環境の違いはあるものの、球技が盛んな国は多いです。一方、水泳や器械体操・陸上競技などの学習に欠けている場合が多く、格技も経験がありません。また、学校によっては運動場を持たなかったり、社会教育機関に委ねられていて、運動に参加した経験が乏しかったり、基礎体力が低い場合もあります。帰国した児童・生徒には精神的な疲れを癒せる運動への欲求は強く、体育に対する期待感が大きい一方、様々な葛藤も予想されます。

【生徒の抱えやすい問題点】

① 基礎体力の不足や、帰国・来日後の疲労で体育の授業を辛く感じることがあります。
② 馴染みにくい気温の中での運動で疲れやすいです。気候の違いだけでなく生活習慣も変わるため、体調が整うのに1年以上かかる生徒も多いです。
　また、日本で流行しやすい伝染病への免疫がないため、風邪や湿疹などにもかかりやすいです。授業では慣れない種目で豆ができたり、筋肉を痛めたりすることもあります。来日後初年度の体調管理には特に注意が必要です
③ 怪我や病気、生理の時に訴える方法がわからず、保健室を利用しなかったり、家族が健康保健に加入していないため、医者に行かずに済ませることがあります。
④ 種目によっては技能不足から羞恥心や劣等感・恐怖感が生まれやすいです。球技のルールについて十分知らされていないと、トラブルが起きやすいです。ドッヂボールなとではいじめと勘違いが起きることもあり、参加には説明や経験への配慮が必要です。
⑤ 肌を見せることへの抵抗感を持つ子どもがいます。一斉に更衣することや、下着が日本のものと違っていることで羞恥心が生まれることもあります。また、男女がお互いに目に触れるところで更衣することがセクハラに感じられる生徒も多いので、部活時など男子の更衣場所にも配慮が必要です。
⑥ 時間割変更などで体操服や水着の準備がいるのかどうかわからず、見学することが多くなりやすいので注意が必要です。
⑦ 海外ではプールが日本の学校ほど完備してないため、水泳経験のない子どもが多いです。水に慣れることから、丁寧な指導が求められます。
⑧ 運動会・体育大会の経験がなかったり、自由参加であったりしたため、全員参加の意義や必要を感じない子どもがいます。そうした生徒の中で特に運動が苦手な者は、参加をいやがることがあります。合図や号令によって集団で行動することへの抵抗感も大きいです。

【対策】

　在留国での学習の実態、体力や運動技能を十分把握し、友達の理解や協力を得て、無理なく参加できるよう、急がずに指導することが大切です。また、未経験の水泳や運動会、マラソンの練習が登校拒否の一因になった例もありますので、運動の楽しさが味わえるか否かは、心身の健康に大きな影響力を持っていることを考え、楽しめる授業の工夫が望まれます。特に母国で体育の授業がなく、運動経験の少なかった子どもは、課題ごとに自尊心を傷つけられたり、

劣等感を持ったり、悔しさを経験するようです。その場合、何よりも級友が理解し、思いやりを持って教え、励ます姿勢で接することが大切です。

また、健康診断が不完全なまま授業に入る場合も予想されるので、導入時には担任、体育指導者、養護教諭、保護者と連携を図り、無理のないよう十分注意して参加させてください。

6-3-8　技術・家庭科

日本国内と同じような学習条件のところは少なく、お菓子作りや刺繍を扱っていても、衣・食・住への系統的な知識・理解を学習させていません。また、家事を分担し在留国・母国の料理を覚えて帰国・来日した子ども、家事一切を家人以外の人が行っていた家庭や、農業を手伝ったり、社会へ出て働きながら学んでいた子どももあり、生活実態の差も大きいです。そうした子どもにとって、技術家庭科は日本の社会に近づく極めて特異な教科です。例えば、調理実習は、帰国・来日した生徒にとって楽しい時間であり、実習の後も、母国や日本の料理など食べ物の話が絶えません。木工や金属加工、電気で動く仕組みなども、来日した子どもにとって興味深い教科です。また、教科を通して日本の生活を学ぶ貴重な場になるので、作業を伴う部分では、安全で楽しく学習できるよう、グループ編成について考慮したり、まわりの生徒の協力が得られるよう配慮することが大切です。

【楽しく参加させるための対策】
① 宗教上の理由で食べられないものがあることに留意します。
② 日本独特の食品の扱いに留意します。
　「かんぴょう」や「きな粉」などの食品を教材に取り上げるときには、日本独特のものであったり、母国にあっても形や品質が違っていることも多いです。実物を前にして説明を加えてから扱わせるようにします。また、試食時には、来日後間もない時期では、慣れない食品があったりするので、無理のないよう配慮したいです。
③ 経験した量や重さの単位が違う場合があるので注意を要します。
④ 機械・工具等の名称や操作を指導し、興味を高めます。
　金属加工・機械・電気の領域では機械・道具の名称や使い方、被服ではミシンの操作がわからない場合が多いです。したがって、過度の緊張感や戸惑いが生じないよう丁寧な指導が必要です。
⑤ 特に、長期に亘る教材の途中で実習に参加するような時は、それまでの行程の理解や実習の進度への援助も必要になります。

6-3-9　英語

　帰国・来日した子どもには、英語のわかる子どもとそうでない子どもがいます。もう少し詳しく分けると、授業に臨む子どもが英語を母語とする場合と、英語が生活経験の中でわかる場合と、学習経験の中で少しわかる場合と、日本語だけでなく英語も学習していない場合とに分けられます。そこで、子どもの学習のための条件となる背景を捉え、指導に当たらなければなりません。英語のわかる子どもには、英語力の保持伸張が必要であると共に、国内の子どもへのよい影響力となるよう、子どもを授業で生かすことが大切です。一方、英語がわからない子どもにとっては、日本語を学びながら同時に英語を学ぶことは、困難を伴うことも多いです。ここでは、こうした子どもの学習条件に分けて、その留意点を書き記します。

【英語を母語とする子どもの授業】

① 　子どもの英語力の活用

　授業の中で、その子どもが母語として持つ英語力を生かすことは極めて大切なことです。授業のあり方は、帰国・来日した本人にとって、楽しい授業になるかどうかを決定するだけでなく、授業を通じて友達関係を良くしたり、級友がその子どもを通してその子の母国のイメージを形成することにもなります。授業の組み立てを変え、授業にその子どもを生かすためには、指導者の創造的なエネルギーが必要になります。しかし、その授業が帰国・来日した子どもにとっては日本語学習の、国内の子どもにとっては、生きた英語の学習の、互いに教え合う場となるよう留意したいものです。

② 　英語力の保持伸張

　英語がわかる中学生でも、その語彙量や会話力・読解力は、帰国・来日時点の、小・中学生段階です。授業だけでなく、読書や英語放送を聞くなど学力の保持伸張にも努力させたいです。

③ 　授業を日本語学習の機会とさせます［第❹章第3節］。

　日本語がわからない子どもにとっては、先生の指示や教科書の設問の意味理解がわからないといった問題もあります。こうした、子どもには教科書の設問の漢字に読みがなを打ったり、ノートの取り方を工夫させ、日本語学習に役立たせたいです。

　また、英語がわかっているので、勉強しないで理解したつもりになります。英和辞典を活用させ、教科書の英語を通してより豊かな日本語を理解させるようにしてください。

④ 　学習時間の移動

　中学1年生の1学期に編入したような場合、その時間を日本語学習や他の授業に取り出したり、2年生の授業に参加させるような配慮も可能です。

【生活経験で得た英語力を持つ生徒の授業】

　英語圏の子どもでも、母語となる日常使用していた言語は土地の言葉であったために、ごく簡単な言葉しか話せなかったりする場合があります。また、日本が在留する3ヵ国目であり、英語は通過国での習得言語であったりします。この場合、話せても読み書きができなかったり、語彙数が少なかったり、文法には関心が薄い場合もあります。こういった場合、指導者と

の会話や、作文を書かせるなどの機会を持ち、子どもの正確な英語力の把握をしておき、その英語力の活用を図るようにしたいです。

【学習経験で得た英語力を持つ生徒の授業】

英語圏以外で学習してきた子どもの場合、他の教科と同様に、その学習内容の確認が必要です。また、発音については、日本人が英語を学ぶときに日本語の影響を受けるのと同様に、その子どもの母語の干渉を受けて、異質のものを感じられることもあります。授業での受け答えに、他の子どもが嘲笑したりすることのないよう注意したいです。

【学習経験を持たない生徒の授業】

最も大きな問題となるのは、英語以外の外国語圏からの帰国・来日の中学生で、帰国後日本語を学習しなければならない生徒です。この生徒は、同時に２カ国語を学習することになるので、発音や文法に混乱が起きやすく、指導上十分な配慮を必要とします。

① 指導法の工夫

日本語がわからないので、日本語を媒介として理解できません。このような場合、母語と英語の対照辞書を利用させたり、英語を英語のみで教える直説法を用いて指導する方法が有効です。

② 授業への導入時期

生徒の混乱が大きい場合は、日本語の習得段階を考慮して、授業への導入時期を遅らせることも必要です。また、２・３年に編入した場合は、１年での学習内容の補習が必要ですから、他教科とのバランスを図りながら無理のない指導になるよう留意したいです。文字の覚えが遅い生徒は、日本語のカタカナやローマ字の指導を終了してから、日本語の学習の後を追うような形で、教え始めるとわかりやすいです。たとえば、形容詞文型を習ってから英語の形容詞文型を学習するといったふうにです。

③ 発音の習得

表6.11（次ページ）は各国の母国でのアルファベットの読み方を発音させてカタカナで捉えてみた結果です。中国のように発音記号にアルファベットを使う国や、ポルトガル語やスペイン語のように表記にアルファベットを使う国では、全く同じアルファベットでも発音が違う音があり、母語の干渉を受けやすいことがあります。ところが、英語の発音記号やカタカナで発音を表記する術もないと、どう発音するのか授業で覚えきれない生徒には記憶に留める方法がないという場合もでてきます。また、つづり字が書けると、英語でのアルファベットの発音を知らないままに授業が進んでいることもあります。こうしたときには、録音テープなどの利用でスムーズな導入を図れるようにすることも必要です。

④ 補助教材・教具利用上の注意

録音機器や対訳を使うと学力のある生徒は独力で進める場合が多いです。しかし、学習経験の少ない生徒には、目の前で先生や友達が吹き込まないと、持ち帰っても、どこを聞いていいのかわからないので注意したいです。

英語だけでなく、全ての教科でアルファベットを記号として用いることがあります。その際、日本人の発音と他国の発音が違うために子どもが理解できない場面が生じるので、注意してください。

表6.11 アルファベットの読み方（来日した中学生の発音をカタカナで書き記したもの）

母国		A a	B b	C c	D d	E e	F f	G g
日本人	日本語読みを覚えよう	エイ エー	ビー	シー	ディー デー	イー	エフ	ジー
アメリカ	英語	エイ	ビー	シー	ディ	イー	エフ	ジー
ブラジル	ポルトガル語	アー	ベ	セ	デー	エー	エフィ	ジェ
チリ	スペイン語	ア	ベ	セ	デ	エ	エフィ	ヘ
カナダ	フランス語	ア	ベ	セ	デ	ウ	エフ	ジェ
中国北京	中国の併音	ア	ヴ	ツ	ドゥ	オ	フォ	ゴ

母国		H h	I i	J j	K k	L l	M m	N n
日本人	日本語読みを覚えよう	エイチ	アイ	ジェイ	ケイ	エル	エム	エン エンヌ
アメリカ	英語	エイチ	アイ	ジェイ	ケイ	エル	エーンム	エン
ブラジル	ポルトガル語	アガ	イー	ジョッタ	カ	エリ	エミ	エン
チリ	スペイン語	アチェ	イ	ホタ	カ	エレ	エメ	エネ
カナダ	フランス語	アシュ	イ	ジ	カ	エル	エム	エヌ
中国北京	中国の併音	ホ, ヘ	イ	ヂ	コ	ロ, レ	モ	ノ

母国		O o	P p	Q q	R r	S s	T t	U u
日本人	日本語読みを覚えよう	オー	ピー	キュー	アール	エス	ティー	ユー
アメリカ	英語	オウ	ピー	キュ	アール	エス	ティ	ユ
ブラジル	ポルトガル語	オー	ペ	ケー	エヒ	エセ	テ	ウ
チリ	スペイン語	オ	ペ	ク	エレ	エセ	テ	ウ
カナダ	フランス語	オ	ペ	キュ	エール	エス	テ	ユ
中国北京	中国の併音	ア, オ	ポ	チ	ヌ	ス	トゥ	ウ

母国		V v	W w	X x	Y y	Z z
日本人	日本語読みを覚えよう	ヴィ ブイ	ダヴリュ ダブリュー	エックス	ワイ	ゼット ゼッド
アメリカ	英語	ヴィ	ダブユ	エクス	ワイ	ズィ
ブラジル	ポルトガル語	ヴェ	ダブロ	シス	イビスロン	ゼ
チリ	スペイン語	ウベ	ベドブレ	エキス	イグリエガ	セタ
カナダ	フランス語	ヴェ	ドゥブルヴェ	イクス	イグレク	ゼドゥ
中国北京	中国の併音	ウィ	ウ	シ	イ	ズ

第4節 各立場への提言

　編入・転入から学習が自力でできるようになるまで、来日外国人児童生徒は様々な助けを必要とします。言葉が通じない間、文化や価値観が違う所で育った子どもと接すことは、エネルギーが要ります。したがって、ともすると日本語指導者や通訳者、あるいは担任任せになりがちです。期に応じた子どもへの接し方や連携が、学級作りにも、早期の学力向上にもつながります。本書をお読みくださった皆様の学校で、子どもが生き生きと自信を持って生活できるよう、受け入れ態勢に協力することへの気運が高まるよう、連携の提言を書き記します。

(1) 編入時

　各所がそれぞれの役割分担を果たすのは当然ですが、各所が連携を取り合い同じような面談を何度も繰り返すという非効率を省きます。また、担当者が経験を積むことで、編入学年決定の失敗が減らせます。日本語指導者が加わることで、後日責任ある指導に導けます。

　編入時に通訳を介して必要な物を知らせる場合、日本に慣れない保護者はかなり理解が難しく疲れます。事務職員とも連携をとり、必要なものは揃える順に番号を打ち、手順や購入場所の地図をわかりやすく示せるよう準備しておきます。

　中学校や小学校高学年を担当する日本語指導者は、自分の日々指導力量を上げるだけでなく、初期の面談で、子どもたちが安心して編入学年を決定できるように、学力に合わせた日本語指導の進度予想や、学習への無理ない参加に掛かる年月を知らせられる力を身につけたいものです。

　校長・教頭・学年主任や児童生徒指導の主任は、担任に過度な負担が掛からないよう学校全体で取り組む態勢を整える必要があります。

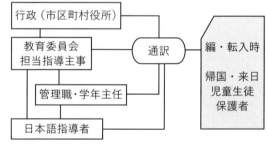

図6.3　編入時の連携

(2) 初期指導期

　編入後は、できるだけ早い時期に日本語学習を開始することが望まれます。学校に慣れてからと考えていると、友達との接し方がわからない間に、誤った日本語が定着してしまい、やり直しに時間がかかります。早期に日本語学習を始め、適切な日本語が定着した子どもは、多少のトラブルがあっても、仲間作りに成功しやすいです。通訳や週1回だけの日本語指導では日本語は自然に学べると考えているのと同じです。通訳の入り込み授業は小学校低学年の子どもは、皆と共に行動できるまで少し必要がありますが、高学年児童、中学生では必要度は低

いです。

　日本語指導が始まれば、日本語指導者と担任の連携が不可欠です。連絡帳などで、欠かさず連絡を取り合えるようにしたいです。学級での様子と日本語学習内容や日本語学習時の様子を交換することは、学習を早めます。子どもや保護者が読める状態で連絡を取り合う場合は、子どもは自分に不都合なことはた

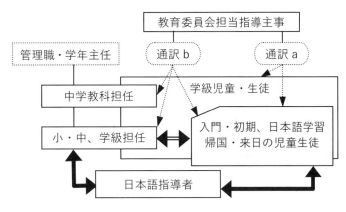

図6.4　日本語初期指導型の連携

くさん書かれると嫌がります。トラブルなど急ぐ連携はどうするか話し合っておくことも必要です。

　「通級教室」や「国際教室」が校外の場合、出欠確認など電話連絡も必要なので、管理職との連携も欠かせません。日本語指導者が得られない場合は、空き時間のある教員や管理職にも協力を仰ぐことが望まれます。

　通訳は、図6.4のaのように当該の子どもと他の児童生徒をつなぐか、bのように先生と子ども、授業と子どもをつなぐかでは、通訳の役割、その内容、得られる結果も大きく意味が違ってきます。できるだけ、通訳なしで進めることに慣れ、周囲の子どもたちの協力を得られるよう、学級児童生徒への呼びかけをすることが良い結果を生み出します［第❺章第3節参照］。

　通訳派遣を教育委員会が行っている場合、どのような場面での通訳が行われているか、委員会で掌握し、その成果についてもそのデータを積み上げる必要があります。これは年間の通訳派遣の予算や人材確保のあり方を検討するのに大切なデータになります。

⑶　学級の児童生徒の指導と連携

　日本語が話せない小学生を受け入れたとき、編入してしばらくし、学校に慣れた頃から「児童が日々トラブルを起こす」と担任が嘆くのを聞くことがあります。日本の事情がわかっていないだけでなく、日本の子どもの持ち物、行動、全てが珍しいものばかりです。日本語がわからないので、授業もわからず退屈で、人の物に手を出したり、休み時間も級友にいたずらしたり、問題となることが増えることがあります。

　図6.5は極端な例ですが、子どもが直接会話できるのは通訳の方だけだったらどうでしょうか。子どもにとっての社会である、級友との接触が希薄で、社会での存在が認められていないのに等しいです。話したいことは通訳がないと誰にも伝えられず、授業も先生から直接教わってい

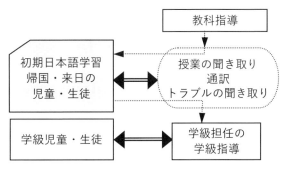

図6.5　通訳任せの対応

ないとしたら、認めてもらえていないので、つい、級友の気を引こうと余計なことをしたり、迷惑をかけることを繰り返します。言葉が通じないから全身を使って表現していかないと、気持ちが通じません。

しかし、先生1人で頑張っても子ども社会が受け入れをしないと変化しません。子どもたちにもこれらのことを理解させ、何人の子どもでどのようにサポートすればよいか、快適な集団社会を作るために少数を大切にすることを、一緒に勉強していく良い機会だと思っていただきたいのです［第❶章第1節1-1-2参照］。

(4) 日本生活が長い外国人児童生徒の学力や言動に疑問が生じたとき

まず本書の「気づきのチェックリスト」[6-1-3]を使ってみます。その結果、日本語に問題があるのではと、疑問が生じたら、日本語指導担当や管理職・学年主任など理解が得られそうな周囲の人に相談します。その後、手順を踏んで学年や職員会議にはかります。

日本語指導者が校内にいない場合は、基礎日本語力・学力簡易テストを試みてください。問題の根源が日本語だと思われたら、本書の、カリキュラムの立て方まで戻って指導計画を立てます。週に1回でも補習ができれば、子どもは大きく変わってきます。放課後や早朝学習で15～20分、課題を小さく決めて一緒に頑張ってあげるだけでも勉強への心を開きます。勉強はできないものだと諦めていた子どもでも、何か1つ苦手だったことができるようになり始めると、自ら放課後や早朝学習を申し出、テストの得点を楽しむようになります。そのとき、クラスに問題行動や学力不振の子どもがあっても、その子ども個人の問題としていた教員仲間からも、「日本語に起因しているのではないか」と声が出る機運が高まります。

自力で補習ができない勤務状況にあって、協力者も校内で得にくいときは、地域のボランティアや、近くの国際交流協会、近隣の大学などに問い合わせてみるのも1つの方法です。カリキュラムがあれば、必要な目標が見えるので、周りの協力が得やすくなります。何もしないよりも、声掛けや実践に踏み込んだほうが、はるかに良い結果が生まれます。

(5) 保護者との連携

保護者が外国人の場合、保護者自体が日本に慣れていないことがあります。また、働く環境も、時間の余裕も日本人と同様にはいかないことがあります。日本の学校については理解できていないことが多いので、わかってもらえないと思うことがあるかもしれません。

子どもが学校に馴染めなかったり、トラブルがあったりすると、本人と同じように保護者の気持ちが潰れやすい環境の場合も少なくありません。そうしたときには、保護者が子どもを過度に叱ったり、過度にかばったりしてしまうことになります。結果として、家庭内でも学校への不満が大きくなります。

愚痴をこぼすのではなく、文化の違いや子育てへの考え方の違いがあった場合、一緒に考えようとすることが大切です。大きな行事や保健関係の対訳集を作成し、指導に生かしている都道府県・市町村がたくさんあります。入手し、必要に応じて日本語と対訳を並べてコピーし、連絡に生かすこともお勧めします。

(6) 日本語指導者が子どもの在籍校での理解を得たいとき

　外国人児童生徒を初めて受け入れる学校などでは、派遣指導や非常勤講師の日本語指導者は、なかなか学校の事情が飲み込めません。専任で日本語指導に携わっている教諭でも、取り出し時間や組織形成には、周りの理解を得るのは一苦労です。指導する対象の子どもも他の先生方と共通ではありません。「担任が何もしてくださらない」とか、「担任にわかってもらえない」と話す日本語指導者も多いです。

　そこで、何よりも大切なことは、誰も理解できる人がいないのではなく、何人かは興味を持って聞いてくださるはずだと言えることです。たとえば小学校なら、他の教員に話し掛けられる昼休みや放課後に、「担任が忙しそうなので…」と理解者を増やし、解決の手立てとなるヒントを得る機会を増やすことが必要です。中学校なら、教科への導入を試みたいとき、教科の先生と「今、どこを勉強していますか」と、指導者自ら教員仲間に入ることが必要です。国際理解とは、まず自分と違う環境を理解し、進んでその中に入り、経験から考えを広げることから始まります。日本語指導は、それを子どもに教えることが大切です。ですから、まず、身をもってその体験が成功しないと、その課題は克服できないと心得ておきたいものです。

(7) これから日本語指導の充実を図ろうとされている方々に

　下記は著者が大阪市のセンター校で日本語指導を始め、当時の教育委員会の連携の中で、関西地区日本語指導者研究会の会員と一緒に運営しながら得てきたシステム作りの必要事項です。外国人多住地域の学校での経験は、校内での体制を確かにするためにも必要なことでした。その経験は、外国人散在地での新たな日本語指導者集団育成にも役立っています。

　指導者1人1人の成果の累積が周囲を動かす原動力です。子どもたちのために、協力者を1人でも多く増やすことでたくさんのことが解決します。そして、声を出し続けることが外国人保護者に、学校全体に、教育委員会に、社会に声を届ける近道です。

表 6.12　日本語指導の充実のためにできること

		→	→	→	→
個々の成果	日本語・適応指導	問題点の原因発見	解決方法の把握	成果の記録・評価	
			同窓生・日本人の子どもを活かす	子どもと共に学ぶ	
	教育相談	実践に踏み出す	まめに連絡を取る	成果の記録・評価	
			動ける範囲で試す	協力依頼できる機関を探す	
協力・協同を進める	研究会指導集団	広報	説得材料の書面化	利益還元	
		相互利益	個性尊重	役割分担	費用捻出	指導者招集・交流
体制を動かす	学校	インフラ整備	校内へ周知・研修	可能な援助の実施	文書化
		学校理解	声掛け	理解者の拡大	成果の理解者拡大
	教育委員会	インフラ整備	編入体制	他局への働きかけ	資料収集・作成
		声を出し続ける	人員増強	全体が動ける体制	役割分担

あとがき

　日本語指導に関わりながら、書いて真意を伝えることが話すより遥かに難しいことを、この執筆を通じて実感しました。くろしお出版からの原稿の校正を見て、このように伝わるのかとか、一つの言葉の定義や、説明方法でも正確な意図が伝わりにくいことがあるということを改めて認識しました。

　筆者は日本語学者ではなく、自らの経験に基づいて語っているため、間違って学術用語を使っている場面もあるのではないかと危惧しています。また、元々中学校の日本語指導を担当してきましたので、本書の内容は概ね中学生の指導を基にしており、小学校低学年の指導については不十分な感が否めません。

　現在、小学生の指導に関わる時間が増え、小学校高学年には同じ方法で語彙量を減らしたり、漢字の使用量を減らすことで問題なく解決できることがわかりました。しかし、低学年の指導では、中学生でつまずいていた子どもの原因がここにあったのだと気づくことは多くても、子どもの学習のレディネスに合った指導の難しさと、学年に応じた学力に到達するための基本は何かを把握するのに、まだまだわかっていないことが多いと感じ続けています。高学年指導から得た知識と経験をできる限り応用できるように広げてみましたが、低学年の指導ではさらに数年先まで自身の研鑽が必要だと痛感しています。

　しかし、提案している論に共感できるところは大いに試していただきたいと思います。こんなことを書いた経験者がいると、他の方に意見を求めていただければお役に立つ場面も生まれると思います。私達は指導力を磨くだけでなく、外国人や帰国の子どものつまずきは何が原因かを知り、子ども自ら解決する力を付けるために、まず指導者が工夫する姿勢を持って、子どもの内なる声に応える努力をすることが大切だと思います。だから、本著を通じて、日本語指導が子どもを前向きな姿勢に変える力を生み出すと、関係者に知っていただきたいのです。

　本年度から、学校教育法の施行規則に、日本語指導が特別教育課程に位置づけられることになり、外国人の散在する地域でも、教育の充実が期待されます。指導初心者や話し合う仲間のいない日本語指導にも参考にしていただきたいと願い書き上げました。

　本書の内容は公益財団法人とよなか国際交流協会の英断で結成された、子どもの日本語指導に関わるボランティア集団の育成に携る中で得たことが多いです。ここでは、指導計画を立て、熱心に毎回の指導案を練り、記録をとりながら協力し合って、責任ある指導を続けようとするボランティアの先生たちに心を打たれています。また、子どもたちがその姿勢に気づいて感謝の気持ちを持ってがんばってくれることも嬉しいです。そんな指導者の苦労を様々な立場の方々に理解していただき、理解者の環を広げるために、少しでも本書がお役に立てば幸せです。

　関西地区日本語指導者研究会の会員の皆様、これまで励ましや御意見で支えてくださった日本語指導関係者の皆様に改めてお礼申し上げるとともに、本書出版にご同意頂きご協力くださいました、くろしお出版の池上達昭様を始めとする皆様のご好意に深く感謝申し上げます。

文献一覧（年号順）

引用文献

「補習授業校のための日本語力判断基準表及び診断カード」神戸大学附属住吉校国際教育センター(2006)

『新しい国語　五年下』東京書籍(2011)

『たのしい理科』(3～6年) 大日本図書(2011)

『中学理科教科書1(未来にひろがるサイエンス1)上』啓林館(2012)

『日本語能力試験2～4級』(独立行政法人国際交流基金・財団法人日本国際教育協会)

参考文献

『増訂言語治療用ハンドブック』　田口恒夫　日本文化科学社(1968)

『新版日本語教育事典』　日本語教育学会編　大修館書店(2005)

『教師用日本語教育ハンドブック⑥発音』今田滋子・国際交流基金　凡人社 (1986)

『はじめて外国人に教える人の日本語直接教授法』永保澄雄　創拓社(1987)

『漢字がたのしくなる本(1) — 101字の基本漢字 500字で漢字のぜんぶがわかる』　宮下久夫・篠崎五六・伊東信夫・浅川満　太郎次郎社(1989)

『JSLバンドスケール　小学校編(04試行版)』早稲田大学大学院日本語研究科年少者日本語教育研究室(2004)

『漢字1000Plus INTERMEDIATE KANJI BOOK VOL.1 (改訂版)』加納千恵子・清水百合・竹中弘子・石井恵理子・阿久津智　凡人社(2005)

筆者が以前に本文中の図や文章を掲載した文献

『帰国・来日等の子どもの教育を進めるために　概論編・実践編』大阪市教育委員会(1993)

『わくわく日本語』大阪市教育委員会(1998)

『続わくわく日本語』大阪市教育委員会(2000)

『テストで使う言葉を学ぼう(中学校編)』田中薫・加藤健太郎　資料集未発行　(2003)

『(文部科学省指定)帰国・外国人生徒と共に進める教育の国際化推進地域 最終報告』大阪市教育委員会(2003)

『(文部科学省委託事業)補習授業校のための　日本語力判断基準表及び診断カード』《日本語力判断基準表及び診断カード 」「漢字力診断テスト 」の部》神戸大学附属住吉校国際教育センター(2006)

『学校教育におけるJSLカリキュラム　中学校編(数学科)』文部科学省(2007)

紹介文献

『フレーベル館の図鑑NATUR』全12巻　無藤隆総監修　フレーベル館 (2004～2006)

『外国人児童・生徒を教えるためのリライト教材』三本聰江・岡本淑明　ふくろう出版(2006［初版］)

『くもんのことば絵じてん』公文 公監修　くもん出版(2007［改訂新版］)

『三省堂こどもことば絵じてん』金田一春彦監修　三省堂(2009［小型版］)

『三省堂ことばつかいかた絵じてん』金田一春彦監修　三省堂(2009［小型版］)

『下村式小学国語学習辞典』下村昇　偕成社(2011［第2版］)

『くもんの学習　小学国語辞典』村石昭三監修　くもん出版(2011［第4版］)

著者紹介

田中　薫 (たなか かおる)

　1977年大阪教育大学修士課程修了。大阪教育大学教育学部附属平野中・高等学校、台湾高雄日本人学校、大阪市立中学校で美術教諭を経て、1989年から大阪市立豊崎中学校の帰国した子どもの教育センター校で16年間、また大阪市立中学校で5年間校内で日本語指導担当。その後、公益財団法人とよなか国際交流協会子ども日本語教育スーパーバイザーとして、子どもの日本語指導ボランティア集団「とよなかJSL」を結成。

　日本語指導に従事した当初から、一貫して教科学習ができる生徒を育てたいという想いを持ち、学習者のニーズに応えようと、指導方法の開発に改良を加え続けてきた。また、子どものための日本語指導法がほとんど研究されておらず、関西地区に専任の日本語指導者が総勢8名だった1991年度から関西地区日本語指導者研究会を立ち上げ、現場の声に応える努力をしてきた。現在も、指導者のニーズに応えるための指導法の開発に努めている。

　2007年に、博報児童教育振興会より「第38回博報賞(国語・日本語部門)」受賞。

　2019年に、本書の姉妹版となる『学習力を育てる日本語 教案集』(監修、共著、くろしお出版／2022年 第2版) を出版。

学習力を育てる日本語指導
日本の未来を担う外国人児童・生徒のために

著者▶田中 薫
©Kaoru TANAKA, 2015

発行日▶2015年 1月30日　第1刷発行
　　　　2024年10月30日　第4刷発行

発行所▶株式会社 くろしお出版
　　　〒102-0084
　　　東京都千代田区二番町4-3
　　　Tel. 03-6261-2867　E-mail: kurosio@9640.jp

印刷所▶三秀舎　　装丁▶折原カズヒロ

ISBN▶978-4-87424-646-7 C1081　Printed in Japan